石油教材出版基金资助项目

石油高职院校特色规划教材

天然气处理与加工

(富媒体)

卢锦华　贾明畅　编

张红静　审

石油工业出版社

内 容 提 要

本书内容包括天然气基本性质、天然气水合物的形成与防止、天然气酸性组分的脱除、天然气脱水、气体加工、克劳斯法硫磺回收与尾气处理、天然气处理安全与防护等,系统地论述了天然气净化加工流程所涉及的原理、方法和工艺技术。本书浅显易懂,内容全面、丰富、新颖,每个章节都有知识目标、能力目标、知识拓展和习题。本书在传统出版的基础上,以二维码为纽带,加入富媒体教学资源,为读者提供更为丰富的知识和便利的学习环境。

本书可作为高职高专院校石油化工、炼油技术、油品分析、油气储运等相关专业的教材,也可供从事天然气生产的科研、教学、设计和管理人员参考。

图书在版编目(CIP)数据

天然气处理与加工:富媒体/卢锦华,贾明畅编.—北京:石油工业出版社,2019.2(2022.7 重印)
石油高职院校特色规划教材
ISBN 978-7-5183-3169-7

Ⅰ.①天⋯　Ⅱ.①卢⋯②贾⋯　Ⅲ.①天然气处理—高等职业教育—教材②天然气加工—高等职业教育—教材　Ⅳ.①TE64-62

中国版本图书馆 CIP 数据核字(2019)第 029207 号

出版发行:石油工业出版社
　　　　(北京市朝阳区安华里 2 区 1 号楼　100011)
　　　网　　址:www.petropub.com
　　　编辑部:(010)64256990
　　　图书营销中心:(010)64523633　(010)64523731
经　　销:全国新华书店
排　　版:北京密东文创科技有限公司
印　　刷:北京中石油彩色印刷有限责任公司

2019 年 2 月第 1 版　2022 年 7 月第 3 次印刷
787 毫米×1092 毫米　开本:1/16　印张:11.75
字数:301 千字
定价:29.90 元
(如发现印装质量问题,我社图书营销中心负责调换)
版权所有,翻印必究

前　言

随着我国经济的快速发展，对能源的需求日益增大，生态环境问题日益突出，天然气作为一种洁净环保的能源越发受到关注，成为有效治理大气雾霾、推进中国能源生产和消费革命向纵深发展的重要抓手。

本书按照天然气在净化厂里的净化加工流程展开，该流程就是天然气逐步去除各种杂质并且进行分离的过程。由井场开采出的天然气，首先去除其中的酸性气体，然后脱除水分，最后进行天然气凝液回收，变成各种产品。酸性气体硫化氢不能直接排入大气，需要进行硫磺回收。全书石油化工特色鲜明，内容丰富，题材多样，充分利用动画、视频等多媒体手段，形象生动地展示了天然气处理与加工的各个环节，适合高职高专学生理解和掌握天然气净化的专业理论知识和生产实践知识。

本书由承德石油高等专科学校卢锦华和贾明畅共同编写。其中第一章至第五章由卢锦华编写；第六章和第七章由贾明畅编写。全书由卢锦华统稿，由承德石油高等专科学校的张红静教授审稿。

在本书的编写过程中，参考了很多的文献资料，已列入参考文献中，在此向文献的作者一并表示感谢。同时，还得到了石油工业出版社"石油教材出版基金"的支持，在此表示衷心的感谢。

由于编者水平有限，书中难免有不妥之处，敬请各位专家、同行及广大读者批评指正。

编者
2018 年 10 月

目　　录

1　概论 ·· 1
　1.1　天然气的基本知识 ··· 1
　1.2　天然气的组成与分类 ·· 8
　1.3　天然气的质量指标以及处理与加工的含义 ·· 11
　本章小结 ··· 15
　习题 ··· 15

2　天然气水合物的形成与防止 ·· 17
　2.1　天然气水合物的形成 ··· 17
　2.2　天然气水合物的防止 ··· 20
　本章小结 ··· 25
　习题 ··· 25

3　天然气酸性组分的脱除 ·· 27
　3.1　天然气脱硫脱碳的方法概述 ·· 28
　3.2　醇胺法 ··· 29
　3.3　其他脱硫脱碳方法 ·· 45
　3.4　脱硫脱碳方法的技术进展 ··· 53
　本章小结 ··· 55
　习题 ··· 55

4　天然气脱水 ··· 58
　4.1　概述 ·· 59
　4.2　溶剂吸收法脱水 ··· 59
　4.3　固体吸附法脱水 ··· 73
　4.4　其他脱水方法 ·· 87
　本章小结 ··· 89
　习题 ··· 89

5　气体加工 ··· 91
　5.1　轻烃回收 ·· 92
　5.2　轻烃分馏 ··· 102
　5.3　气体加工产物——液化天然气 ·· 104
　本章小结 ··· 109
　习题 ··· 109

6 克劳斯法硫磺回收与尾气处理 ... 110
6.1 硫磺及硫磺回收 ... 112
6.2 克劳斯硫磺回收工艺 ... 115
6.3 影响硫磺回收率的因素 ... 126
6.4 硫磺回收催化剂 ... 129
6.5 液态硫处理与硫磺成型 ... 134
6.6 尾气处理及硫磺回收新技术 ... 139
6.7 硫磺回收工艺选择 ... 145
本章小结 ... 147
习题 ... 148

7 天然气处理安全与防护 ... 150
7.1 火灾、爆炸等危险危害性与防护 ... 150
7.2 H_2S、SO_2、工业硫磺等危险危害性与防护 ... 160
7.3 天然气凝液回收与安全 ... 175
本章小结 ... 181
习题 ... 181

参考文献 ... 182

富媒体资源目录

序号	名　　称	页码
1	视频 1.1 走进石油（中国大学视频公开课）	15
2	动态图 2.1 我国首次海域天然气水合物试采成功	17
3	动态图 3.1 板式塔原理	38
4	动态图 3.2 填料塔原理	38
5	动态图 3.3 再生塔原理	38
6	动态图 4.1 卧式两相重力式分离器原理	65
7	动态图 4.2 立式两相重力式分离器原理	65
8	动态图 4.3 分子筛吸附塔原理	79
9	视频 5.1 超级 LNG 船	109
10	动态图 7.1 天然气爆炸引起的压力容器爆炸	153
11	视频 7.1 常用灭火器使用方法	158
12	视频 7.2 自给式正压空气呼吸器的使用方法	165
13	视频 7.3 过滤式防毒面具的使用	168
14	视频 7.4 心肺复苏	169

本教材的富媒体资源由西南石油大学马国光、承德石油高等专科学校卢锦华、克拉玛依职业技术学院蒋定建提供，若教学需要，可向责任编辑索取，邮箱为 upcweijie@163.com。

1. 掌握天然气的组成和分类。
2. 掌握商品天然气和管输天然气的主要质量指标。

1. 了解天然气的产品及用途。
2. 了解天然气的形成过程。
3. 了解国内外天然气的资源与分布。

图 1.1　清道光十五年(公元 1835 年)在自贡市大安区阮家坝用"卓筒井"
技术钻凿的桑海井(深 1001.42m)

1.1　天然气的基本知识

广义的天然气是指在自然界中天然生成的气体。就能源意义而言,天然气(natural gas)是指在一定条件下,生成、运移并储集在岩石中的以烃类气体为主的可燃性气体。从组成意义来讲,天然气包括传统意义上的常规天然气、非常规天然气(页岩气、煤层气、天然气水合物、致密砂岩气)。本书所讲的天然气就是能源意义上的天然气。

天然气是多组分的混合物,密度一般为 $0.7 \sim 0.75 \text{kg/m}^3$,随重烃含量增多密度增大。某些油田伴生气,密度可达 1.5kg/m^3。

天然气为可燃气体,与空气组成的混合物遇到火源时极易发生爆炸燃烧。

1.1.1 天然气的形成

石油和天然气的成因是石油地质学界主要研究和争论的一个根本性重大课题,至今还存在较大争议,可归纳为有机生成和无机生成两大学术流派。前者认为石油和天然气是在地球生物起源之后,在地质历史发展过程中,由保存在沉积岩中的生物有机质逐步转化而成;后者则认为石油及天然气是在地下深处高温、高压条件下由无机物通过化学反应形成的。

在地质科学界,更多专家赞成"有机说"(图1.2)。他们认为,石油和天然气是由远古时代死去的各种生物体转化而成的。生物群落十分丰富,大到恐龙、原始哺乳动物,小到草木花朵乃至肉眼看不到的被子植物的花粉与裸子植物的孢子体。在海洋中,鱼类、贝类、浮游动植物等,是构成海底有机物的基础。

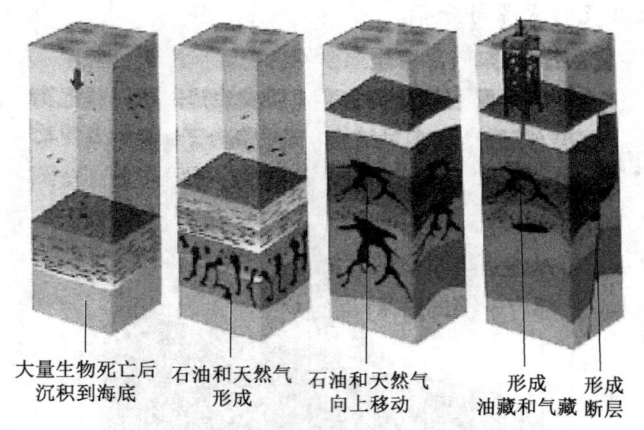

图1.2 石油和天然气有机形成过程示意图

生物死亡后,体内的主要成分如碳水化合物、蛋白质、脂肪等,会先后遭到不同程度的分解与破坏。分解产物一部分被另外一些生物当作能量而再循环,另一部分则经过物理和化学过程变成简单分子(CO_2、H_2、O_2等)。剩下的部分(生物原始数量的极少部分)没有经历完全的生物再循环和物理化学分解而进入沉积物中,这就是"沉积有机质"的主要来源。

早期的沉积有机质和沉积物在沉积压实作用下,不断地被埋藏到较深的部位。在正常的地质条件下,需经过5000~10000年才能形成1m厚的沉积层。在这段沉积期间,细菌活动引起的发酵作用使得有机物中的纤维素、蛋白质和多糖大分子被降解。大多数有机质在这一阶段聚合成不溶于有机溶剂的有机物,人们称之为"腐殖组分",石油地质学家把它叫作"干酪根"。

在地温不超过60℃的较浅地层处,干酪根中的氧和硫元素含量下降,液态烃的形成量极少,干酪根形成了一些极为复杂的大分子碎片;当地温超过60℃以后,前一阶段形成的大分子碎片因其化学键的进一步断裂,形成了更小的碎片,干酪根中的碳氢化合物开始产生,进入石油生成的主要阶段。随着埋藏深度的加大,或者由于岩浆活动等原因,当地温达到120℃以上时,留在干酪根中的烃基几乎全部消失,液态烃遭到破坏,低分子甲烷大量产生,即为生成干气阶段。总之,石油和天然气的生成可以认为是干酪根为适应环境不断调节、改造自身的过程。

油气的生成、运移到油气矿藏的形成,是在适宜的地质环境中,地壳中的原始物质转化成石油和天然气,并由分散状态聚集起来形成油气藏。在一定条件下,油气藏可能受到破坏,分散的油气在新的合适条件下,再次聚集成为油气藏。

油气藏是油气聚集的基本单位,是油气勘探的对象。石油和天然气在形成初期呈分散状态,存在于生油气地层中,它们必须经过运移、聚集才能形成可供开采的工业油气藏。这就需要具备一定的地质条件,这些条件概括为"生、储、盖、圈、运、保"六个字。

"生"即生油气层:指具备生油条件的地层。它富含有机质,是还原环境下沉积的,结构细腻、颜色较深,主要由泥质岩类和碳酸盐类岩石组成。生油气层可以是海相的,也可以是陆相的。另外生油气层还必须具备一定的地质作用过程,即达到成熟,才能有油气的形成。

"储"即储层:是能够储存石油和天然气,又能够输出油气的岩层。它具有良好的孔隙度和渗透率,通常由砂岩、石灰岩、白云岩及裂隙发育的页岩、火山岩及变质岩构成。

"盖"即盖层:指覆盖于储层之上、渗透率差、油气不易穿过的岩层,它起着遮挡作用,以防油气外逸。页岩、泥岩、蒸发岩等是常见的盖层。

"圈"即圈闭:就是油气在运移过程中,遇到某种遮挡物,使其不能继续向前运动,而在储层的局部地区聚集起来,这种聚集油气的场所就叫圈闭,如背斜、穹窿圈闭,或断层与单斜岩层构成的圈闭等。

"运"即运移:指油气在生油气层中形成后,因压力作用、毛细管力作用、扩散作用等,使之转移到有孔隙的储层中,一般认为转移到储层的油气呈分散状态或胶状。由于重力作用,油气质点上浮到储层顶面,但还不能大量集中,只有当构造运动形成圈闭时,储层的油、气、水在压力、重力以及水动力等作用下,继续运移并在圈闭中聚集,才能成为有工业价值的油气藏。

"保"即保存:油气要保存,必须有适宜的条件。只有在构造运动不剧烈、岩浆活动不频繁、变质程度不深的情况下,才利于油气的保存。相反,张性断裂大量发育、剥蚀深度大,甚至岩浆活动的场所,油气是无法保存的。

1.1.2 中国天然气的发展历史

中国天然气的开采有着悠久的历史。据《史记》记载,在公元前3世纪,当时担任蜀郡太守的水利专家李冰就曾在今天的四川邛崃一带凿井汲卤,并利用开采盐井过程中取得的天然气煮卤熬盐。到了距今1700多年的东汉时期,四川的盐井已遍布临邛、成都、南充等地,利用天然气做饭熬盐也普及到上述地区。

从公元13世纪开始,我国劳动人民已能够对四川自贡、富顺和荣县一带的浅层天然气进行大规模的开发和利用。为了克服天然气运输的困难,并且严防泄漏而造成危害,在缺少金属材料的情况下,我国古代劳动人民发挥了聪明才智,因地制宜,利用当地唾手可得的竹子和木材,创造性地制造出一种叫作"笕"的运输管线。"笕"能翻山越岭,还能穿河过湖,把天然气和盐水输送到一二十公里以外的地方。到明朝中期,自流井天然气的开发规模已相当庞大,地面的输送管线已经能形成比较完善的集输系统。这不仅在当时是一项令人惊叹的工程,今天看来,仍然闪烁着智慧的光芒。

近年来,中国天然气虽然在不断加速发展,但无论是在绝对产量、速度增长,还是在能源构成中的比例,都远远落后于发达国家,这与这样一个人口众多的资源大国的地位极不相称。为此,有人说中国是一个石油大国,但是一个天然气小国。不过,应该给这句话后加一个注脚:这只是一种暂时性现象。到 21 世纪中叶,中国将成为一个发达的天然气大国。

1.1.3 天然气的资源与分布

地球上蕴藏着极其丰富的天然气资源,据估计,常规天然气的地质储量约为 $600 \times 10^{12} m^3$,非常规天然气资源潜力更加巨大,仅天然气水合物资源就是全球已知所有常规矿物燃料(煤、石油和常规天然气)总和的两倍。但是,对于非常规天然气,目前还处于早期的勘探开发和前期研究阶段,其中煤层气勘探开发技术较为完善,而对于天然气水合物,目前只有中国、俄罗斯、美国和日本等少数国家进行了开发利用,主要还处于前期研究与试验阶段。天然气现在的开采速度是 $(2 \sim 3) \times 10^{12} m^3/a$,仅常规天然气可供人类开采 200~300 年。

世界天然气资源分布极不均匀,常规天然气主要集中于欧洲与欧亚大陆和中东地区,这两个地区天然气可采储量约占世界天然气总探明储量的 2/3,如图 1.3 所示。其余天然气资源主要分布于北美洲、中南美洲、非洲和亚太地区,且这 4 个地区的天然气资源量也比较接近。

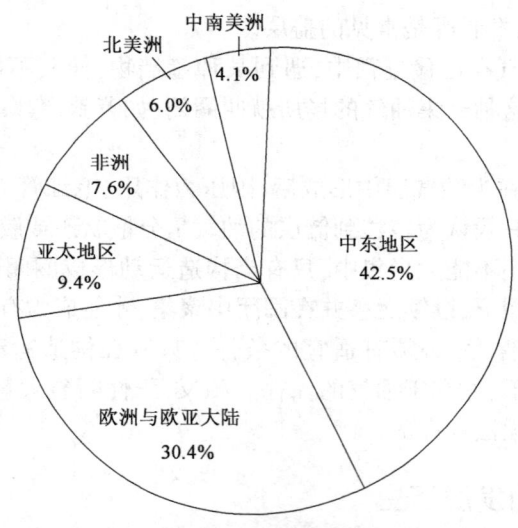

图 1.3 2016 年末世界天然气探明储量地区分布图
资料来源:BP 世界能源统计年鉴 2017

截至 2016 年底,全球天然气探明储量为 $186.6 \times 10^{12} m^3$ 左右,相较于 2015 年底增加了 $1.2 \times 10^{12} m^3 (0.6\%)$,其中亚太地区的缅甸增加 $0.7 \times 10^{12} m^3$,中国增加 $0.6 \times 10^{12} m^3$,是储量增长的主要贡献者。中东地区拥有世界上最大的天然气探明储量,储量高达 $79.4 \times 10^{12} m^3$,占全球的 42.5%。伊朗的储量为 $33.5 \times 10^{12} m^3$,占 18% 的全球份额,排名世界第一。储量最少的地区为中南美洲,全球占比仅为 4.1%。亚太地区储量总计为 $17.5 \times 10^{12} m^3$,全球占比为 9.4%。从储产比来看,全球目前的探明储量可以维持 52.5 年的生产需要,其中中东地区当前的天然气储备可供开采的年限高达 124.5 年。

中国天然气资源储量丰富,预计 2020 年国内天然气产量可达 $1724 \times 10^8 m^3$。其中产量大于 $30 \times 10^8 m^3$ 的盆地有鄂尔多斯、塔里木、四川、柴达木、松辽和珠江口盆地,合计 $1086.18 \times 10^8 m^3$,

占全国总量的88.18%。截至2016年底,全国已探明气田271个,累计生产天然气$1.81 \times 10^{12} m^3$。中国天然气资源储量较为丰富,发展潜力巨大。

1.1.4 中国天然气的发展状况

从2004年始,中国天然气已快速发展十余年,呈现规模大、增速快、季节波动性大等特征。同时,在绿色发展政策支持、大气污染防治形势倒逼下,天然气发展模式已由供应驱动演变为需求拉动。能源结构正逐渐由煤炭、石油等能源为主向以天然气和电力为主的清洁能源过渡。

1.1.4.1 天然气的生产与消费

2009—2017年中国的天然气产量总体上呈上升趋势,得益于非常规天然气勘探开发技术的重大突破和消费需求拉动,2017年天然气生产总量达到$1478 \times 10^8 m^3$。从同比增速来看,2010年和2013年的增速超过了10%。

2009—2017年中国天然气消费量逐年增加,2016年消费总量首次突破$2000 \times 10^8 m^3$大关,成为世界第三大天然气消费国。2017年天然气消费总量较2016年增加$315 \times 10^8 m^3$,同时也是近年来的最大涨幅。由于2017年是国家《大气污染防治行动计划》的目标年,各地纷纷加大了"煤改气"的推广力度,带来了新的天然气需求。预计2020年,天然气的消费量可能会超过$2859 \times 10^8 m^3$的预测值。就同比增速而言,中国的天然气消费增速普遍高于生产增速,每年的消费量与生产量的对比见表1.1,可以看出我国需要大量进口天然气。

表1.1 2009—2017年中国天然气生产总量及消费总量 单位:$10^8 m^3$

年份	2009	2010	2011	2012	2013	2014	2015	2016	2017
生产总量	853	949	1027	1072	1209	1302	1346	1371	1487
消费总量	895	1067	1305	1463	1705	1869	1932	2058	2373

在"双碳"目标的引导下,天然气的消费总量逐年增加,2021年总的消费量为$3726 \times 10^8 m^3$,较2016年,5年增长77.94%,较2012年,10年增长了146.92%。随着"全国一张网"的基本建成,以及碳达峰目标提前实现的愿景,天然气在终端消费将更加普遍,更加稳定,中国天然气的消费量在一定时期内将保持快速增长。

1.1.4.2 天然气的勘探开发

2014年以来,中国天然气勘探开发形势发生了较大改变,在"东西并重、陆海并进、常非并举、内外统筹"的发展战略指导下,勘探开发总体保持着良好势头,探明储量高位增长。但也面临着勘探对象愈发复杂、剩余资源品质下降、勘探开发难度增大等挑战。

2011—2020年,天然气新增探明地质储量$6.85 \times 10^{12} m^3$,约占中华人民共和国成立以来的45%。页岩气和煤层气的勘探开发也取得长足进展,到2020年底,全国已勘察发现天然气田289个,页岩气田7个,煤层气田28个,二氧化碳气田3个。总共探明天然气、页岩气和煤层气地质储量分别为$16.88 \times 10^{12} m^3$、$2.00 \times 10^{12} m^3$和$7259.11 \times 10^8 m^3$。

1.1.4.3 天然气的管网建设

我国天然气消费水平偏低,且存在低消费水平与阶段性供应富余并存的矛盾,这与我国天然气基础设施不完善、管网密度较低密切相关。长线管输是天然气走向市场的重要环节,是沟通气田与天然气用户的重要纽带,也是促进气田开发、加速天然气消费利用的重要手段。我国天然气工业要发展,就必须建设横贯东西、纵贯南北的大管道,把西北、东北的天然气输送到内地消费中心,从而加速边远地区天然气资源的开发速度。同时,在开发利用本国资源的基础上,充分利用国际天然气资源,积极参与世界天然气资源的再分配。特别是俄罗斯、土库曼斯坦等国天然气资源十分丰富,成本较低,建设与之相通的国际天然气管道,不仅满足国内天然气需求,使国内天然气资源多元化,也在世界市场范围内优化天然气生产、经营要素配置,获得更好的经济效益,达到双赢的效果。

截至2021年底,全国干线管道总里程达到 $11 \times 10^4 \mathrm{km}$,覆盖了除西藏外的全部省份,主要的长输管线见表1.2。天然气干线管网的单次入网输气量为 $1900 \times 10^8 \mathrm{m}^3$,"全国一张网"已经基本形成,实现了"西气东输、北气南下、海气登录、就近外供"的供气格局。

表1.2 主要长输管线分布

管输名称	全长,km	年设计输量,$10^8 \mathrm{m}^3$	途经地区	所属公司
西气东输一线	4100	120	新疆、甘肃、宁夏、陕西、山西、河南、安徽、江苏、上海	中石油
西气东输二线	4918（干线）	300	新疆、甘肃、宁夏、陕西、河南、湖北、江西、湖南、广东、广西	中石油
西气东输三线	5220	300	新疆、甘肃、宁夏、陕西、河南、湖北、湖南、江西、福建、广东	中石油
川气东输	2170（干线）	120	四川、重庆、湖北、江西、安徽、江苏、浙江、上海	中石化
陕京1、2、3线	3188	303	陕西、内蒙古、山西、河北、北京、天津	中石油
秦皇岛—沈阳	475	80	河北、辽宁	中石油
大连—沈阳	423	84	辽宁	中石油
大唐阜新煤制	334	40	内蒙古、辽宁	中石油
冀宁联络线	900	110	河北、山东、江苏	中石油
长—呼	485	60	内蒙古鄂尔多斯市、包头市、呼和浩特市	内蒙古天然气股份
中卫—贵阳联络线	1636	150	宁夏、甘肃、陕西、四川、贵州	中石油
忠武输气管线	760	30	重庆、四川、湖北、湖南	中石油
中国—中亚	1833（AB双线）	300	土库曼斯坦、乌兹别克斯坦、哈萨克	中石油
中国—中亚	1830（C线）	250	土库曼斯坦、乌兹别克斯坦、哈萨克	中石油
中国—中亚	1000（D线）	300	土库曼斯坦、乌兹别克斯坦、塔吉克斯坦、吉尔吉斯斯坦	中石油
中缅油气	1727	400	缅甸、云南、贵州、广西	中石油
中俄东线	3968	380	黑龙江、吉林、内蒙古、辽宁、天津、山东、江苏、上海	中石油(2020年投产使用)

1.1.4.4 天然气的储气建设

近年来,我国天然气的生产量与消费量均稳步上升,其中天然气的产量增长较慢,而消费量则增长迅速。例如 2016 年中国天然气的消费量为 $2058 \times 10^8 m^3$,产量仅为 $1371 \times 10^8 m^3$,供需缺口近 $700 \times 10^8 m^3$。根据国外经验,当一个国家的天然气对外依存度达到或超过 30%,地下储气库工作气量就需要达到年消费量的 12% 以上;当进口依存度超过 50%,储气库工作气量将达到天然气年消费量的 15% 以上。2015 年,我国储气库形成工作气量为 $54 \times 10^8 m^3$,占当年天然气消费量的 2.7%;2016 年,储气库形成的工作气量达 $64 \times 10^8 m^3$,占当年消费量的 3.2%。据中国石油规划总院预测,到 2020 年中国的天然气调峰需求约占年消费量的 11% 左右,而储气库作为最主要的调峰方式,储气调峰规模至少应达到 10% 以上,才能基本满足调峰及保供需求。

天然气储气库是管道输送系统的重要组成部分,对城市用气季节调峰和国家战略储备起到至关重要作用。中国天然气储气库设施发展起步较晚,为确保长输管道的安全平稳供气,优化天然气供气系统,应加快中国东北、环渤海、长三角、中南、西南等地区地下储气库建设步伐,加大建设规模。

加快 CNG/LNG 加注站建设。目前我国 CNG/LNG 加注站建设滞后、数量有限、分布不合理,成为制约交通用气的主要因素,因此必须加快 CNG/LNG 加注站建设的步伐,支持 CNG 加注站扩建成 CNG/LNG 两用站,鼓励油气合建站、油气电合建站发展,依托城市天然气主干管网,合理布局,使其站点尽快形成网络,彻底解决 CNG/LNG 汽车"加气难"的问题。

1.1.4.5 天然气的进出口

现阶段中国天然气自身尚且供应不足,基本上没有盈余出口到国外,主要面向中国香港和中国澳门两地供给少量的天然气。

进口天然气从运输方式上区分主要分为管输天然气(PNG)和液化天然气(LNG)两种。PNG 的进口来源国主要有 5 个,分别为哈萨克斯坦、缅甸、土库曼斯坦、乌兹别克斯坦和俄罗斯,其中土库曼斯坦的进口量高居首位。LNG 主要进口渠道为海上运输,通过专用的 LNG 船运输,主要来源国为澳大利亚。2021 年,中国已超过日本成为全球最大的 LNG 进口国。

1.1.5 天然气用途

天然气作为一种宝贵的资源在人民生活和工业部门中有着广泛的应用,主要用于城市燃气、天然气发电、天然气汽车和化工原料等 4 个领域。

1.1.5.1 城市燃气

天然气与其他燃料相比,具有使用方便、经济、热值高、污染小等优点。发达国家的天然气首先用来满足住宅用气,把这种利用称作最有价值的用途。作为一次能源,天然气燃烧放出的 SO_2、NO_x、CO、CO_2 和灰分远小于石油和煤炭,见表 1.3。

表 1.3 不同能源排放的污染量

能源	SO_2	NO_x	CO	CO_2	灰分
天然气	1	1	1	1	1
石油	400	5	16	1.33	14
煤炭	700	10	29	1.67	148

注:相同热值下以天然气排放的污染物为 1 计。

1.1.5.2 天然气发电

天然气发电与其他火电相比,具有明显的特点:

(1)环境污染小。天然气由于经过净化处理,含硫量低,每亿度电排放二氧化硫为2t。耗水量小,只有煤电厂的1/3,废水排放量减少到最低程度。至于灰渣,排放量为零。

(2)热效率高。普通燃煤蒸汽电厂的热效率高限为40%,而天然气—蒸汽联合循环电厂的热效率目前已达56%,而且还在继续提高。

(3)占地小,定员少。天然气—蒸汽联合循环电厂占地小,以2500MW电厂为例,其占地$12×10^4m^2$,而煤电厂却高达$52×10^4m^2$。同时天然气—蒸汽联合循环电厂布置紧凑,自动化程度高。

(4)投资省。由于单机容量大型化、辅助设备少,联合循环电厂的投资不断下降。联合投资电厂每千瓦投资已降到400美元左右,而煤电带脱硫装置的电厂每千瓦投资为800~850美元。联合循环电厂建设周期短,为2~3年,燃煤电厂为4~5年。

(5)调峰性能好。天然气—蒸汽联合循环电厂开停车方便、调峰性能好,从启动到满负荷仅需1h左右。

(6)发电成本低。在发电装机能力及运行时间相同时,天然气发电机组热耗量比燃煤机组低1/3、循环效率高40%,主要污染物和颗粒排放、粉尘排放等远低于燃煤机组,建设周期、建厂投资、运行维修费也低于燃煤机组。

由此可见,天然气发电与煤炭发电相比,有更好的社会效益、环境效益和经济效益。

1.1.5.3 天然气汽车

世界每年生产的石油产品中,有60%消耗在交通运输中,而其中近一半又消耗在汽车上。交通运输业的迅猛发展,对石油过分依赖,严重污染了环境,采用清洁燃料作为汽车能源已引起世界各国重视。天然气作为汽车燃料,具有辛烷值高、与空气混合均匀、燃烧完全、发动机不结炭、磨损小、环境污染小、运行成本低等优点,近几年得到了很大的发展。目前已经成功开发出压缩天然气(compressed natural gas,CNG)汽车、吸附天然气(absorbed natural gas,ANG)汽车、液化天然气(liquefied natural gas,LNG)汽车。

1.1.5.4 化工原料

以天然气为原料的一次化工产品有氨、氮、甲醇、合成油、氢气、乙炔、氯甲烷、二氯甲烷、四氯化碳、炭黑等。其中氨、甲醇、乙炔是天然气化工的三大基础产品。

1.2 天然气的组成与分类

1.2.1 天然气的组成

1.2.1.1 天然气的化学组成

天然气是由低分子饱和烃为主的烃类气体与少量非烃类气体组成的混合气体。在其组成中,甲烷(CH_4)占有绝大部分,乙烷(C_2H_6)、丙烷(C_3H_8)、丁烷(C_4H_{10})和戊烷(C_5H_{12})含量不多,已烷(C_6H_{14})及C_6以上的烷烃含量极少。另外,天然气中还含有少量非烃类气体,如硫化氢(H_2S)、二氧化碳(CO_2)、一氧化碳(CO)、氮气(N_2)、氢气(H_2)和水蒸气(H_2O),以及硫醇(RSH)、硫醚(RSR)、二硫化碳(CS_2)、羰基硫(COS)、噻吩(C_4H_4S)等有机硫化物,有时天然气中也含有微量的稀有气体,如氦气(He)、氩气(Ar)等。

1.2.1.2 天然气组成的矿藏依赖性

天然气的化学组成多达100多种,各气田的组成各不相同。实践表明,天然气由于生成的地质条件不同、地区不同、储层深度不同,其组成不相同。同一储层,不同井口采出的天然气组成也可能不相同,同一口井不同层位,天然气的组成不尽相同。而且随着储量的递减,甚至随着气相条件的变化,天然气的组成也发生着改变,这就是天然气组成的矿藏依赖性。我国一些油气田的天然气组成见表1.4。

表1.4 我国一些油气田天然气组成

组分	四川威远气藏气	四川卧龙河气藏气	大庆杏南伴生气	华北任北伴生气	新疆柯克亚凝析气	华北苏桥凝析气	陕西靖边气藏气
			体积分数,%				
C_1	86.36	97.14	68.26	59.37	74.68	78.58	93.95
C_2	0.11	0.43	10.58	6.48	8.38	8.26	0.77
C_3	—	0.03	11.20	12.02	4.00	3.13	0.50
C_4	—	0.01	5.96	9.21	3.31	1.43	—
C_5	—	—	1.91	3.81	2.69	0.55	—
C_6	—	—	0.66	1.34	2.68	0.39	—
C_7以上	—	—	0.36	1.40	—	5.45	—
CO_2	5.01	1.46	0.20	4.58	0.27	1.41	4.70
N_2	7.20	0.73	0.55	1.79	3.99	0.80	—
He	0.30	—	—	—	—	—	—
Ar	0.03	—	—	—	—	—	—
H_2S	0.99	0.20	0.32	—	—	—	0.08
合计	100.00	100.00	100.00	100.00	100.00	100.00	100.00

世界上也有少数天然气含有大量的非烃类气体,甚至其主要成分是非烃类气体。例如,我国河北省赵兰庄、加拿大艾伯塔省及美国南得克萨斯气田的天然气中,硫化氢含量高达90%以上。我国广东省沙头圩气田天然气中二氧化碳含量高达99.6%。美国北达科他州内松气田天然气中氮含量高达97.4%,亚利桑那州平塔丘气田天然气中氦含量高达9.8%。

1.2.2 天然气的分类

从天然气净化与处理角度出发,天然气有以下几种分类方式。

1.2.2.1 按矿藏特点分

天然气按矿藏特点可分为气井气、凝析井气和油田气。前两者合称为油田非伴生气,后者又称为油田伴生气。

气井气,即纯气田天然气。气藏中的天然气以气相存在,通过气井开采出来,这类气体甲烷含量高,属于干气。

凝析井气,即凝析气田天然气,在气藏中以气相存在,是具有高含量可回收烃液的气田气。其凝析液主要是凝析油,可能还有部分被凝析的水。这类气田井流出物中除含有甲烷、乙烷外,还含有一定量的丙烷、丁烷及 C_5 以上的烃类。

油田气,即油田伴生气。它伴随原油共生,是在油藏中与原油呈相平衡接触的气体,包括游离气(气层气)和溶解在原油中的溶解气。油田气从组成上也认为属于湿气。在开采过程中一般借助气层气保持井压,而溶解气伴随原油采出。油田气采出的特点是:组成和气油比(一般为 $20\sim500m^3/t$)因油田开采条件而异,一般富含丁烷以上组分;不能按需求量来开采,总是随原油的开采以一定的气油比采出。20 世纪 70 年代以前,油田伴生气利用不够充分,多以点天灯的形式浪费。20 世纪 80 年代以后,随着科技的进步和节能降耗的开展,各油田开始对油田气进行回收利用。

1.2.2.2 按烃类组成分

天然气按烃类组成可分为干气、湿气或贫气、富气。

一是按照 C_5 界定法,可分为干气和湿气。

干气:指 $1m^3$(101.325kPa,20℃)井口流出物中,C_5 以上烃类液体含量低于 $13.5cm^3$。

湿气:指 $1m^3$ 井口流出物中,C_5 以上烃类液体含量高于 $13.5cm^3$。

二是按照 C_3 界定法,将天然气划分为贫气和富气。

贫气:指 $1m^3$ 井口流出物中,C_3 以上烃类液体含量低于 $100cm^3$。

富气:指 $1m^3$ 井口流出物中,C_3 以上烃类液体含量高于 $100cm^3$。

《气体加工工程数据手册》对贫气的定义包括:一是指天然气加工装置中回收了天然气液体后的残气,二是指几乎不含或无可回收天然气液体的未加工气体。而富气是指适合用作天然气加工厂的原料并从中提取产品的气体。这与前述的定义无原则上的区别。干气和湿气在该文献中包括两方面的内容:一是针对天然气是否含有水分来划分干气、湿气,二是与贫气、富气划分相类似,这一点在阅读相关文献期刊是要特别注意。

1.2.2.3 按酸气(CO_2 + 硫化物)含量分

天然气按酸气(CO_2 + 硫化物)含量可分为酸性天然气和洁气。

酸性天然气是指含有显著的硫化物和 CO_2 等酸性气体,必须处理才能达到管输或商品气标准。

洁气是指硫化物和 CO_2 甚微或根本不含的气体,它不需要净化就可外输或利用。把净化后达到管输气要求的天然气称为净化气。

从以上定义可以看出,酸性天然气和洁气的划分并不明确,而具体的数值指标并无统一的标准。在我国,一般采用 GB 17820—2012 中规定的天然气技术指标中二类气标准即硫化氢含量不大于 $20mg/m^3$、CO_2 含量小于 3.0%(体积分数)作为界定标准,超过指标的气体称为酸性天然气。

1.3 天然气的质量指标以及处理与加工的含义

1.3.1 天然气的质量指标

从天然气井采出或从矿场分离器分出的天然气通常含有水蒸气、硫化物(包括硫化氢)、二氧化碳、氮和氦等非烃类气体,还有在大气条件下处于液相的较重烃类,一般不适合用户直接使用。此外,为了获得较高的经济效益,也将天然气中的乙烷及更重的烃类和氦、氩从天然气中回收分离。然后,再将残余气(主要是甲烷)作为商品天然气外输,或送回油气田内部回注。

天然气质量指标通常包括商品天然气质量指标、管输天然气质量指标和压缩天然气质量指标三项。

1.3.1.1 商品天然气的质量指标

天然气作为一种商品,通过管道输送给用户,自然应有一定的质量指标以满足安全平稳输气和主要用户的要求。各国均从天然气的主导用途出发,兼顾安全卫生、环境保护和经济效益等三个方面的因素,分别制定出适合本国国情的天然气质量标准或条例。1988年7月4日颁布的 SY 7514—1988《天然气》是属于我国石油工业部的部颁标准,它指出了应予考虑的指标及相应的检测方法,但对各项指标并未作具体的规定。该标准执行了十年后,总结了实践经验,由中国石油天然气集团提出经四川石油管理局天然气研究院起草制定了新的天然气国家标准 GB 17820—1999。该标准按硫和二氧化碳含量对天然气进行分类,提出了天然气的技术要求,以保证输气管道的安全运行和天然气的安全使用,有利于提高环境质量,适应我国天然气工业的发展要求。2012年5月,国家质量监督检验检疫总局和中国国家标准化管理委员会在 GB 17820—1999 的基础上发布了天然气的标准 GB 17820—2012,修改了一类气的高位发热量、总硫和二氧化碳的技术指标;修改了三类气的总硫和硫化氢的技术指标;明确水露点应比输送条件下最低环境温度低5℃等内容。2018年11月,国家市场监督管理总局和中国国家标准化管理委员会发布了天然气的新标准 GB 17820—2018,将于2019年6月1日正式实施。新标准的主要技术变化如下:(1)修改了一类气和二类气发热量、总硫、硫化氢和二氧化碳的质量指标;(2)删除了水露点的技术指标。新标准天然气总硫指标提升幅度显著,与欧洲标准一致,达到国际先进水平,见表1.5。

表1.5 天然气质量要求

项目	一类气	二类气
高位发热量,MJ/m^3	≥34.0	≥31.4
硫化氢,mg/m^3	≤6	≤20
总硫,mg/m^3	≤20	≤100
CO_2(摩尔分数),%	≤3.0	≤4.0

注:(1)本标准中气体体积的标准参比条件是1atm,20℃。
(2)高位发热量以干基计。

1. 热值

热值是表示燃气质量的重要指标之一,表示$1m^3$燃气完全燃烧时所放出的热量,分为高热值和低热值,单位为 kJ/m³ 或 MJ/m³。高热值指 1m³ 燃气完全燃烧后,其烟气被冷却至原始温度,且其中的水蒸气为冷凝水状态排出时放出的热量;低热值指 1m³ 燃气完全燃烧后,其烟气被冷却至原始温度,水蒸气仍为水蒸气状态排出时放出的热量。

通过天然气热值指标可控制天然气中 CO_2、N_2 等不可燃气体的含量,同时燃气热值也是用户正确选择燃烧设备或燃具所必须考虑的一项质量指标。

华白(Wobb)数,也叫沃泊指数,是表示燃气热负荷的特性数据,不同组成的燃气若具有相同(或相近)的华白数,则可认为它们于相同燃烧压力下在燃具中有相同的热负荷。

华白数是代表燃气特性的一个参数,它的定义为

$$W = H/\sqrt{d} \tag{1.1}$$

式中 W——华白数,或称热负荷指数;

H——燃气热值,各国习惯不同,有的采用高热值,有的采用低热值,我国取高热值;

d——燃气的相对密度(设空气的 $d=1$)。

如果两种燃气的热值和密度均不相同,但只要它们的华白数相等,就能在同一燃气压力下和在同一燃具或燃烧设备上获得同一热负荷。换句话说,华白数是燃气互换的一个判定指数。如果两种燃具有相同的华白数,则在互换时能使燃具保持相同的热负荷和一次空气系数。如果置换气的华白数比基准气大,则在置换时燃具的负荷将增大,而一次空气系数将减小。因此华白数是一个互换性指数,各国规定在两种燃气互换时华白数的变化不大于 ±5% ~ ±10%。

虽然华白数是判别燃气互换性最常用的方法,但它仅是从热负荷的角度来考虑互换性的,并未考虑稳定燃烧所涉及的其他因素,故近年来还提出其他判别燃气互换性的方法。各国采用的方法并不完全一致,我国《城镇燃气分类和基本特性》(BG/T 13611—2018)则规定,城镇燃气应按燃气类别及其特性指标华白数分类,并应控制华白数和热值的波动范围。

2. 烃露点

烃露点指在一定压力下,天然气析出第一滴液烃时的温度。此项要求是用来防止在输气或配气管道中有液烃析出,析出的液烃聚集在管道低洼处,会减少管道流通面积。只要管道中不析出游离液烃,或游离液烃不滞留在管道中,烃露点的要求就不十分重要。由于液烃的析出与管道的压力有很大关系,所以对烃露点的指标要求是低于环境(当前压力)的最低温度。

3. 水露点

水露点指在一定压力下,天然气与液态水平衡时的温度。天然气中有水存在,降低了天然气的热值和管道的输送能力;当温度降低或压力升高时,天然气中的水会以液相析出,在管道中造成积液,不仅会增加流动压降,甚至形成断塞流,液态水还会加剧酸性组分对管道和设备的腐蚀;液态水在冰点时结冰,即使温度高于冰点,在一定条件下,还会与天然气形成天然气水合物,因而产生堵塞。

我国对水露点的指标要求是在天然气交接点的压力和温度条件下,比最低环境温度低 5℃,也有一些国家是规定天然气中水蒸气的含量,例如,加拿大艾伯塔省规定天然气中水蒸气含量不高于 65mg/m³。

4. 硫含量

此项要求主要是用来控制天然气中硫化物的腐蚀性和对大气的污染,常用 H_2S 含量和总硫含量表示。

天然气中的硫化物有硫化氢(H_2S)、二硫化碳(CS_2)、硫化羰(COS)、硫醇(CH_3SH、C_2H_5SH)、噻吩(C_4H_4S)和硫醚(CH_3SCH_3)等。这些硫化物及燃烧产物二氧化硫,都有强烈的刺鼻气味,对眼睛黏膜和呼吸道黏膜有损害;硫化氢和二氧化硫有毒,人呼吸短时间就有生命危险;硫化氢是一种活性腐蚀剂,在高压、高温以及有液态水存在时,腐蚀作用会更加剧烈。

GB 17820—2012 按照硫化氢和总硫含量将天然气分为三类,以满足不同用户的需要。

5. 二氧化碳含量

二氧化碳也是天然气中的酸性组分,在有液态水存在时,对管道和设备也有腐蚀性,尤其是有二氧化硫和液态水共同存在时,腐蚀更甚。此外,二氧化碳还是天然气中的不可燃组分,低温下还会形成固体堵塞管线和设备。因此,规定天然气中二氧化碳的含量不高于3.0%(体积分数)。

1.3.1.2 管输天然气质量指标

油气管道运输以管道为载体,用加压设施给石油和天然气加压,使其从高压处向低压处流动并输送到目的地,具有安全、连续、可靠的优点。

管输天然气的指标是对天然气中的有害成分进行限制,管道输送气中的有害物质主要有机械杂质(粉尘、硫化铁粉末)、游离水、液烃、H_2S、CO_2 等,在水分存在的情况下,H_2S、CO_2 对管道和设备产生强烈的腐蚀。此外,若天然气中含氧,也会造成腐蚀。液烃的主要危害是引起管道堵塞,降低管输效率。机械杂质含量的高低及颗粒的大小对设备和仪表的使用寿命和正常工作影响极大,尤其是压缩机和燃气发动机,它们对粉尘非常敏感,颗粒在 $5\mu m$ 以上的粉尘会使燃气轮机的叶轮在很短时间内遭到破坏。根据天然气管道输送的特点,制定如下质量指标:

(1)进入管道内的天然气必须清除其中的机械杂质。
(2)水露点比输气管道中可能达到的最低环境温度低5℃。
(3)烃露点应低于或等于输气管道中气体可能达到的最低环境温度。
(4)气体中的 H_2S 含量不大于 $20mg/m^3$。
(5)如输送不符合上述质量要求的气体,必须采取相应的保护措施。

1.3.1.3 压缩天然气质量指标

对于压缩天然气,我国制定了国家标准,即《车用压缩天然气》标准(GB 18047—2017),其具体指标见表1.6。

表 1.6 车用压缩天然气标准

项　　目	指　　标
高发热值,MJ/m^3	≥31.4
硫化氢,mg/m^3	≤15
总硫,mg/m^3	≤100
CO_2 含量,%	≤3.0
氧含量,%	≤0.5
水含量,mg/m^3	在汽车驾驶的特定区域内,在压力不大于 25MPa 和环境温度不低于 -13℃的条件下,水含量应不大于 $30mg/m^3$
水露点,℃	在汽车驾驶的特定区域内,在压力不大于 25MPa 和环境温度不低于 -13℃的条件下,水露点应比最低环境温度低5℃

1.3.2 天然气处理与加工的含义

天然气处理与加工是天然气工业中一个十分重要的组成部分,是从油气井中采出或从矿场分离器分出的天然气在进入输配管道或送往用户之前必不可少的生产环节。由于天然气处理与加工的目的不同,其含义也不同。

天然气处理也叫天然气净化,是指为使天然气符合商品质量或管输要求而采取的措施,如脱除杂质、水分,脱除酸性气体和尾气处理(环保要求)等。

天然气加工是指从天然气中分离、回收某些组分,使之成为产品的过程,如轻烃回收、天然气液化、天然气中提取氦等。

处理和加工所涉及的单元大多是物理过程:相分离、精馏、回收、吸附、压缩、传热、膨胀。硫磺回收属于化学反应过程。天然气处理和加工所用的工艺方法可能相同,但两者的目的不同。处理的目的是达到商品或管输气的质量指标要求,而加工的目的是提高产品的经济效益。

此外,天然气加工与原油加工的含义还是有区别的。原油加工是采用物理或化学的方法由原油中获得一系列产品的过程。天然气加工只是采用物理的方法从天然气中获得产品的过程。对于那些采用化学方法从天然气中获得产品的过程,则属于天然气化工的范畴。

知识拓展

(1) 石油、天然气的差别

石油、天然气在元素组成、结构形式以及生成的原始物质和时序等方面,有共性、亲缘性,也有其特性、差异性。

在化学组成的特征上,天然气相对分子质量小(小于20),结构简单,H/C 高(3~4),碳同位素的分馏作用显著。石油的相对分子质量大(75~275),结构也较复杂,H/C 原子比较低(1.4~2.2),碳同位素的分馏作用比天然气弱。

在物理性质方面,天然气基本是只含有极少量液态烃和水的单一气相;石油则可包含气、液、固三相而以液相为表征的混合物。天然气的密度比石油小,即易压缩,又易膨胀。天然气黏度为 $0.01 \sim 0.2 mPa \cdot s$,而石油的黏度变化较大,为 $1 \sim 100 mPa \cdot s$,相差几个数量级。天然气的扩散能力和在水中的溶解度均大于石油。

在生产条件方面,天然气比石油宽。天然气既有有机质生成,也有深层无机质形成。沉积环境以湖沼型为主,生气母质以腐殖型干酪根(Ⅲ型)为主,生成的温度区间较宽,在浅部低温下即开始生成生物气。在中等深度(温度多为 65~90℃)范围内发生的有机质热降解作用而大量生成石油的"液态窗"阶段,也可伴之生成天然气。在深部高温条件下,有机质裂解主要生成天然气。天然气对储层的要求也比石油要宽,一般岩石的孔隙度为 10%~15%,渗透率为 1~5mD(毫达西)也能成藏。由于天然气的活泼性,对盖层的要求比石油要严格得多。因此,天然气分布的领域要比石油广,产出的类型、储集的形式也比石油多样,既有与石油聚集形成相似的常规天然气藏,如构造气藏、地层气藏、岩性气藏等,又可形成煤层气、水封气、气水化合物以及致密砂岩气、页岩气等非常规天然气藏。煤层既是生气源岩,又是储集体的煤层气藏,已成为很现实的开采类型。

世界上已探明的天然气储量中,约有90%都不与石油伴生,而是以纯气藏或凝析气藏的形式出现,形成含气带或含气区。这说明天然气地质与石油地质虽然有某些共性,也有密切的联系,但天然气毕竟有它自身发生、发展、形成矿藏的地质规律。

(2) 走进石油

视频1.1 走进石油
(中国大学视频公开课)

本 章 小 结

目前我国的天然气工业不论在勘探、开采、净化和加工,都处于一个蓬勃发展的阶段。本章主要讲述了天然气的形成,由保存在沉积岩中的生物有机质逐步转化而成。天然气是由低分子饱和烃为主的烃类气体与少量非烃类气体组成的混合气体。天然气根据矿藏特点和组成的不同分为气井气、凝析井气、油田气、干气、湿气、贫气和富气等,不同类别的天然气的净化处理方法也有所不同。

天然气净化和处理后的主要产品有商品天然气、压缩天然气、液化天然气、天然气凝液、天然汽油等。各种产品的质量标准由热值、烃露点、水露点、酸性气体含量等项目组成,不同用途的天然气的质量标准有所不同,质量标准是天然气生产和销售主要依据。

习 题

一、填空题

1. 能源意义上的天然气指(　　　)。
2. 天然气作为燃料与其他燃料相比,具有(　　)、(　　)、(　　)、(　　)等优点。
3. 天然气中的烃类有(　　),非烃类有(　　)。
4. 气井气藏中的天然气以(　　)相存在,通过气井开采出来,这类气井气中(　　)含量高,属于干气。
5. 凝析气田天然气,在气藏中以(　　)相存在,采出地面为(　　)两相。
6. 油田气与原油共生,在油藏中与原油呈(　　)接触的气体,随原油的开采以一定的(　　)采出。

7. 我国天然气国家标准 GB 17820—2018 中,天然气按照硫和 CO_2 含量分为两类,一类气的硫化氢( )mg/m³,二类气( )mg/m³。

8. 热值是指 1m³ 燃气( )时放出的热量,单位( )。华白数是( )的一个判断指数,在两种燃气互换时允许的变化不大于 ±5% ~ ±10%。

9. 烃露点是指在一定压力下,天然气( )时的温度,它的高低与( )有关。

10. 水露点是指在一定压力下( )时的温度。

11. 硫含量包括( )含量,天然气中硫的危害是( )、( )。

12. 天然气作为一种宝贵的资源在人民生活和工业部门中有着广泛的应用,主要用于( )、( )、( )和化工原料等 4 个领域。

二、判断题

(   )1. 每 1m³ 天然气中,戊烷以上烃类按液态计小于 10cm³ 为贫气。

(   )2. 天然气处理与加工的方法可能相同,但目的不同。

(   )3. 1 标准立方米的状态条件是 0℃、101.325kPa;1 基准立方米的状态条件是 20℃、101.325kPa。

(   )4. 压缩天然气的主要成分是甲烷,大多灌装在 20~30MPa 的气瓶中供汽车使用。

(   )5. 液化天然气的主要成分是甲烷,一般是在常压下将天然气冷冻到 -162℃ 使其变为液体,液体的体积为气体的 1/124,故有利于运输和储存。

(   )6. 管输天然气对机械杂质的要求严格,因为机械杂质会影响管道上设备和仪表的正常运行。

三、简答题

1. 写出商品天然气的质量标准要求。
2. 管输天然气的质量要求是什么?
3. 写出天然气处理与加工的异同点。

2 天然气水合物的形成与防止

 知识目标

1. 掌握天然气水合物形成的条件。
2. 掌握热力学抑制剂、动力学抑制剂的抑制原理。
3. 了解甲醇、乙二醇的适用情况。

 能力目标

1. 了解天然气水合物的分布情况。
2. 能够根据天然气的实际情况选用合适的抑制剂。

 实例导入

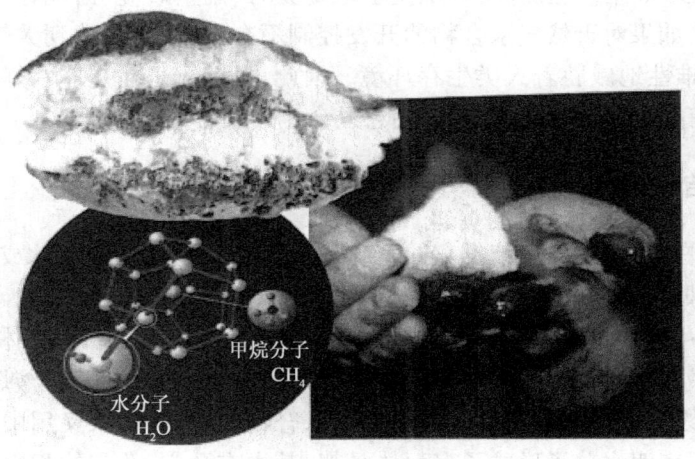

动态图2.1 我国首次海域天然气水合物试采成功

图2.1 天然气水合物

2.1 天然气水合物的形成

2.1.1 概况

天然气水合物(natural gas hydrate),也称可燃冰、固体瓦斯,是一种白色或灰色的晶体,外貌似松散的冰或致密的雪,是气体分子与水分子非化学计量的包藏配合物。自然界中存在两种形式的天然气水合物:一种是在深海和高纬度地区存在的天然气自然储存形式,叫固态气水合物;另一种是在一定条件下,在天然气管道、设备中生成,生成的天然气水合物给输气管道、气井和工程设备带来了很多麻烦(如冰堵)。

2.1.2 自然界天然气水合物

全世界天然气水合物所含天然气总资源量为$(1.8 \sim 2.1) \times 10^{15} m^3$,其热当量相当于全球已知煤、石油、天然气总热量的2倍。全球可燃冰可满足人类一个世纪的能量要求。这些天然气水合物大部分分布在水深大于300m的深海海底沉积物中。在标准状况下,1单位体积的天然气水合物分解最多可产生164单位体积的甲烷气体,因而是一种重要的潜在未来资源;少部分分布在寒冷的高纬度地区(永冻土地区),我国南海、东海$300 \times 10^4 km^2$海域里和青藏高原冻土层均有天然气水合物分布。自然界中天然气水合物推测是因地质断层深处的气体迁移及沉淀、结晶的作用,上升的气体流与海洋深处的冷水接触而成。

天然气水合物是一种新型高效能源,被誉为21世纪具有商业开发前景的战略资源,其成分与人们平时所使用的天然气成分相近,但更为纯净,开采时只需将固体的"天然气水合物"升温减压就可释放出大量的甲烷气体。任何一种产品的开发都必须考虑其经济效益和社会效益,而当今新能源的开发更注重社会效益。天然气水合物是一种"带刺的玫瑰",对它的开发利用首先要避免引起自然灾害。天然气水合物在一定的压力和低温条件下是稳定的,如果压力减小或温度增加,就可能造成天然气水合物的离解,从而引起井喷、海底塌陷、海啸和沿岸滑坡等自然灾害,并将影响到海底油气的开采、海底国防及战略设施。天然气水合物中,甲烷的总量大致是大气中甲烷数量的3000倍。据测算,甲烷使全球变暖的"温室效应"潜能在20年的期间内是二氧化碳的56倍。如果对天然气水合物的开发控制不合理,甲烷释放到大气中,会导致气候变暖加剧,从而灾难性地威胁着人类生存环境。因此,可燃冰虽然是非常好的资源,但是人类真正要用好它还有很长的路要走,贸然使用它只会让其成为人类的噩梦。

2.1.3 天然气水合物的结构

天然气水合物在外观上是白色的结晶物,依据它的生成条件不同,类似于疏松的冰或致密的雪,它的化学成分不稳定,一般用$M \cdot nH_2O$表示,M为天然气水合物的气体分子,n为天然气水分子数,如$CH_4 \cdot 6H_2O, CH_4 \cdot 7H_2O, C_2H_6 \cdot 7H_2O$等,也有一些天然气水合物为多种气体混合的天然气水合物。天然气水合物的相对密度为$0.96 \sim 0.98$,因而可以浮在水面上和沉于液烃中。

20世纪50年代曾用X射线晶体结构分析的方法研究了水合物的结构,后来又用中子图示法作了更进一步的研究,结果表明水分子形成了多面体骨架,其中有孔穴,孔穴体积由气体分子占据,即天然气水合物是一种笼形包合物(水分子借氢键结合成笼形晶格,气体分子则在范德华力作用下,被包围在晶格中)。天然气水合物有Ⅰ型和Ⅱ型两种结构,如图2.2所示。

结构Ⅰ和结构Ⅱ都包含有两种大小不同而数目一定的孔穴,这些孔穴由水分子通过氢键连接起来而构成多面体,有12面体、14面体和16面体三种。12面体分别和14面体、16面体搭配而成Ⅰ(体心立方晶体)、Ⅱ(金刚石结构)两种结构。结构Ⅰ中甲烷、二氧化碳和硫化氢可占据较小的和大的孔穴,而乙烷分子仅能占据大的孔穴。在结构Ⅱ中,氮气能占据大的和小的孔穴,而丙烷和异丁烷仅能占据大孔穴。大于正构丁烷的分子因太大,一般不能形成天然气水合物。

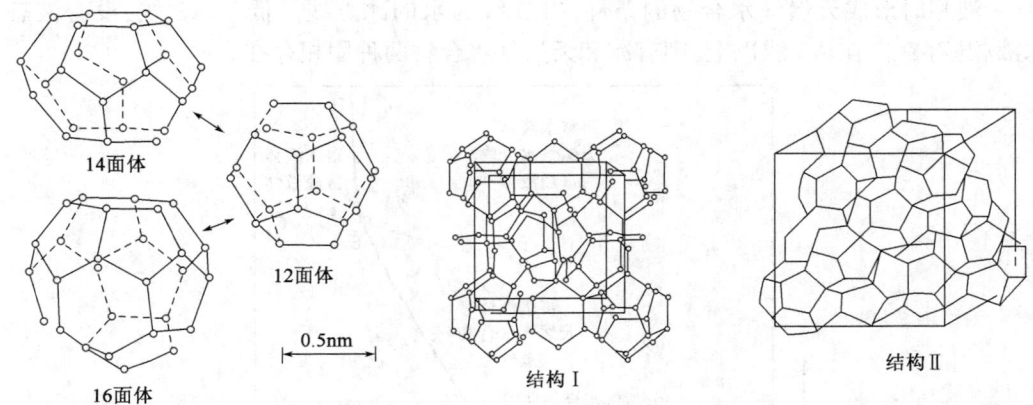

图 2.2 天然气水合物晶体

天然气是一种混合物,其中往往含有可以生成两种结构的气体组分,但一般只生成一种结构的天然气水合物,即结构Ⅰ和结构Ⅱ中较为稳定的一种,具体哪种结构则取决于天然气的组成,一般而言,混合气体会形成结构Ⅱ。

2.1.4 天然气水合物的形成条件

在天然气开采、集输及处理加工中,需要知道天然气水合物的形成条件。促进天然气水合物形成的重要条件有两个:在适宜温度和压力下存在的天然气,而压力应足够高,温度则足够低;有天然气和游离水存在。对于任何组成的天然气,在给定压力下,存在一个天然气水合物形成温度,低于这个温度将形成天然气水合物,而高于这个温度则不形成天然气水合物或已经形成的天然气水合物将发生分解;当压力升高时,形成天然气水合物的温度也随之升高;若天然气中没有游离水,则不会形成天然气水合物。

形成天然气水合物有一个临界温度,也是天然气水合物存在的最高温度,若超过这个温度,再高的压力也不能形成天然气水合物,表2.1列出了几种天然气组分形成天然气水合物的临界温度。

表 2.1 天然气组分形成天然气水合物的临界温度

名称	CH_4	C_2H_6	C_3H_8	iC_4H_{10}	nC_4H_{10}	CO_2	H_2S
临界温度,℃	21.5	14.5	5.5	2.5	1.0	10.0	29.0

此外,还有一些影响形成天然气水合物的次要条件:气流速度很快,或者通过设备或管道中诸如弯头、孔板、阀门、测温元件套管处等时,使气流出现剧烈扰动;压力发生波动;存在小的天然气水合物晶种;存在 CO_2 或 H_2S 等组分,因为它们比烃类更易溶于水并易形成天然气水合物。

液烃的存在会抑制天然气水合物的形成,这就是含液烃的两相流动管道不像单相气体管道那样易于形成天然气水合物的原因。

在形成天然气水合物的气体混合物体系中,可能出现平衡共存的相有气相、冰相、富水液相、富烃液相及固态天然气水合物相。需要指出的是,在可形成天然气水合物的气相混合物中,按相律得到的平衡共存的相不可能都存在。例如,对两组分气体混合物和水组成的体系,根据相律最多有五个相平衡共存,但在天然气水合物相特性的试验研究中,至今尚未发现五相点的存在。

图 2.3 为纯烃或组成已知的烃类气体混合物的天然气水合物相特征。ABE 线是水为体

系中唯一液相时形成天然气水合物的条件，CBD 线为水的冰点线。低于 AB 线，没有液态水（富水液相）存在。在 AB 线以上，则有冰和天然气水合物两种固相存在。

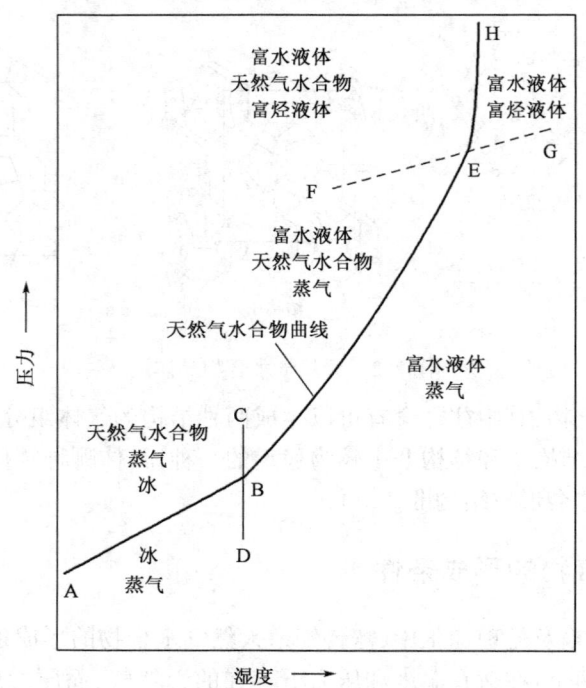

图 2.3　纯烃或组成已知的烃类气体混合物的天然气水合物相特性

Campbell 称 E 点为四相点，因为在该温度和压力下可以存在四个相。FEG 线为该气体的烃露点线，在这条线以上，有两种液相——富水液相和富烃液相存在。在 E 点，天然气水合物形成线几乎垂直。实际上，E 点表示形成天然气水合物的最高温度。这一点为天然气水合物形成线与烃露点的交汇点。

2.2　天然气水合物的防止

从井口采出或从矿场分离器分出的天然气一般都含水。含水的天然气温度降低至某一值后，就会形成固体天然气水合物，堵塞管道与设备。为了防止生成天然气水合物，一般有四种途径：向气流中加入抑制剂；提高天然气的流动温度；降低压力至给定温度下天然气水合物的生成压力以下；脱除天然气中的水分。其中最积极的方法是保持管线和设备不含液态水，而最常用的办法则是向气流中加入各种抑制剂。抑制剂法分为热力学抑制剂和动力学抑制剂。对于深冷分离过程，由于天然气温度特别低，因而只有脱水的办法。

2.2.1　热力学抑制剂法

天然气水合物热力学抑制剂是目前广泛采用的一种防止天然气水合物形成的化学剂。向天然气中加入这种天然气水合物抑制剂后，可以改变水溶液或天然气水合物相的化学位，从而使天然气水合物的形成条件移向较低的温度或较高的压力范围。常见的热力学抑制剂有醇类（如乙二醇、甲醇）和电解质（如 $NaCl$、$CaCl_2$ 等无机盐的水溶液）。目前，天然气工业中多用甲醇、乙二醇和二甘醇作为抑制剂，三者的物理性质见表 2.2。

表 2.2 甲醇、乙二醇和二甘醇的性质比较

名称\项目	分子式	凝固点,℃	常压沸点,℃	理论分解温度,℃	实际再生温度,℃	闪点,℃
甲醇	CH_3OH	−97.8	64.7	—	—	15.6
乙二醇	$C_2H_6O_2$	−11.5	197.3	165	129	111.1
二甘醇	$C_4H_{10}O_3$	−8.3	245	164	143～163	124

对热力学抑制剂的基本要求是：尽可能大地降低天然气水合物的形成温度；不和天然气的组分反应，且无固体沉淀；不增加天然气及其燃烧产物的毒性；完全溶于水，并易于再生；来源充足，价格便宜；凝固点低。实际上，完全满足上述要求的抑制剂是不存在的，目前常用的抑制剂只是在某些主要方面满足上述要求。

若抑制剂溶液中各种抑制剂的质量浓度相同，则甲醇使天然气水合物生成温度的降幅最大，抑制效果最好，乙二醇次之，二甘醇最小（表 2.3）。甲醇的凝固点远低于乙二醇和二甘醇，因而甲醇适用于任何气体温度，而乙二醇不得用于温度低于 −9℃、二甘醇不得低于 −6℃ 的场合。甲醇的蒸气压最高，注入管线和设备后容易汽化进入湿气内，之后均匀地进入水相防止天然气水合物生成，因而可直接注入。出于经济和技术难度考虑，一般不回收甲醇。乙二醇与二甘醇的蒸气压低，必须经喷雾头将甘醇雾化成小液滴分散于气流内才能有效地抑制天然气水合物的生成，乙二醇与二甘醇的气相损失小，需建回收装置回收、再生后循环使用。甲醇的投资低、操作费用高，常用于气量小、断续注入防止季节性生成天然气水合物和临时性管线和设备的防冻；而乙二醇或二甘醇投资高、操作费用低，常用于气量大、需连续注入抑制剂的场合。根据经验当甲醇连续注入量超过 $0.11m^3/h$ 时不经济，需改用乙二醇为抑制剂。

表 2.3 甲醇和乙二醇对天然气水合物形成温度降的影响

质量分数,%		5	10	15	20	25	30	35
温度降,℃	甲醇	2.1	4.5	7.2	10.1	13.5	17.4	21.8
	乙二醇	1.0	2.2	3.5	4.9	6.6	8.5	10.6

注：上述结果由 Hammerschmidt 公式计算求得。

甲醇对已形成的天然气水合物有一定解冻作用，而甘醇类抑制剂无此性能。但有甲醇的天然气在后续气体脱水中有一定负面影响，会增加甘醇富液再生时的热负荷；对碳钢设备有一定腐蚀性；降低固体干燥剂的吸湿能力等。

甘醇类抑制剂与系统内可能存在的凝析液烃的分离难易程度随温度而变。温度低时分离困难，增加了甘醇在液烃中的损失，因而甘醇抑制剂适用于温度较高的场合。此外，甘醇的凝固点较高，当系统低于 −7℃ 时，应按图 2.4 检查甘醇溶液是否会凝固。凝固点与其在水溶液中的质量分数有关，质量分数在 60%～70% 时凝固点最低，流动性最好，在实践中常用该浓度范围的溶液为抑制剂。三甘醇黏度大，在烃液内的溶解度较大，一般不作天然气水合物抑制剂。与乙二醇相比，二甘醇的蒸气压低、气相损失小，但防冻效果不如乙二醇。乙二醇和甲醇是最常用的天然气水合物抑制剂。

甲醇抑制剂的质量分数与天然气水合物生成温度降的关系也可用图 2.5 表示，由图可以看出，随着加入的甲醇量的增大，温度降也越大。如果加入系统中的甲醇过多，就需考虑甲醇的回收再利用。

值得注意的是，甲醇具有中度危害的毒性，可通过呼吸道、食道及皮肤侵入人体，甲醇对人中毒剂量为 5～10mL，致死剂量为 30mL。而乙二醇无毒，不存在危害人身安全的问题。甲醇

和乙二醇的使用各有其优缺点,一般来说,少量的甲醇可不需回收,而乙二醇黏度较大,低温情况下不易分离,乙二醇的损失主要是溶解在油中,甲醇的损失主要是在气相中蒸发,总的来说,甲醇的损失比乙二醇的大。

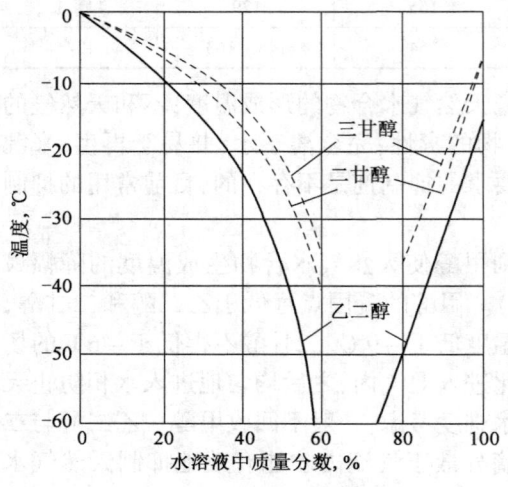
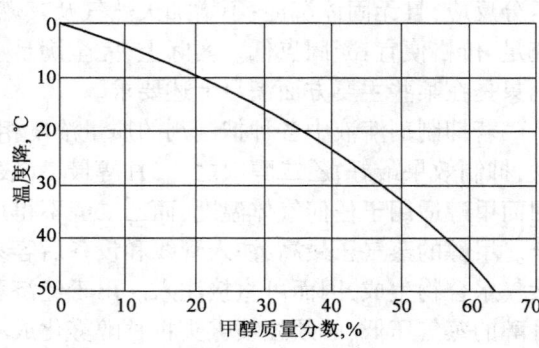

图2.4　甘醇水溶液的凝固点　　　　　　　图2.5　甲醇的质量分数与温度降的关系

　　图2.6是注入抑制剂的低温分离法流程示意图,井口流出物在入口分离器中脱除游离水和杂质后进入气/气换热器中冷却,在进换热器前注入贫乙二醇溶液。注入贫乙二醇后的天然气经过节流阀时产生焦耳—汤姆逊效应,温度进一步降低,进入低温分离器(低温,高压状态),在低温分离器中,冷干气与液相(液烃+富甘醇)分离。气体经气气换热器、气液换热器升温后外输。液相进入稳定塔,脱出溶解于液相中的天然气(气体供乙二醇雾化使用)。塔底流出的醇烃混合物经换热器冷却后,进入醇油分离器中进行醇油分离。分离后的富液经乙二醇再生器再生脱水后变成贫乙二醇回注。

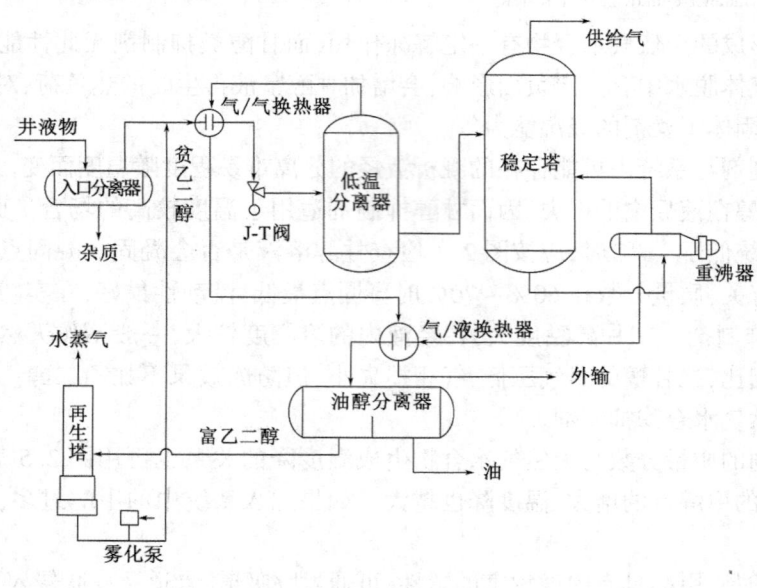

图2.6　低温分离法工艺流程示意图

油醇分离器中有天然气、凝析油和乙二醇溶液,是一个三相分离器,如图2.7所示,分离器中设置有溢流板,利用凝析油和乙二醇富液的密度不同将其分离。

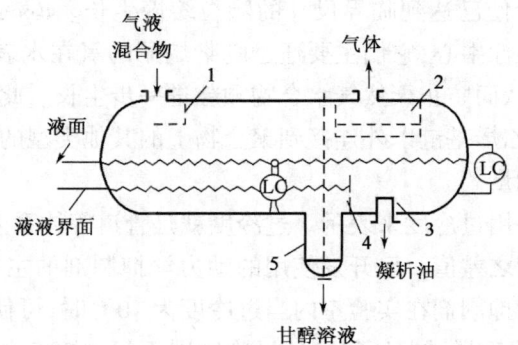

图 2.7 带立式集液部的卧式分离器
1—入口挡板;2—捕集器;3—破涡板;4—溢流板;5—立式筒体

2.2.2 动力学抑制剂

传统的热力学抑制剂已使用多年,由于其在水溶液中的质量分数很高(10%~50%),用量较多,为了降低成本,不少学者力图开发一种可替代的、价格低廉且符合环保要求的新型天然气水合物抑制剂即动力学抑制剂。

动力学抑制剂注入后的质量浓度很低(小于0.5%),不影响天然气水合物的热力学条件,但是,它们可以显著降低天然气水合物成核速率,延缓乃至阻止临界晶核的生成,干扰天然气水合物晶体优先生长方向及影响天然气水合物晶体的定向稳定性等方式来抑制天然气水合物的生成,从而起到防止天然气水合物堵塞管道的作用。

Duncum 等在 1993 年最早在其专利中叙述了天然气水合物动力学抑制剂,它们是酪氨酸及其衍生物。随后,Anselme 等指出,N-乙烯基吡咯烷酮(NVP)的聚合物,如 NVP 均聚物(PVP)及其丁基衍生物均可作为天然气水合物抑制剂,它们的单元结构如图2.8所示。Sloan 介绍的天然气水合物抑制剂是含有五元环、六元环和七元环的聚合物,其中包括 N-乙烯基吡咯烷酮(五元环)、羟乙基纤维素(六元环)及 N-乙烯基己内酰胺(七元环)的聚合物。在这些动力学抑制剂中,NVP 均聚物的丁基衍生物和 NVP、N-乙烯基己内酰胺及二甲氨基丙烯酸甲酯的三聚物(Gaffix VC-713,图2.9)的抑制效果均较 PVP 要好。

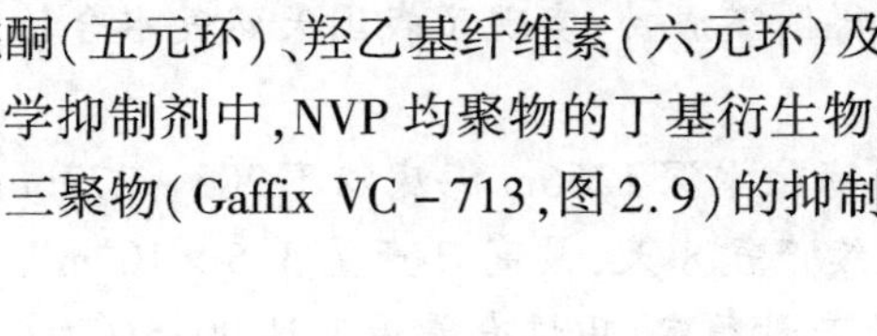

图 2.8 PVP 及其衍生物(R 为 C_4H_9)的单元结构

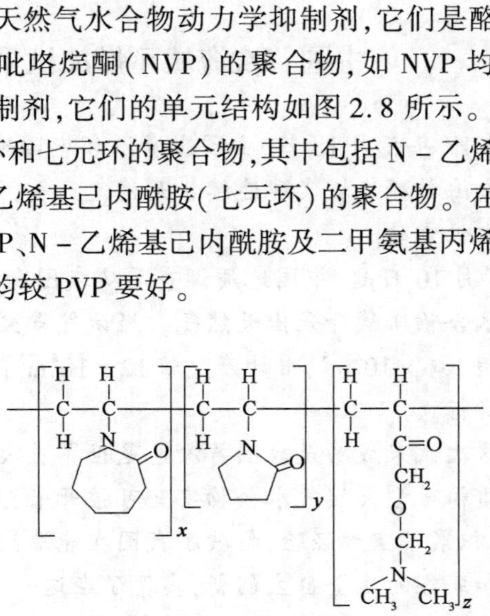

图 2.9 三聚物 Gaffix VC-713 单体的单元结构

动力学抑制剂是一些水溶性或水分散性的聚合物。它们在天然气水合物成核和生长的初期吸附在天然气水合物的表面上,从而防止颗粒达到临界尺寸(在这种尺寸下,颗粒的生长在热力学上是有利的),或者使已达到临界尺寸的颗粒缓慢生长。Rodger 的试验表面,N - 乙烯基吡咯烷酮的环是一些活性中心,它们主要通过吡咯烷酮的氧在水表面形成两个氢键而吸附到天然气水合物表面上,从而防止天然气水合物颗粒进一步生长。此外,除吡咯烷酮以外的其他部分的结构,以及除聚乙烯基链以外连接到聚合物上的其他类型的链,也可能与天然气水合物具有更大的相互作用能量。

动力学抑制剂的效果用过冷度来表示。过冷度就是管道等体系内实际操作温度低于该体系天然气水合物形成温度之差值。已开发使用的动力学抑制剂的主要缺点是抑制效果有限。尽管至今报道过的动力学抑制剂在实验室内当过冷度为10℃时,可使天然气水合物成核及晶体生长时间推迟2~3d,但现场试验所得到的过冷度则不超过8℃,相当于质量分数为15%~18%的甲醇抑制剂的效果。

2.2.3 防聚剂法

这一类抑制剂的注入浓度较低,小于0.5%(质量分数),它们不能防止天然气水合物的形成,但却可以防止天然气水合物颗粒聚结以及在管道上黏附。这样,天然气水合物就不会在管道中沉积,而呈浆液状在管道内输送,因而就不会堵塞管道。

防聚剂是一些聚合物的表面活性剂,仅仅在水和液烃同时存在时才会防止天然气水合物在管道上聚结或沉淀,同时受烃类型、水含量及盐含量的影响

知识拓展

中国首次海域可燃冰试采成功,燃烧能量超石油数十倍

2017年5月18日,由国土资源部中国地质调查局组织实施的我国海域天然气水合物试采在南海神狐海域实现连续8天稳定产气,试采取得圆满成功,实现了我国天然气水合物开发的历史性突破。

5月10日起,中国地质调查局从我国南海神狐海域水深1266m海底以下203~277m的天然气水合物矿藏开采出天然气。经试气点火,已连续产气8天,最高日产量$3.5 \times 10^4 m^3$,平均日产超$1.6 \times 10^4 m^3$,累计产气超$12 \times 10^4 m^3$,天然气产量稳定,甲烷含量最高达99.5%,实现了预定目标。

这次试采成功是我国首次也是世界首次成功实现资源量占全球90%以上、开发难度最大的泥质粉砂型天然气水合物安全可控开采,为实现天然气水合物商业性开发利用提供了技术储备,积累了宝贵经验,打破了我国在能源勘查开发领域长期跟跑的局面,取得了理论、技术、工程和装备的完全自主创新,实现了在这一领域由"跟跑"到"领跑"的历史性跨越,对保障国家能源安全、推动绿色发展、建设海洋强国具有重要而深远的影响。

本 章 小 结

天然气水合物有两种：一种是自然界里形成的，人们研究的目的是如何开采和利用；另一种是在低温、高压和有液态水的状态下形成的天然气水合物，这种天然气水合物会在开采、集输和处理的过程形成堵塞。防止天然气水合物的形成有四种方法，最常用的是抑制剂法，抑制剂法中最常用的是热力学抑制剂法。

习 题

一、填空题

1. 天然气水合物由90%的(　　　)和10%(　　　)，外观呈(　　　)状。
2. 天然气水合物形成的主要条件是(　　　)、(　　　)。

二、选择题

1. 一般不形成天然气水合物的是(　　)。
   A. CH_4　　　　B. C_2H_6　　　　C. C_3H_8　　　　D. nC_4H_{10}
2. 防止天然气水合物形成的最常用的方法是(　　)。
   A. 加入抑制剂　　　　　　　　B. 提高天然气的流动温度
   C. 降低压力　　　　　　　　　D. 脱除天然气中的水分
3. 解决天然气水合物形成的最积极的方法是(　　)。
   A. 加入抑制剂　　　　　　　　B. 提高天然气的流动温度
   C. 降低压力　　　　　　　　　D. 脱除天然气中的水分
4. 在注入抑制剂的低温分离法流程中，气体从节流阀流出后进入(　　)设备。
   A. 过滤器　　　B. 低温分离器　　　C. 稳定塔　　　D. 气/气换热器
5. 在注入抑制剂的低温分离法流程中，在(　　)前注入抑制剂。
   A. 过滤器　　　B. 低温分离器　　　C. 稳定塔　　　D. 气/气换热器

三、判断题

(　　)1. 为保证抑制剂效果，甲醇类抑制剂必须用雾化泵注入到系统里。
(　　)2. 如果加入的抑制剂为甲醇，系统就不用设置回收和再生系统，也没有雾化设备。
(　　)3. 动力学抑制剂可以改变水溶液或天然气水合物相得化学位，从而使天然气水合物的形成条件移向较低的温度或价高的压力范围。
(　　)4. 热力学抑制剂可以推迟天然气水合物成核和晶体生长的时间。
(　　)5. 采用乙二醇为抑制剂的低温分离法工艺中，由于进料在气/气换热器中会冷却至天然气水合物形成温度以下，所以在进换热器前要注入贫甘醇。

(　　)6. 当管道被天然气水合物堵塞时,还可采用降低管道压力的办法来解堵,只需降低一侧的压力就可以了。
(　　)7. 天然气水合物中水分子借助范德华力形成具有笼形空腔结构。
(　　)8. 形成天然气水合物有一临界温度,超过这个温度,再高的压力也不会形成天然气水合物。
(　　)9. 存在小的天然气水合物晶种会抑制天然气水合物的形成。
(　　)10. 甲醇具有中等程度的毒性,且沸点低,易挥发,所以使用时需防护。

四、简答题

画出乙二醇为抑制剂的低温分离法的流程并简述。

3 天然气酸性组分的脱除

 知识目标

1. 掌握酸性气体的危害。
2. 掌握醇胺法和砜胺法脱硫脱碳的原理。
3. 了解脱硫脱碳方法的选择原则。
4. 掌握醇胺法脱硫脱碳的工艺流程和主要设备的作用。
5. 了解脱硫脱碳的新技术和发展方向。

 能力目标

1. 能根据具体原料的情况选择出合适的脱酸气方法。
2. 能够对醇胺法脱硫脱碳过程中出现的一般操作问题进行分析,并提出解决方案。

 实例导入

2003年12月23日21时55分,四川石油管理局川东钻探公司川钻12队对重庆开县罗家寨16号气井起钻时,突然发生井喷,来势特别猛烈,富含硫化氢的气体从钻具水眼喷涌达30m高程,硫化氢浓度达到100mg/m³以上,预计无阻流量为$400\sim1000\times10^4m^3/d$。失控的有毒气体(硫化氢)随空气迅速扩散,导致在短时间内发生大面积灾害,人民群众的生命财产遭受了巨大损失。据统计,井喷事故发生后,离气井较近的开县高桥镇、麻柳乡、正坝镇和天和乡4个乡镇,30个村,9.3万余人受灾,6.5万余人被迫疏散转移,累计门诊治疗27011人(次),住院治疗2142人(次),243位无辜人员遇难,直接经济损失达8200余万元。其中受灾最重的高桥镇晓阳、高旺两个村,受灾群众达2419人,遇难者达212人。

来自地下储层的天然气通常不同程度的含有H_2S、CO_2和有机硫化物硫醇(RSH)、硫化羰(COS)、二硫化物(RSSR')等酸性组分,通常将这些酸性组分大于管输气或商品气质量要求的天然气称为酸性天然气。硫化物和CO_2甚微或根本不含的气体,称为洁气。把净化后达到管输气要求的天然气称为净化气。

这些酸性组分在开采、集输和处理时会造成设备和管道的腐蚀;含硫组分往往有毒有害并有难闻的气味,污染环境,H_2S有剧毒,威胁人身安全;当天然气用作化工原料时,酸性组分会引起催化剂中毒;同时,CO_2含量过高将降低天然气的热值。

当天然气中H_2S、CO_2等酸性组分含量超过商品气的气质标准时,必须进行脱除处理。从酸性天然气中脱除H_2S、CO_2等酸性组分的工艺过程称为脱硫脱碳或脱酸气。若该过程主要是脱除H_2S和有机硫化物则称为天然气脱硫,若主要是脱除CO_2则称为脱碳。而脱出的酸性组

分 H_2S 一般还应回收其中的硫元素（硫磺回收）。当回收硫磺后的尾气不符合向大气排放的标准时，还应该对尾气进行处理。分出的 CO_2 或注入地层，或销售，或放空。

各国对商品天然气的 H_2S 和总硫含量都有最严的控制。各国国情不同、标准不同，多数规定 H_2S 的质量浓度小于 $5.7 \sim 16mg/m^3$（有的国家甚至要求 H_2S 的质量浓度小于 $1.5mg/m^3$），总硫的质量浓度小于 $150 \sim 450mg/m^3$，CO_2 的物质的量分数小于 $2\% \sim 3\%$。近年来国外某些跨国输气管道也要求 H_2S 的质量浓度小于 $5.7mg/m^3$。CO_2 凝固点为 $-56.6℃$，采用深冷法从天然气内回收轻烃时，则需将 CO_2 的体积分数控制在 10^{-4} 以下。

1984 年对 40 口四川气井的产物进行分析，至少 50% 以上气体的 H_2S 含量超出我国现行标准，最高 H_2S 的质量浓度达 $491.5g/m^3$，同时还含有 CO_2，需要脱除这些酸气才能满足管道输送或后续加工对天然气质量的要求。从酸性天然气内脱除酸性气体的工作，常在油气井产物集中、气液分离后进行。

3.1 天然气脱硫脱碳的方法概述

天然气脱除酸性组分的方法很多，根据脱硫剂的形态分为干法和湿法，干法以固体作脱硫剂，效率高，但再生困难，而且硫容量（单位体积或单位质量溶剂可吸收的硫的质量）低，因此应用较少。湿法以溶液做脱硫剂。按脱硫剂本质又分为化学吸收法、物理吸收法、物理化学吸收法、氧化还原法、膜分离法等。下面作简要介绍。

3.1.1 化学吸收法

化学吸收法以可逆反应为基础，采用碱性溶液为吸收剂，与天然气中的酸性组分（H_2S、CO_2）反应生成某种化合物而脱硫脱碳。吸收了酸性组分的富液在温度升高、压力下降的情况下，会分解释放出酸性组分。这类方法中最具代表性的是醇胺法和碱性盐溶液法。

目前，醇胺法是天然气脱除酸性组分最常用的方法，所使用的醇胺有一乙醇胺（MEA）、二乙醇胺（DEA）、三乙醇胺（TEA）、二甘醇胺（DGA）、二异丙醇胺（DIPA）、甲基二乙醇胺（MDEA）以及配方胺溶液、空间位阻胺等。醇胺法具体内容在 3.2 中介绍。

属于碱性盐溶液法的有改良热钾碱法（Catacarb 法、Benfield 法）和氨基酸盐法等，主要用于脱除 CO_2。

3.1.2 物理吸收法

该法采用有机化合物为吸收溶剂，利用溶解度的差异将天然气中的酸性组分脱除。一般在高压和较低的温度下进行吸收，在压力降低时进行再生，适用于酸性组分分压较高的天然气。物理吸收法具有溶剂不易变质、比热容小、腐蚀小、能脱有机硫化物（RSH、COS、CS_2）等优点，但是物理溶剂对重烃有较大的溶解度，且溶剂较贵，净化度不高，不适合于重烃含量高的天然气。同时受溶剂再生程度的限制，物理吸收法净化效果不如化学吸收法，当要求较高的净化度时则需采用汽提再生等再生措施。

目前，常用的物理吸收法有乙二醇二甲醚（Selexol）法、冷甲醇（Rectisol）法以及碳酸丙烯酯（Flour Solvent）法等。

3.1.3 物理化学吸收法

物理化学吸收法又称联合吸收法或混合溶液法,使用的溶剂是醇胺、物理溶剂和水的混合物,兼有化学吸收法和物理吸收法的特点。在物理化学吸收法中,砜胺(Sulfolin)法应用最广泛,包括环丁砜 + DIPA(Sulfolin – D)法和环丁砜 + MDEA(Sulfolin – M)法,以及 Selefining 法、Optisol 法、Amisol 法等。该法净化度高,有机硫脱除率高,高分压下能耗低于醇胺法,但溶液价格较贵。

3.1.4 氧化还原法

这类方法以氧化还原反应为基础,用液相氧载体将碱性溶液吸收的 H_2S 氧化为单质硫,然后利用空气使溶液再生。这类方法的优点是脱硫与硫回收为一体,H_2S 净化度高;缺点是不除 CO_2,有废液处理问题。该方法适合于原料压力低、处理量不大的场合。

3.1.5 膜分离法

这类技术是 20 世纪 70 年代以来发展的一门新的分离技术,膜分离法利用 H_2S、CO_2 等酸性组分与烃类组分在压力的推动下透过薄膜的传递速率不同,从天然气中脱除酸性组分。目前已工业化的方法有 AVIR、Cynara、杜邦(DuPont)、Grace 等法,大多用于从 CO_2 含量很高的天然气中分离 CO_2。

3.2 醇胺法

从天然气中脱除 H_2S 和 CO_2 的许多现有溶剂中,醇胺类是普遍公认和广泛应用的,醇胺法自 20 世纪 30 年代以来,一直作为天然气净化的主要方法。

3.2.1 醇胺法特点

3.2.1.1 方法原理

目前,在天然气净化领域使用的醇胺有 MEA、DEA、TEA、DGA、DIPA、MDEA 等,醇胺分子至少有一个羟基和一个胺基,羟基能降低化合物的蒸气压,增加化合物在水中的溶解度。胺基与氨相似,水溶液呈碱性,这是因为胺分子上的氮原子上的未公用电子对能接受水中的 H^+,使溶液中的 OH^- 浓度增大,所以溶液呈碱性。碱性可使醇胺分子在常温下与 H_2S 和 CO_2 反应,然后升温降压再生放出酸气。

依据连接在胺基氮原子上的"活"氢原子数,醇胺可分为伯醇胺、仲醇胺和叔醇胺三大类,如图 3.1 所示,可分别以 RNH_2、R_2NH、R_3N 表示。

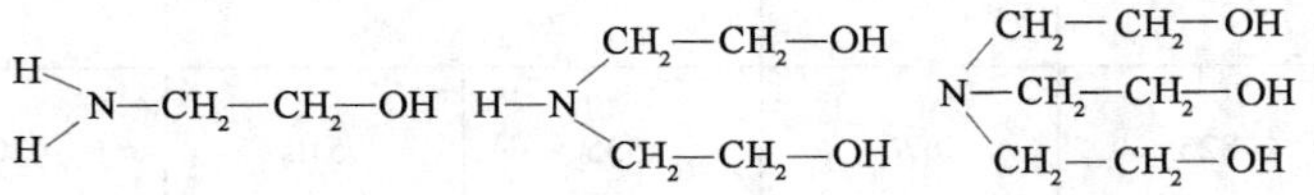

图 3.1 醇胺分子结构

当醇胺的水溶液用来吸收时,所发生的主要反应如下:

伯胺　　$RNH_2 + H_2S \rightleftharpoons RNH_3^+ + HS^-$　　　　　　　　　瞬间反应

　　　　$2RNH_2 + CO_2 \rightleftharpoons RNH_3^+ + RNHCOO^-$　　　　　中速反应

　　　　$RNH_2 + CO_2 + H_2O \rightleftharpoons RNH_3^+ + HCO_3^-$　　　　慢反应

仲胺　　$R_2NH + H_2S \rightleftharpoons R_2NH_2^+ + HS^-$　　　　　　　瞬间反应

　　　　$2R_2NH + CO_2 \rightleftharpoons R_2NH_2^+ + R_2NCOO^-$　　　中速反应

　　　　$R_2NH + CO_2 + H_2O \rightleftharpoons R_2NH_2^+ + HCO_3^-$　　慢反应

叔胺　　$R_2R'N + H_2S \rightleftharpoons R_2R'NH + HS^-$　　　　　　　瞬间反应

　　　　$R_2R'N + CO_2$　　　　　　　　　　　　　　　　　　　不反应

　　　　$R_2R'N + CO_2 + H_2O \rightleftharpoons R_2R'NH + HCO_3^-$　　慢反应

由上述反应方程式可看出,醇胺与 H_2S 和 CO_2 的主要反应均为可逆反应。当酸性组分分压高和/或温度低时,反应向右进行(吸收塔里的反应),贫醇胺溶液从原料气里吸收酸性组分,并且放热;而在酸性组分分压低和/或温度高时,反应向左进行(再生塔里的反应),富醇胺溶液将酸性组分释放出来,使溶液得到再生,并且吸热。

各种醇胺与 H_2S 的反应属瞬间反应,其反应速率明显高于气相 H_2S 的扩散速率,吸收过程属于气膜控制过程。但醇胺与 CO_2 的反应要复杂得多,伯醇胺、仲醇胺既能进行直接与 CO_2 生成氨基甲酸盐的中速反应,又能进行与 CO_2 和水生成碳酸氢盐的慢反应;而叔胺由于氮原子上无氢质子相连,故仅能进行生成碳酸氢盐的慢反应,醇胺吸收 CO_2 属于液膜控制过程。因此,叔胺与 H_2S、CO_2 在反应速率上的巨大差异是产生选择性吸收的动力学基础。各种醇胺的物理性质和化学性质见表3.1。

表3.1　各种醇胺的物理性质和化学性质

醇胺		MEA	DEA	TEA	DGA	DIPA	MDEA
分子式		$HOC_2H_4NH_2$	$(HOC_2H_4)_2NH$	$(HOC_2H_4)_3N$	$H(OC_2H_4)_2NH_2$	$(HOC_3H_6)_2NH$	$(HOC_2H_4)_2NH_3$
相对分子质量		61.08	105.14	149.19	105.14	133.19	119.17
沸点(101.3kPa),℃		170.5	269	360(分解)	221	249	247.2
凝固点,℃		10.5	28	22.4	-12.5	42	-21
临界压力,kPa		5985	3273	2448	3772	3770	3877.5
临界温度,℃		350	442	514	403	109	322.03
密度(20℃),kg/m³		1018	1095	1124	1058(15.6℃)	999(30℃)	1042.6
相对密度(20℃/20℃)		1.0179	1.0919 (30℃/20℃)	1.1258	1.0572	0.989 (45℃/20℃)	1.0418
比热容(15.6℃) kJ/(kg·℃)		2.72	2.512	2.931	2.391	2.889(30℃)	2.24
热导率(20℃) W/(m·℃)		0.256	0.220	—	0.209	—	0.275
汽化热(101.3kPa) kJ/kg		826	670	535	510	430	476
反应热,kJ/kg	H_2S	-1905	-1190	-930	-1568	-1140	-1050
	CO_2	-1920	-1510	-1465	-1977	-2180	-1420

续表

醇胺	MEA	DEA	TEA	DGA	DIPA	MDEA
黏度,mPa·s	24.1(20℃)	350(20℃)(90%溶液)	1013(20℃)(95%溶液)	40(15.6℃)	198(45℃)	101(20℃)
折射率 n_D^{20}	1.4539	1.4776	1.4852	1.4598	1.4542(45℃)	1.469
闪点(开杯),℃	93.3	138	185	127	124	129.5

3.2.1.2 优点

醇胺法是一种最具代表性的脱酸气方法,脱酸气的净化度高,既可完全脱除 H_2S 和 CO_2,又可以选择性脱除 H_2S;由于醇胺是一种无机溶剂,所以烃溶解性小;醇胺法工艺应用的历史较长,积累了丰富的工业经验,有大量的工业数据可供使用。

3.2.1.3 缺点

醇胺法对有机硫脱除不高,若天然气中含有较多的有机硫,则不适合使用;醇胺对设备有腐蚀性;醇胺法的富液再生需要加热,导致能耗也较高。

3.2.2 醇胺

醇胺是无色透明有刺激气味的液体,对人的眼、鼻、口、呼吸道有刺激,接触后出现眼红肿、流泪、视力模糊的症状。

除 TEA 外,其他醇胺均可视为化学稳定的物质,加热到其沸点也不分解。TEA 在低于 360℃ 时分解。

3.2.2.1 一乙醇胺(MEA)

在 20 世纪 50—60 年代,MEA 法常常是天然气脱硫的首选方法。此后由于不断开发出在能耗、溶剂降解及装置腐蚀等方面更有优势的方法,MEA 法在天然气净化中的地位逐步下降。

MEA 是相对分子质量最小的伯醇胺,故其反应能力、挥发度、腐蚀性和碱性最强,与酸气反应最迅速。虽然它与 H_2S 的反应速度快于 CO_2,但在实际运行中并不显示出具有选择脱除 H_2S 的能力。

无论是 H_2S 还是 CO_2,MEA 法均可将其脱除达到很高的净化度。MEA 很容易将天然气中的 H_2S 降至国家标准 GB 17820—2018 规定的 $6mg/m^3$ 以下。MEA 相对分子质量最小,在单位质量或单位体积的基础上具有最大的酸气负荷,所需的循环溶液最少。但为了使装置腐蚀控制在可以接受的范围内,通常 MEA 溶液浓度在 15% 左右,酸气净负荷一般也不超过 0.35mol/mol。

在工况条件下,MEA 会与 COS、CS_2 发生不可逆的降解反应,所以,当天然气中含有有机硫时,应避免使用 MEA 法;MEA 是伯醇胺,故其与酸性组分反应生成的化合物较难分解,导致再生温度较高,塔底温度一般在 121℃ 以上,再生系统腐蚀严重,在高酸气负荷下更甚;MEA 比其他醇胺具有更高的蒸气压,蒸发损失严重,通常需借助水洗的方法来降低损失。

为降低 MEA 脱硫溶液的腐蚀程度,美国联碳化学公司开发了减轻胺液腐蚀的添加剂——胺保护剂(Amine Guard),其中 Amine Guard ST 专门用于脱硫工况。Amine Guard ST 由两种氧化钝化型缓蚀剂组成,可在碳钢表面上形成一层坚硬氧化铁膜,从而将腐蚀速率控制在

0.0254mm/a以下。Amine Guard ST 除用于 MEA 装置外,也用在 DEA 装置上。

3.2.2.2 二乙醇胺(DEA)

DEA 属于仲胺,对天然气中 H_2S 和 CO_2 无选择性,与 COS、CS_2 反应速率比 MEA 慢;DEA 与 H_2S、CO_2 的反应热小,再生所需的热量较少,比 MEA 蒸气压要低,蒸发损失小。因此 DEA 适用于炼厂气、人造燃气和有机硫含量高的原料气。用 DEA 法降低 H_2S 到管输要求会比较困难,然而,改良的 DEA 法(SNPA – DEA)能将 H_2S 脱除到大约 $2.3mg/m^3$,在合理地选择材质并使用缓蚀剂的情况下,DEA 水溶液的质量分数可提高至 55%,酸气负荷也可达到 0.7 以上,从而大幅度地降低了溶液循环量,该法在加拿大得到广泛应用。

3.2.2.3 三乙醇胺(TEA)

虽然 TEA 是最早工业使用的脱硫试剂,但它易分解,且与 H_2S、CO_2 反应性较差,目前已很少用在工业规模的天然气脱硫上。

3.2.2.4 二甘醇胺(DGA)

二甘醇胺即 β,β' – 羟基氨基乙醚,属于伯醇胺,具有高反应性、低平衡分压等优点,可在压力低于 0.86MPa 时可脱除 H_2S 至 $5.7mg/m^3$,DGA 不仅可以脱除 H_2S 和 CO_2,还可以脱除 COS、CS_2 和 RSH。DGA 结构式如下:

$$H_2N-CH_2-CH_2-O-CH_2-CH_2-OH$$

与 MEA 相比,DGA 水溶液的质量分数高达 50%~70%,溶液循环量低,节能效果好;H_2S 净化度高,即使贫液温度高达 54℃ 时也可保证 H_2S 的净化度;可以仅适用空冷而不使用水冷,适合于沙漠及干旱地区,65% 的 DGA 水溶液的凝固点为 -40℃,也适合于寒冷地区。

DGA 的价格较高,降解反应速率快,而且对重烃、芳香烃的溶解能力强,因此,需要在 DGA 脱硫装置上设置复活釜和活性炭过滤器。

3.2.2.5 二异丙醇胺(DIPA)

DIPA 属于仲胺,对 H_2S 有一定的选择性(常压下选择,压力下选择不明显),用 DIPA 处理的天然气能达到管输气的质量要求,DIPA 也可用于液化石油气中脱除 H_2S 和 COS。通常 DIPA 与环丁砜复合使用(Sufinol – D),兼有物理吸收和化学吸收的优点,特别适用于有机硫含量高的天然气。DIPA 结构式如下:

$$H-N\begin{matrix}CH_2-CHOH-CH_3\\CH_2-CHOH-CH_3\end{matrix}$$

DIPA 的蒸汽消耗低,易再生,所消耗的回流比明显低于 MEA 和 DEA。通常的蒸汽消耗量较 MEA 低 30%;DIPA 的腐蚀轻,见表 3.2,相同的质量分数,相近的酸气负荷下,DIPA 的腐蚀速率是 MEA 的 1/4,是 DEA 的 1/2。DIPA 装置实际运行结果也确实说明其腐蚀是很轻的;DIPA 的降解慢,DIPA 不为 COS 及 CS_2 所降解。CO_2 所致降解速度也是很慢的,其降解产物可以碱析出,但实际生产装置均无须安排复活设施。

DIPA 相对分子质量大,熔点较高导致配制溶液较为麻烦。

表 3.2 醇胺-CO_2系统的腐蚀速率

溶液	80% MEA	80% DEA	80% DIPA
CO_2负荷, mol/mol	0.47	0.49	0.40
腐蚀速率, mm/a	1.83	0.99	0.46

测定条件:120℃,16h,碳钢试片。

3.2.2.6 甲基二乙醇胺(MDEA)

MDEA为叔胺,在CO_2存在条件下,可选择性的脱除H_2S以符合净化气标准。但是,若净化气中的CO_2超过允许值,则需进一步处理。MDEA结构式如下:

$$N\begin{matrix}CH_3\\-CH_2-CH_2-OH\\CH_2-CH_2-OH\end{matrix}$$

选择性脱硫是指在天然气中同时存在H_2S和CO_2的条件下,几乎完全脱除H_2S而仅吸收部分CO_2的工艺。对伯胺、仲胺而言,主要通过CO_2与活泼H原子快速反应来吸收CO_2而形成氨基甲酸酯,对H_2S和CO_2无选择性,叔胺中不存在H原子,所以不存在这个反应。

MDEA的优点:对H_2S有选择性脱除能力,因脱除的酸气量减少可使溶液的循环量减少,再生系统的热负荷降低;脱除的酸气中H_2S物质的量比CO_2大,有利于后续的硫磺回收;发泡性和腐蚀性低于MEA、DEA;可采用较高的气液比,提高装置的处理能力;MDEA的化学稳定性好,溶剂不易变质;溶液的质量分数可达50%以上,酸气负荷取0.5~0.6;MDEA可单独使用,也可与环丁砜合并使用(Sulfinol–M);MDEA法,对于净化低含硫、高碳硫比、高含有机硫的天然气是目前最优秀的方法。

3.2.2.7 混合胺液及空间位阻胺

混合胺液也叫配方醇胺溶液,是一种新型的醇胺溶液系列,与大多数醇胺溶液相比,采用配方醇胺溶液可减少设备尺寸和降低能耗。目前常见的配方醇胺溶液产品有Dow化学公司的Gas/Spec™、Union Carbide公司的Ucarsol™、Huntsman的Hextreat™等。

配方醇胺溶液有着比MDEA更好的优越性,有的配方可选择性的脱除H_2S至4×10^{-6}(体积分数)而只脱除少量的CO_2。有的配方溶液可选择性的脱除CO_2以满足深冷分离工艺的要求。

空间位阻胺:指在氮原子上带有一个或多个空间位阻结构的非链状取代基团的醇胺类化合物,广泛用于选择性脱硫。

3.2.3 脱硫方法的选择

在众多的脱硫脱碳方法中没有绝对优越的方法,而是各有其特点和适用范围,在应用时需要根据实际情况进行选择。

3.2.3.1 考虑因素

天然气脱硫方法的选择,不仅对于脱硫过程的本身,就是对于下游装置包括硫磺回收、脱水、天然气凝液回收的选择都有很大的影响。主要考虑以下因素:

（1）天然气中酸性组分的类型、含量和处理量。大多数天然气中的酸性组分是 H_2S、CO_2，但是有的还可能有 COS、CS_2、RSH 等，只要气体中含有这些组分中的任何一种，就会影响到脱硫方法的选择。原料气中酸性组分含量也是一个应着重考虑的因素，化学吸收法适合脱除大量的酸性组分，直接氧化法却适合酸性组分含量低、处理量小的天然气脱硫。

（2）天然气中烃类的组成。通常，脱除的酸性组分采用克劳斯法硫磺回收工艺处理，克劳斯法生产的硫磺质量对存在于酸气中的烃类特别是重烃十分敏感。因此若天然气中重组分含量较高时，不宜采用物理化学法脱酸气。

（3）对脱除酸气后，净化气及所获得的酸气的要求。作为硫磺回收的原料气（酸气），其组成是必须考虑的因素。如酸气中的 CO_2 浓度大于 80% 时，为了提高原料气中 H_2S 的浓度，就应考虑选择性脱硫方法的可能性，包括采用多级气体脱硫过程。

（4）对需要脱除的酸性组分的选择性要求。在各种脱硫方法中，对脱硫剂最重要的一个要求是其选择性。有些方法的脱硫剂对天然气中的某些酸性组分的选择性很高，而另外一些方法的脱硫剂就无选择性。MDEA 对天然气中的 H_2S 就有选择性脱除的功能。

（5）原料气的温度、压力及净化气所要求的温度、压力。有些脱硫方法不宜在低压下脱硫，而另外一些方法在脱硫温度较高时影响脱硫的效果。

（6）其他。如对气体脱硫、尾气处理有关的环保要求和规范，以及脱硫装置的投资和费用。

3.2.3.2 选择原则

尽管脱硫方法选择需要考虑的因素很多，天然气中硫含量的处理量，是一个关键因素，当原料气的硫潜量大于 45kg/d 时，应优先考虑醇胺法脱硫，虽然目前还没有一种醇胺法能满足所有要求，但由于这类方法技术成熟，脱硫剂来源方便，因而从技术经济角度出发，脱硫方法一般选择是：较大规模脱硫装置采用溶剂吸收法工艺（主要是胺法）；小规模脱硫装置采用固体氧化铁干法工艺；而介于两者之间的中低规模天然气处理的方法选用较为困难，通常可采用氧化还原及微生物脱硫等工艺技术。

根据工业实践，在选择各种醇胺法和砜胺法时有下述几点原则：

（1）当酸气中的 H_2S 和 CO_2 含量不高时，且 CO_2/H_2S 体积比 ≤6，同时脱除 H_2S 和 CO_2 时，采用 MEA 法或混合胺法。

（2）当酸气中的 CO_2/H_2S 体积比 ≥5，且需要选择性脱除 H_2S 时，应采用 MDEA 法或其配方溶液法。

（3）酸气中酸性组分分压高，有机硫含量高，并且同时脱除 H_2S 和 CO_2 时，应采用联合吸收法。

（4）DGA 法适合在高寒及沙漠地区采用。

（5）酸气中重烃含量高时，一般宜采用醇胺法。

表 3.3 列出一些在天然气和炼油领域中常用的一些脱硫方法的技术特点，适用于不同组成的天然气。

表3.3 主要脱硫方法的技术特点和应用领域

项目	MEA	DEA	砜胺法	MDEA
醇胺含量，%	≤15	20~30	30~45	20~50
H_2S 含量，mg/m^3	<5	<20	<5	<5

续表

项目	MEA	DEA	砜胺法	MDEA
CO₂含量,%	0.005	0.005~0.02	0.005~0.02	—
选择性脱硫能力	无	几乎无	无	有
能耗	高	较高	低	低
腐蚀性	强	强	较弱	较弱
醇胺降解	严重	有	有	微
脱有机硫能力	差	差	好	差
烃溶解	少	少	多	少
国内已用领域	天然气、炼厂气	炼厂气	天然气、合成气	天然气、炼厂气

3.2.4 醇胺法工艺流程与设备

由于醇胺属于碱性物质,因而可对天然气中的酸性气体 H_2S 和 CO_2 进行基于酸碱中和反应的化学吸收,此类反应是放热反应,一般在较低的温度下(70℃)进行,当温度超过105℃后,反应将发生逆转。

3.2.4.1 工艺流程

虽然醇胺法使用的溶剂多种多样,但工艺相似,都是由吸收、闪蒸、换热、再生四个环节构成。吸收:天然气中酸性气体脱除到规定指标。闪蒸:除去富液中的烃类。换热:以富液回收贫液中的热量。再生:将富液中的酸性气体解析出来恢复其脱硫性能。

醇胺法脱硫脱碳的典型工艺流程如图 3.2 所示,含有酸性气组分的天然气经入口分离器除去液固杂质后进入吸收塔底部,自下而上与醇胺溶液逆流接触,除去其中的酸性组分。净化气离开吸收塔顶部,经出口分离器除去携带的醇胺液滴后出装置。吸收了酸气的醇胺溶液(富液)由吸收塔底流出,降至一定压力后进入闪蒸罐,使富液中溶解或夹带的烃类闪蒸出来,闪蒸气可作为装置的燃料气。闪蒸后的富液经过过滤器后进入贫/富液换热器,被加热后进入再生塔的顶部进行再生。

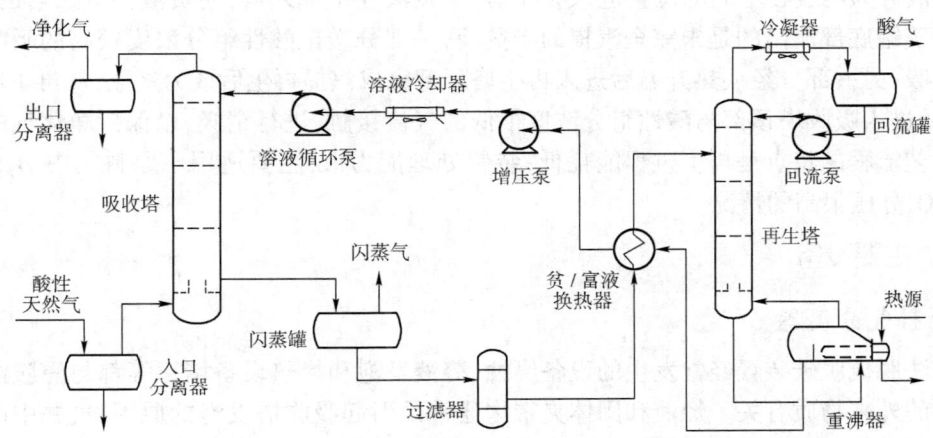

图 3.2 醇胺法脱硫脱碳的典型工艺流程

再生塔内,从塔下部上升的热蒸汽既加热胺液又汽提出溶液中的酸气,所以也常将再生塔称为汽提塔。胺液流至再生塔下部时所吸收的酸气已解析出绝大部分,此时可称为半贫液。半贫液进入重沸器内,与发生的蒸汽进一步汽提,使所吸收的残余酸气析出而成为贫液。离开重沸器的贫液经贫/富液换热器冷却回收热量后,经加压、过滤,进一步冷却至适当温度,然后由溶液循环泵送至吸收塔顶部,完成溶液循环。

离开再生塔顶部的酸性组分和水蒸气进入冷凝器,冷凝出大部分水蒸气,冷凝液作为回流返回再生塔顶部,以回收被酸气带出的醇胺蒸气,酸气送至硫磺回收装置。

实际上在图 3.2 的典型流程基础上,还可根据需要衍生出一些其他流程。如图 3.3 的贫液与半贫液分流循环工艺流程,在原料天然气酸气分压相当高的情况下,将再生塔出来的半贫液(已在塔内汽提出绝大部分酸性组分但尚未在重沸器内进一步汽提的溶液)抽出一部或大部送至吸收塔中部入塔,而经过重沸器进一步汽提了的贫液则送至吸收塔顶入塔以保证净化气的质量。这种安排可显著降低重沸器的蒸汽消耗,据称与基本流程相比,如以胺液循环量的 75% 将半贫液送至塔中部,汽耗下降 25%。此外,吸收塔上部的直径也可以比下部显著减小,进入吸收塔中部的半贫液也不需要冷却到进入塔顶贫液那么低的温度,从而减少了换热器的面积。

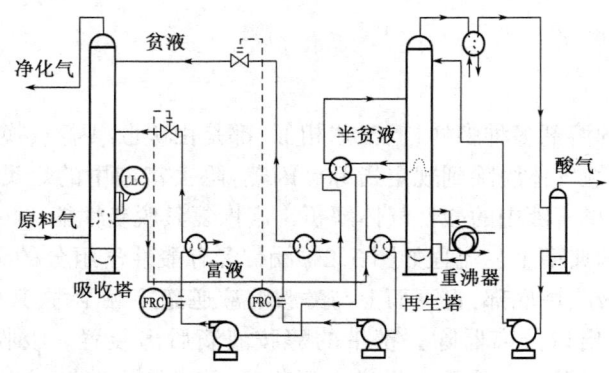

图 3.3　贫液与半贫液分流循环工艺流程

还有一种多级降压闪蒸与汽提再生工艺流程,如图 3.4 所示,该工艺流程中,活化的 MDEA 溶液分为两股在不同的位置进入吸收塔,半贫液在中部入塔,而贫液仍进入塔的顶部。自低压闪蒸罐底部流出的是未完全汽提的半贫液,一部分送至酸性组分浓度较高的吸收塔中部进行粗吸;另一部分经换热升温后进入再生塔顶部完成汽提再生后成为贫液,从再生塔底部离开,然后进入吸收塔顶部与酸性组分浓度很低的气流接触,进行精吸,以保持净化气的净化度。该工艺流程的特点是再生过程能耗低,装置处理能力大,主要适用于原料气中 H_2S 含量很低而 CO_2 分压很高的情况。

3.2.4.2　主要设备

1. 原料气分离器

醇胺法脱硫脱碳装置经常发生的设备腐蚀、溶液发泡和换热设备堵塞等都与醇胺溶液中含有过多的外来物质有关。烃液和固体夹带物通常是引起吸收塔发泡的原因,气井中的缓蚀剂、钻井液及酸化液都可能带入装置,污染溶液,因而无论原料气组成如何都应该重视原料气的分离。

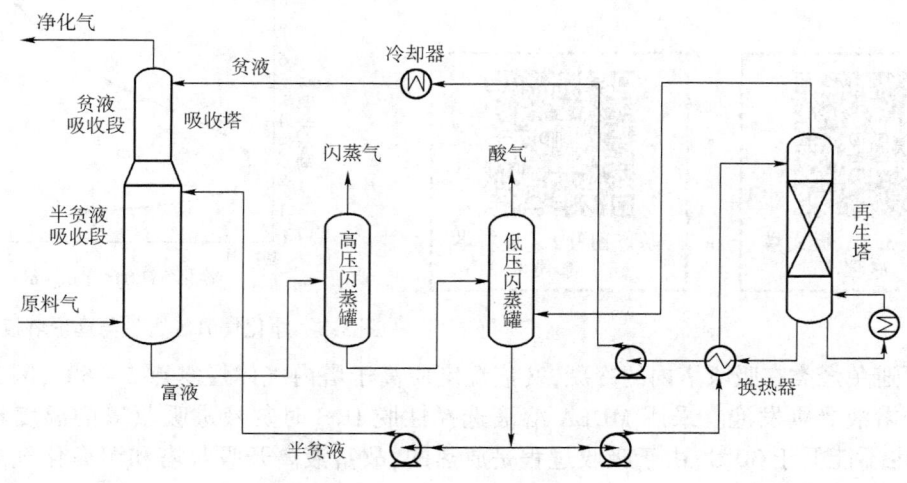

图 3.4 BASF 公司两段吸收、两级闪蒸和汽提再生脱碳工艺流程

天然气净化装置中常用的分离器按外形可分为卧式分离器、立式分离器和球形分离器；按实现分离的利用能量分为重力式分离器、离心式分离器和混合式分离器。考虑到原料气带入的杂质的瞬间流量可能极高的特点，通常将原料气分离系统设计为两级：第一级是重力分离，第二级是过滤分离，将重力分离设置在前面可以减少管式过滤器的负荷。在重力分离器内，即可分离瞬间流量较大的物流，又可使粒径大于 $100\mu m$ 的固体或液滴沉降分离，通过设在重力分离器内的丝网除雾器后，还可以分离出气流中 $5 \sim 10\mu m$ 的雾滴。在管式过滤器中可以过滤除去小于 $5\mu m$ 的固体和液体颗粒。

2. 吸收塔

吸收塔是醇胺液脱除天然气中的 H_2S、CO_2 及有机硫化合物而达到所要求的净化指标的设备。吸收塔由于反应的可逆性质，所以应采用气液逆流接触的传质设备。吸收塔可为板式塔和填料塔两种（动态图 3.1、动态图 3.2），塔的直径大于 0.8m 时，宜用板式塔，考虑到醇胺溶液易起泡的特点，通常采用板间距为 0.6m。由于浮阀塔盘具有弹性大、效率高、处理能力比泡罩塔高的优点且兼有泡罩塔和筛板塔的特点，故板式塔多采用浮阀塔。浮阀塔的塔板数应根据原料气中 H_2S 含量、CO_2 含量、净化气质量指标经计算确定，通常，实际塔板数在 14～20 块。对于选择性醇胺法（例如 MDEA 溶液）来讲，适当控制溶液在内停留时间（限制塔板数或溶液循环量）可使其选择性更好。这是由于在达到所需的 H_2S 净化度后，增加吸收塔的塔板数实际上几乎只是使溶液多吸收 CO_2，故在选择性脱 H_2S 时塔板应适当少些，而在脱碳时塔板则可适当多些。采用 MDEA 溶液选择性脱 H_2S 时净化气中 H_2S 含量与理论塔板数的关系见图 3.5。由该图可以看出，当理论塔板数为 2～3 块时，净化气中的 H_2S 含量最低。

由于 MEA 蒸气压高，所以其吸收塔和再生塔的胺液蒸发损失大，故在贫液进料口上常设有 2～5 块水洗塔板，用来降低气流中的胺液损失，同时也可用来补充水。采用 MDEA 的脱硫脱碳装置通常采用向再生塔底部通入水蒸气的方法来补水。

吸收塔的操作压力一般在 4～6MPa，主要取决于原料气的进气压力和净化气外输压力的要求。降低压力虽然有助于改善溶液的选择性，但压力降低也使溶液负荷降低，装置的处理能力下降，因而不应采用降低压力的方法来改善选择性。

动态图3.1 板式塔原理

动态图3.2 填料塔原理

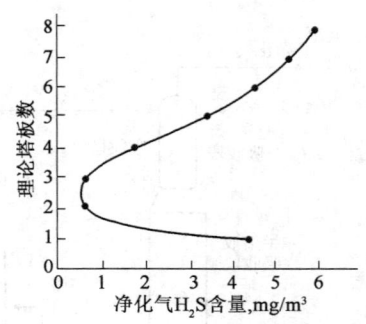

图3.5 净化气 H_2S 含量与理论塔板数的关系

为了避免烃类在吸收塔内的冷凝,贫液温度应高于塔内气体烃露点 5~6℃,因为烃类的冷凝会使溶液严重发泡。采用 MDEA 溶液选择性脱 H_2S 时贫液进吸收塔的温度不宜高于50℃,但也不能低于30℃;由于吸收过程是放热的,故富液离开吸收塔和湿净化气离开吸收塔顶的温度均略高于原料温度。对于 MEA,最高温度不超过 49℃,入口温度不能大于 38℃。

吸收塔的气液比是指单位体积溶液所处理的气体体积量(m^3/m^3),它影响着脱硫脱碳的净化度和装置的能耗,也是操作中最易调节的工艺参数。对于采用 MDEA 溶液选择性脱除 H_2S 来讲,提高气液比可以降低能耗,但是,随着气液比提高,净化气中的 H_2S 含量也会增加,故应以保证酸气的净化度为原则。

3. 再生塔

再生塔的作用是利用重沸器提供的水蒸气和热量使醇胺与酸性组分反应生成的化合物逆向分解,从而将酸性组分解吸出来,富醇胺溶液变成贫液。蒸汽在再生塔内加热溶液并与解吸的酸气一起向上流动,塔顶则有回流流下以降低酸气分压和维持系统溶液组成稳定。水蒸气有汽提的作用,即降低气相中酸性组分的分压,使更多的酸性组分从溶液中解吸,所以再生塔也称汽提塔。与吸收塔类似,再生塔可以为板式塔或填料塔,大型胺法装置的再生塔多使用浮阀塔,通常在进料口下面有 20~24 块塔板,板间距一般为 0.6m,有时,在进料口上部还有几块塔板,用于降低溶液的蒸发损失。再生塔原理见动态图3.3。

动态图3.3 再生塔原理

再生塔一般均在略高于常压下操作,其值视塔顶酸气去向和所要求的背压而定。为了避免发生热降解反应,重沸器的温度尽可能低,其温度取决于溶液浓度、压力和所要求的贫液残余酸气负荷。不同醇胺溶液主要工艺参数见表3.4。

表3.4 醇胺溶液主要工艺参数

项目	MEA	DEA	SNPA-DEA	DGA	Sulfinol	MDEA
酸气负荷[①],mol/mol 胺	0.33~0.40	0.35~0.65	0.72~1.02	0.25~0.3	—	0.2~0.55
贫液残余酸气负荷[②],mol/mol 胺	0.12±	0.08±	0.08±	0.10±	—	0.005~0.01
富液酸气负荷[①],mol/mol 胺	0.45~0.52	0.43~0.73	0.8~1.1	0.35~0.4	—	0.4~0.55
溶液质量分数,%	15~25	25~35	25~30	50~70	3种组分,组成可变化	40~50

续表

项目	MEA	DEA	SNPA–DEA	DGA	Sulfinol	MDEA
火管加热重沸器表面平均热流率,kW/m²	25.0~31.9	25.0~31.9	25.0~31.9	25.0~31.9	25.0~31.9	25.0~31.9
重沸器温度③,℃	107~127	110~121	110~121	121~127	110~138	110~127
反应热④(估计),kJ/kg H_2S	1280~1560	1160~1400	1190	1570	可变量/负荷	1040~1210
反应热④(估计),kJ/kg CO_2	1445~1630	1350~1515	1520	2000	可变量/负荷	1325~1390

① 取决于酸气分压和溶液腐蚀性,对于腐蚀性系统仅为 60% 甚至更低。
② 随再生塔塔顶部回流比而变,低的贫液残余酸气负荷要求再生塔塔板或回流比更大,并导致重沸器热负荷更大。
③ 重沸器温度取决于溶液浓度、火炬和放空管线背压和所要求的残余 CO_2 含量。
④ 反应热随酸气负荷、溶液浓度而变化。

再生塔塔顶排出气体中水蒸气与酸气物质的量之比称为该塔的回流比。水蒸气经塔顶冷凝器冷凝后送回塔顶作为回流。含饱和水蒸气的酸气去硫磺回收装置,或者回注或经处理与焚烧后放空。对于伯醇胺和低 CO_2/H_2S 的酸性气体,回流比为 3;对于叔醇胺和高 CO_2/H_2S 的酸性气体,回流比为 1.2。回流量为醇胺溶液的 10%~15%。

4. 重沸器

再生塔的热量由重沸器提供,作为装置中温度最高的设备,重沸器的热负荷包括:(1)将醇胺溶液加热所需的热量;(2)醇胺与酸性组分反应生成的化合物逆向分解所需的热量;(3)回流液(冷凝水)汽化的热量;(4)加热补充水(如果需要的话)所需的热量;(5)重沸器和再生塔的散热损失。

脱硫装置的重沸器类型有釜式和热虹吸式两种,如图 3.6 和图 3.7 所示。在工业化装置中,一种方式是半贫液从再生塔底部进入釜式重沸器,经过管程蒸汽换热,由釜式重沸器内部溢流堰流到重沸器溶液缓冲容积段。另一种方式是半贫液从再生塔的中部或下部流出,通过壳程中部进入热虹吸式重沸器,气液混合相从上部出口返回再生塔底部溶液缓冲容积段,H_2S 气体充分解吸并上升。无论哪种方式,半贫液加热后,H_2S 必须要有充分的解吸空间,贫液中 H_2S 含量不大于 1g/L。

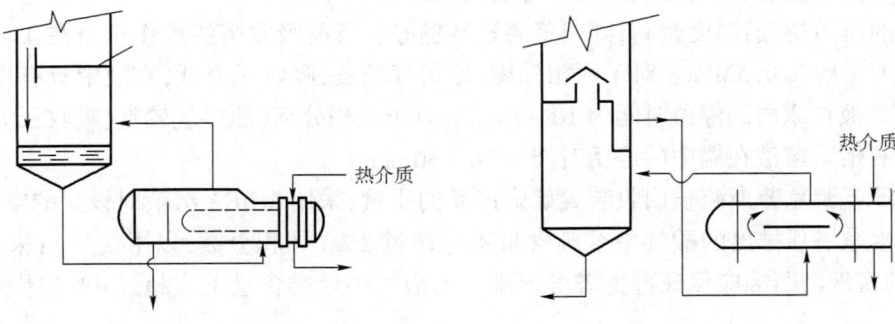

图 3.6 釜式重沸器　　　　图 3.7 热虹吸式重沸器

重沸器的加热方式有三种,分别是饱和水蒸气、热油(或乙二醇水溶液)和直接火焰加热。

(1)饱和水蒸气具有冷凝潜热大、给热系数高、加热均匀、不会出现局部过热现象、输送方便、易于通过改变压力来调节水蒸气温度的优点。采用水蒸气加热方式还可为配置溶液和清洗滤布过滤器提供所需的凝结水,因而采用水蒸气为热载体的较多。

(2)乙二醇溶液的凝固点很低,比热容较高,特别适合在气候极寒冷的地区作为重沸器的热载体使用。采用乙二醇作热载体可大大减少操作人员,乃至可无人值守,对橇装装置较为适合。

(3)直接火焰加热所需要的公用设施最为简单,也较适合橇装装置。

小型装置的重沸器多采用直接火焰加热,大型装置一般采用水蒸气和热油加热。从热效率来讲,采用锅炉产生的水蒸气的方式较好。无论采用哪种热载体都应该注意与下游的硫磺回收装置统一考虑,应控制重沸器中接触醇胺溶液侧的金属壁温。为此要控制饱和水蒸气的压力,或乙二醇水溶液的温度和流速,或火管加热的热流强度。为防止局部过热,采用火管加热时,烟气入口附近溶液侧金属壁温应控制低于127℃。

5. 复活釜

由于醇胺会因化学反应、热分解和缩聚而降解,故采用复活釜使降解的醇胺尽可能地复活,即从热稳定性盐类中释放出游离醇胺,并除去不能复活的降解产物。复活釜也有助于除去悬浮固体、酸和铁化合物。MEA 的伯醇胺由于沸点低,可采用半连续蒸馏的方法,将强碱(例如质量浓度为10%的氢氧化钠或碳酸氢钠溶液)和再生塔重沸器出口的一部分贫液(一般为总溶液循环量的1% ~3%)混合(使 pH 值保持在8~9)送至复活釜内部加热,加热后使醇胺和水由复活釜中蒸出。为防止发生热降解,复活釜的温度最高升到149℃。温度降低后,在将复活釜中剩余的残渣(固体颗粒、析出的盐类和降解产物)除去。采用 MDEA 溶液和 Sulfinol-M 溶液时可不设复活釜。

6. 闪蒸罐

富液中溶解有烃类时容易发泡,甚至导致再生塔冲塔,酸气中含有过多烃类时还会影响克劳斯装置生产的硫磺质量。闪蒸罐的作用就是使吸收塔底流出的富液夹带和溶解的烃类逸出,逸出的烃类可回收用作工厂的燃料气,有利节能;可降低再生塔的蒸气负荷;可降低去后续硫磺回收装置的酸气中烃含量。为了使富液在进入再生塔前尽可能地解析出溶解的烃类,可设置一个或多个闪蒸罐,目前均使用可提供较大气液界面的卧式结构。在烃类闪蒸出的同时常伴有酸气逸出,故在闪蒸罐上常设一吸收段以一小股溶液处理之。此外,如果系统存在液烃进入富液的可能性,则闪蒸罐还应安排撇油设施。

闪蒸的压力越低,温度越高,则闪蒸的效果越好。目前吸收塔的操作压力在4~6MPa,闪蒸罐的压力一般在0.5MPa。对于两相分离(原料气较贫,吸收压力低,富液中只有甲烷、乙烷等气体),富液在罐内的停留时间为10~15min;对于三相分离(原料气较富,吸收压力高,富液中有重烃液相),溶液在罐中的停留时间为20~30min。

为保证下游克劳斯硫磺回收装置硫磺产品的质量,采用 MDEA 溶液时设置的富液闪蒸罐应保证再生塔塔顶排出的酸气中烃类含量不应超过2%(体积分数,以甲烷计);采用砜胺法时,设置的富液闪蒸罐应保证再生塔塔顶排出的酸气中烃类含量不应超过4%(体积分数,以甲烷计)。

7. 贫/富液换热器和贫液冷却器

贫/富液换热器一般可选取管壳式或板式换热器,因管壳式换热器传热面积大,传热效果好,结构紧凑坚固,且能用多种材料来制作,适应性强的优点而被广泛采用。为了减轻设备腐蚀和减少富液中酸性组分的解吸,富液出换热器的温度不宜太高。此外,对富液在管程中的流速也加以限制。

贫液冷却器的作用是将换热后贫液的温度进一步降低。一般采用管壳式换热器或空气冷却器、水冷却器。贫液和酸气的冷却方式有三种,即全水冷、全空冷和空冷加水冷。(1)全水冷,早期建成的净化气厂的贫液和酸气冷却均为全水冷,由于此方式存在能耗高、耗水量大、投资高和高温部位冷却水易于结垢等弊病,现已较少使用;(2)全空冷,该冷却方式可取消净化气厂循环水系统,投资、能耗和操作费用都最低,还可以避免对环境水体的污染,适用于气温不太高和缺水或水质较差的地区以及在橇装装置上采用;(3)空冷加水冷,此冷却方式经济效果介于上述两种方式之间,由于空冷器中热流介质温度较低,大大缓解了冷却水结垢的问题。

8. 溶液缓冲罐

当采用热虹吸式重沸器或架高后溶液能返回再生塔的釜式重沸器时,均可采用再生塔底部空间作为溶液缓冲容积,代替溶液缓冲罐。当采用安装在地面的釜式重沸器时,应设置缓冲罐,缓冲罐内也应有惰性气体密封。

9. 增压泵

增压泵有利于提高贫液在溶液换热器和冷却器中的流速,提高总传热系数,有利于缩小设备尺寸。增压泵不宜设置在换热器之前,因为该处为溶液泡点,易气蚀,它的理想位置是在换热器和冷却器之间。

3.2.5 醇胺法脱硫脱碳装置操作中遇到的问题

醇胺法脱硫脱碳过程中常被一些问题所困扰,这些问题主要有设备腐蚀、溶液发泡、溶剂损失和非酸性气体夹带等。因此,应该在设计和操作中采取措施预防和减缓这些问题的发生。

3.2.5.1 设备腐蚀

在醇胺法脱硫脱碳过程中,最严重的问题是设备腐蚀,它能导致装置非计划停产、设备寿命缩短、设备损坏,甚至人员伤亡等事故。1984年美国芝加哥炼厂处理丙烷的MEA吸收塔因大范围腐蚀开裂产生爆炸,直径2.6m的上段14m飞出近1km,死亡17人,经济损失5亿美元。

1. 主要的腐蚀剂

醇胺法系统中最主要的腐蚀剂是酸性气体本身,在使用MEA溶液的装置中,腐蚀随着溶液中酸性气体浓度的增加而增加。游离的或化合的H_2S、CO_2均能引起严重腐蚀,且在高温及有水存在时尤为严重。其次的腐蚀剂为溶剂的降解产物,是溶剂和原料气组分的不可逆反应造成的。应该指出,胺液本身对碳钢没有腐蚀性,腐蚀是酸气进入胺液后产生的。溶液中的悬浮固体的侵蚀,以及溶液在热交换器管程和管路中的高速流动,都会加快腐蚀。

在没有杂质和固体颗粒的系统中,酸性气体含量最大同时温度最高的区域,腐蚀将最剧烈。在醇胺水溶液系统中,特别是MEA系统中,重沸器是最容易腐蚀的。在DEA和MDEA的系统中,由于这些醇胺很容易解吸出酸性气体,所以换热器富液管程腐蚀最严重。MEA水溶液系统中的腐蚀分布比其他醇胺装置要广得多,这是由于MEA水溶液解吸不完全,因而再生后的溶液中仍含有显著量的酸性气体。在其他的醇胺系统中,贫液中基本不含酸性气体,腐蚀集中在富液与热金属表面相接触的部位。

2. 腐蚀形式

醇胺法装置的腐蚀有多种形态,基于肉眼可见的腐蚀特征,醇胺法脱硫脱碳装置存在电化学腐蚀、化学腐蚀、应力腐蚀、缝隙腐蚀、坑点腐蚀、晶间腐蚀(常见于不锈钢)、选择性腐蚀(从金属合金中选择性的浸出某些元素)、磨损性腐蚀(包括冲蚀和气蚀)、应力腐蚀开裂及氢腐蚀(氢蚀和氢脆),从腐蚀的机理可以区分,但腐蚀破坏的表现形态之间由于错综复杂的相互关系呈现出复杂性。

3. 腐蚀的影响因素

(1)酸气浓度。酸气浓度是影响腐蚀的最主要因素。在仅有 H_2S 或仅有 CO_2 时腐蚀率最高。现场数据表明,对以脱除 CO_2 为主的装置,气体中如含少量 H_2S 可对金属起强烈的钝化作用,高 H_2S/CO_2 比的腐蚀低于低 H_2S/CO_2 比。从图 3.8 中还可以看到,温度越高,腐蚀率越大。

(2)醇胺的类型。不同浓度的 MEA、DEA 和 MDEA 在 99℃ 的条件下,通入纯的 CO_2 气体 168h,测定其腐蚀率,结果如图 3.9 所示,使用 MEA 溶剂的装置腐蚀最严重,使用 DEA 溶剂的装置次之,使用 MDEA 溶剂的装置腐蚀较轻。目前国内的天然气处理装置几乎已都使用 MDEA 溶液或配方醇胺溶液,除了选择性吸收和降低能耗外,减轻腐蚀也是主要因素。

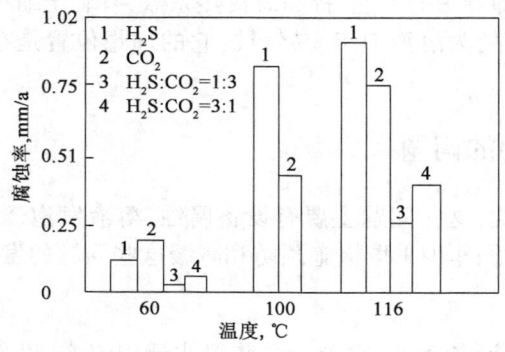

图 3.8 不同气相组成及温度下 15%MEA 溶液的腐蚀率

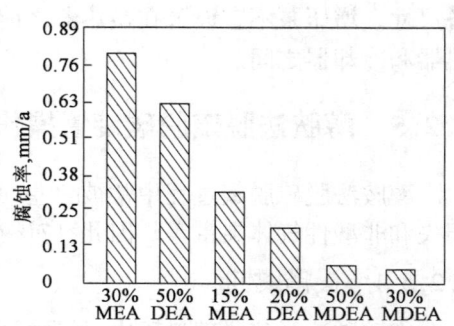

图 3.9 胺液在 CO_2 环境下的腐蚀率

(3)溶液的酸气负荷。装置的腐蚀程度是随着酸气负荷的上升而增加的,故装置的酸气负荷不宜太高。MEA 法,酸气负荷为平衡溶解度的 30%;MDEA 法,酸气负荷为平衡溶解度的 50%。

(4)溶液中的污染物会加速腐蚀。污染物的来源有两个途径:一是原料气带入(气田水、油田化学药剂、液烃等);二是溶液降解或金属材料腐蚀产生,这些污染物的存在会进一步加速腐蚀过程。

(5)装置不同部位的操作条件。温度与分压高且有水存在的部位易发生腐蚀。

(6)溶液流速。流速过高会有强烈的冲刷作用而破坏保护膜导致腐蚀加剧。

4. 减轻腐蚀的措施

可以从设计和操作两方面考虑减轻装置设备的腐蚀:

(1)设计方面:合理选用材质,一般部位选用碳钢,易腐蚀部位选用奥氏体不锈钢,贫/富液换热器的富液侧(管程)、富液管线、重沸器、再生塔的内部构件和酸气回流冷凝器等选奥氏体不锈钢;采用保护涂层,易发生开裂部位用聚合物涂层;控制管线中溶液流速,减小湍流程度和局部应力,碳钢内流速小于 1m/s,不锈钢内流速为 1.5~2.4m/s;设置固体过滤器和活性炭过滤器,除去固体颗粒、烃类和降解产物;操作温度超过 90℃ 或与酸性组分接触的设备和管线、再生塔、重沸器进行焊后热处理,消除应力。

(2)操作方面:重沸器温度与重沸器中所用水蒸气的温度尽可能低;避免用高温热载体,以使金属壁面的温度维持最低;再生产生的高温会使重沸器加热管严重腐蚀,再生塔的压力应尽可能低;防止氧气进入系统,泵的入口应维持适当正压;使用腐蚀抑制剂,腐蚀抑制剂使用的成功与否由装置操作的许多因素来决定,所以应该对几种抑制剂进行试验后来进行选择。

另外,设备的清洗液能显著地影响腐蚀,用酸清洗以除去硫化铁和其他沉积物时,可能会使金属表面裸露而促进腐蚀。在大多数情况下,用好的去污剂能有效地清洗设备,对于结垢严重的部位,也会采取煮沸或者机械清除的方式来除垢。

3.2.5.2 溶液发泡

在醇胺法脱硫脱碳装置中,吸收塔和再生塔里都会遇到胺液发泡的问题。净化天然气是一个气液界面间传质并发生反应的过程,当采用板式塔时,气泡从塔板上的胺液中穿过,在正常情况下气泡穿过胺液后应迅速破裂;当塔内产生致密的气泡且相当稳定而不迅速破裂时,胺液就发泡了。在胺液发泡的情况下,泡沫会被气流夹带到上一层塔板,塔内的持液量增加而会影响液面变化,最灵敏的标志是塔的压降增加,因此应经常监控塔的压降变化。

发泡通常是由溶液中的杂质引起的,这些杂质有凝结的液烃、细小的悬浮固体、醇胺的降解产物和进口气体带入的表面活性剂。发泡的另一个原因是高的气体线速和塔压的迅速变化。溶液发泡会导致装置的脱酸气能力下降,脱酸气效率达不到设计标准,净化气中 H_2S 超标,醇胺再生不合格,溶液损失增大等。

由于原料中可能带有含油污水、酸化液、钻井液、缓蚀剂等容易引起发泡的物质,所以入口分离器应该加强脱液,进行有效的气液和气固的分离。保持吸收塔顶贫液温度大于净气出口温度 5~10℃,可以防止气体中的轻烃等重组分凝结下来,进入到胺液中。有效的闪蒸可以脱除出吸收塔富液中可能溶解的少量烃类,避免溶液在再生塔内发泡,引起冲塔等事故,一般来说,溶液在闪蒸罐内停留时间应为 10~20min。

有效的过滤是保持醇胺溶液清洁的必要手段之一,溶液中的固体颗粒可以借分流连续过滤的方式去除,除溶液严重变质外,通常连续过滤量为溶液循环量的 5% 比较恰当。当溶液由于高相对分子质量有机化合物的溶解或乳化而引起发泡时,可将溶液通入活性炭床层而消除,将循环量的 5%~10% 连续地通入活性炭床层,就足以避免发泡,活性炭过滤器床层深度为 2.3~3.5m,流率范围为 6~12m³/(h·m²)。为了控制发泡,加入泡沫抑制剂也是一种比较常用的方法,应用得最广泛的泡沫抑制剂是硅酮化合物以及高沸点的醇类。泡沫抑制剂在再生塔内由于机械夹带或蒸发而不断损失,所以必须不断地加入,泡沫抑制剂的质量浓度以 10~15mg/L 较合适。二甘醇和三甘醇都是很好的泡沫抑制剂,所以甘醇—胺溶液系统较少发泡。

3.2.5.3 溶剂损失

在醇胺法脱硫脱碳装置的操作中,溶剂损失是一个严重的操作问题。溶剂损失是由溶液蒸发、醇胺溶液降解、夹带、醇胺溶液在液烃中的溶解以及机械损失而引起的。

1. 溶液蒸发

在吸收塔、再生塔、闪蒸罐的出口处的气相中都多少有醇胺组分,故气相中醇胺的多少与操作条件有关,温度、压力、醇胺浓度是影响醇胺蒸发损失的重要原因,当温度升高或压力降低时,醇胺的蒸发损失增大。防止醇胺损失最简单的方法是用水或者甘醇在一小段填料塔或板式塔中洗涤、冷却净化气以回收醇胺;也可以用矾土或其他固体吸附剂吸附蒸发的醇胺,然后加通入水蒸气加热再生吸附剂,回收醇胺。一般情况下,蒸发损失只占小部分,大部分在其他损失。

2. 醇胺溶液降解

醇胺溶液降解不仅造成醇胺的损失,使溶液的有效醇胺浓度下降,增加了溶剂消耗,而且降解产物使得溶液的腐蚀性增强、易发泡并增加了溶液黏度。醇胺降解的方式相当复杂,主要有热降解、化学降解和氧化降解三种类型。不同醇胺按这三种方式降解而生成各种各样的有机物和热稳定性盐。

(1)热降解。醇胺受热而发生的降解称为热降解,醇胺中 DEA 热稳定性差,MEA 和 MDEA 热稳定性好。只要重沸器温度控制的恰当,一般不会发生严重的热降解。目前,天然气净化装置大量使用 MDEA,它们与 H_2S、CO_2 的反应热低,再生比较容易,再生塔底的温度一般低于120℃,进一步缓解了 MDEA 的热降解。

(2)化学降解。化学降解是指醇胺与原料气中的 CO_2、有机硫(CS_2、COS)发生化学反应而生成难以再生的热稳定性盐,是溶剂损失的主要原因。MEA 与 CO_2 发生副反应生成的碳酸盐可以转化成噁唑烷酮,再经一系列反应生成乙二胺衍生物。由于乙二胺衍生物碱性比 MEA 强,其硫化物和碳酸盐均难以再生,从而导致溶剂损失,而且还会加速设备腐蚀。DEA 与 CO_2 发生类似的副反应后,溶剂最终只是丧失部分脱硫能力。DIPA 与 CO_2 反应也会生成一种噁唑烷酮的降解产物。COS 与 MEA 或 DEA 的反应与上述反应类似,产物除噁唑烷酮和咪唑烷酮外还存在乙二醇脲。CS_2 与 MEA 或 DEA 反应时先生成二硫代氨基甲酸盐的衍生物,然后再转变为硫代氨基甲酸酯。MDEA 是叔醇胺,不和 CO_2 反应生成噁唑烷酮一类的降解产物,也不和 CS_2、COS 等有机硫反应,因而不存在化学降解问题。

(3)氧化降解。原料气中的氧或其他杂质和醇胺反应生成一系列热稳定性盐,它们一旦生成很难再生。有些热稳定性盐是碱性的,它们虽不能再生但还具有一定与 H_2S 反应的能力;另一些热稳定性盐是酸性的,不仅不能与 H_2S 反应,而且还加剧了溶液的腐蚀性。例如 MEA 氧化降解会生成草酸盐、乙酸盐等;氧能使 MDEA 降解生成 DEA,影响脱硫溶液的选择性能。

各种醇胺抗氧化降解能力以 DEA 为最强,依次为 MEA 和 MDEA。还应当指出,在净化过程中,氧可以直接与 H_2S 反应生成单质硫,硫还可能与醇胺反应生成硫代硫酸盐而降低有效浓度,产生一系列问题。所以,在操作过程中一定要避免氧气混入到系统里,也可以在系统中加入氧化抑制剂。

3. 夹带

夹带是指醇胺溶液在净化气或酸气中的物理携带,液相以雾状颗粒在气相中分散,气相以发泡的形式在液相中分散。醇胺溶液的粒径在 0.1~5000μm 范围内易被气流夹带出塔;溶液发泡易产生带沫损失,这往往是由于捕沫效果不良或发泡引起;严重的夹带经常发生在吸收塔的操作高于设计气速或低于设计压力的情况下。因此,控制物料流速及设置高效分离设施是降低夹带损失的有效途径。当系统中需要补水时,在吸收塔顶设置一小段水洗段可大幅度降低夹带损失。

4. 醇胺溶液在烃液中的溶解

醇胺与液烃两者互溶,醇胺在液烃中的溶解受到压力和温度的影响,而塔的压力和温度等操作条件在实际操作中变化很小,所以控制醇胺溶液浓度成了减少醇胺溶液在烃中溶解的重要手段。也可以采用水洗的方法减少溶解损失。

5. 机械损失

机械损失是指醇胺溶液的跑冒滴漏,这取决于装置的设计、管理及操作水平。

综合以上情况,根据国内外胺法净化天然气装置的操作经验,醇胺损失通常不超过 $0.5kg/10^4m^3$。

3.2.5.4 溶液中非酸性气体夹带

在脱硫脱碳装置的某些操作中,特别是在高压下脱酸性气体时,从吸收塔至再生部分,溶液中会夹杂大量非酸性气体(烃类),这样对于进一步利用酸性气体非常不利。非酸性气体在溶液中呈泡沫(或烃类的液滴)而被带出。吸收塔底部设计适当时,可减少非酸性气体的机械夹带,应该在塔底安装设计正确的降液导管,而且出口设计应该能防止漩涡的形成,以免液体飞溅并自由落下。但即使吸收塔底部设计适当,但大多数场合下仍不能完全消除机械夹带。

另外,在高压下大多数非酸性气体在醇胺中的溶解度较大,所以在液体离开吸收塔进入再生塔之前,必须设置分离设备使非酸性气体自溶液中逸出。根据设备的操作条件与酸性气体的纯度要求,可在吸收塔和再生塔之间,设计一个或多个闪蒸罐。为了提供最大的分离面积,一般采用卧式闪蒸罐,从闪蒸罐中释放的气体中含有不同浓度的酸性气体,在闪蒸罐的顶部可装一小吸收塔,用少量贫液与释放出来的气体接触便能将酸性气体回收。

3.3 其他脱硫脱碳方法

在天然气脱硫脱碳工艺中,除主要采用醇胺法外,还会根据原料气的处理量、组成、潜硫含量、温度、压力,净化气的净化指标、经济因素等,广泛采用其他方法。例如,物理溶剂法中的 Selexol 法,化学—物理溶剂法主要是砜胺法,直接转化法中的 Lo-Cat 法,间歇法有海绵铁法、分子筛法,以及 20 世纪发展起来的膜分离法等。

3.3.1 砜胺法工艺

砜胺法(Sulfinol)为联合吸收法,砜胺溶液由物理溶剂和化学溶剂组成,物理溶剂是环丁砜,化学溶剂可以是任何一种醇胺,常用的是 DIPA 和 MDEA。砜胺法具有物理吸收法和化学吸收法两者的优点,酸气负荷几乎正比于酸气的分压,特别适合处理高酸气分压、高有机硫含量的气体。

3.3.1.1 砜胺溶液的组成

砜胺溶液是由环丁砜(物理溶剂)、醇胺(DIPA 或 MDEA 等化学溶剂)和水组成。环丁砜($C_4H_8SO_2$)为无色透明液体,对水、酸、碱、氧稳定;在 220℃ 以下有很好的热稳定性;溶于水,不易挥发、无毒、不易燃、具有溶解性强、选择性好的特点。化学溶剂目前使用比较多的是 DIPA,主要原因是 DIPA 对设备的腐蚀最轻微,不易变质和发泡,反应热低,易再生。如需选择性脱硫,则用 MDEA 代替 DIPA。

工业上砜胺溶液的质量组成通常为:环丁砜 35%~45%,DIPA 或 MDEA 40%~55%,水 10%~15%,大多数情况下环丁砜:醇胺:水为 40%:45%:15%。溶液中的水,一般不低于

10%,含水量少,再生时困难、溶液黏度大,导致换热设备换热效果变差,而且与酸性气体同时被吸收的烃类量也随着溶液的含水量减少而增加。水含量过高会引起发泡,一般不超过25%。醇胺的含量取决于酸气负荷,原料气的酸气含量高则要求醇胺的含量也相应高些,以免溶液循环量过大。若要求脱除有机硫化物,则吸收塔应有足够多的塔板数,同时环丁砜的含量越高,有机硫脱除的效果越好。

3.3.1.2 砜胺法的主要优缺点

砜胺法,即 Sulfinol 法。一般有两种体系,环丁砜—二异丙醇胺体系称为 Sulfinol – D(砜胺Ⅱ型),环丁砜—甲基二乙醇胺体系称为 Sulfinol – M(砜胺Ⅲ型),后者的选择性优于前者。

1. 优点

(1)酸气的负荷高。与醇胺溶液相比,砜胺溶液用环丁砜代替醇胺溶液中的一部分水。环丁砜是 H_2S 的良好的吸收剂,在其他条件相同的情况下,H_2S 在环丁砜中的溶解度要大得多,所以酸气负荷较高。酸气负荷为物理吸收和化学吸收的总和。H_2S 分压低时,以化学吸收为主;H_2S 分压高时,以物理吸收为主,作用迅速扩大。砜胺溶液在操作条件下允许采取的吸收量,可以达到平衡吸收量的 90% 左右。酸气分压对砜胺法在操作条件下能达到的酸气负荷有影响,随着酸气分压增高,溶液的酸气负荷成倍增加,最高可达 $120m^3/m^3$。但是为了保证净化气的质量,富砜胺液里酸气含量一般不大于 $40m^3/m^3$。同时,在大致相同的分压下,溶液对 H_2S 吸收比 CO_2 大,对 H_2S 的酸气负荷要比 CO_2 高 70%。

(2)消耗指标低。由于酸气负荷高,所以相应的循环量就低,一般为 MEA 法的 50% ~ 70%;砜胺溶液的比热容也比醇胺溶液低,所以砜胺法的水、电和水蒸气的消耗指标均低。另外,酸气分压越高,消耗指标越低。

(3)净化度高。与其他的脱硫脱碳方法相比较,砜胺法处理的天然气可达到管输的质量要求。

(4)有机硫脱除能力强。砜胺法既可以从天然气中选择性脱除 H_2S,还具有良好的脱有机硫的能力,脱除效率与操作条件和有机硫的种类有关。

(5)溶剂损失小。环丁砜化学性质稳定,不易受热分解,蒸气压低,损失小。

(6)对设备的腐蚀较轻微。腐蚀比 MEA 和 DEA 轻,所有的设备均可选用碳钢,投资小。

2. 缺点

(1)溶液吸收重烃能力强。与醇胺相比,重烃在砜胺溶液中有更大的溶解度,因此,砜胺溶液在吸收塔里吸收酸气时,同时吸收了一部分烃类气体。这些吸收的烃类气体,除芳香烃外,大部分能够在闪蒸罐中被释放出来,闪蒸气一般只占原料气的百分之几,闪蒸气可以增压后返回吸收塔,也可以和醇胺法一样,经过一个低压吸收塔脱除 H_2S 后用作燃料气。在解吸过程中,轻烃的解吸率较重烃高,芳香烃的解吸率最低,仅 5%。对于一般的砜胺法气体净化装置,只要选择了合适的闪蒸罐操作条件,就可以保证到硫磺回收装置的酸气中的烃类含量不超过 2%,这在处理高 H_2S 含量或高 H_2S/CO_2 比的天然气时,不会影响克劳斯装置的操作;但若酸气中的 H_2S 含量仅为 20%,2% 的烃含量相对来说就过大了,应采取措施来降低烃含量。当酸气中的烃含量过高时,要求硫磺回收装置反应炉有特殊设计,或者在酸气进硫磺回收装置前用活性炭吸附器脱烃。

(2)环丁砜是良好的溶剂。环丁砜能溶解油漆、铅油等密封材料,故一般常用管子螺纹进行密封。

(3)溶液价格较贵,且变质产物复活困难。砜胺法中的 DIPA 变质产物噁唑烷酮可用加碱处理的方式分解。有些砜胺法脱硫装置溶液复活时不进行加碱处理,而是通过减压蒸馏的方式分离出降解产物。当变质产物积累至6%~8%(质量分数)时,开始复活。

(4)砜胺溶液的凝固点高(约为 -22℃)。在寒冷地区使用时应防堵塞管线。

3.3.1.3 工业应用

因具有酸气负荷高、装置处理量大、有机硫脱除能力强、再生能耗低、溶液性质稳定等优点,砜胺法现已成为天然气脱硫脱碳的主要方法之一。砜胺法的工艺流程与醇胺法基本相同。

20 世纪 60 年代壳牌公司开发成功砜胺法(砜胺Ⅱ型)。我国为解决川渝气田的卧龙河脱硫装置净化气中有机硫含量高的问题,首次使用的是砜胺Ⅰ型溶液,其溶液质量组成为 MEA:环丁砜:水 = 20%:50%:30%,在 1976 年又将砜胺Ⅰ型改成砜胺Ⅱ型溶液。随后又推广至川西南净化二厂和川西北净化厂,之后又进一步将引进的脱硫溶液由砜胺Ⅱ型(Sulfinol-D)改成砜胺Ⅲ型(Sulfinol-M)。国外采用 Sulfinol 溶液处理天然气的一些装置的数据见表 3.5。

表 3.5 Sulfinol 溶液的工业应用实例

净化装置	Emmen	Yellow-Hammer	Piner-River	Caroline	Sexsmith	Husky76
原料气类型	天然气	天然气	天然气	天然气	天然气	天然气
处理量,$10^6 m^3/d$	4.0	5.7	7.5	8.6	4.6	0.45
H_2S 含量,%	0.44	0.2~0.8	9	35	7	25
CO_2 含量,%	4.2	3.4	7	6	0.7	3
有机硫(RSH+COS)含量,10^{-6}	90	10	350	900	500	4000
CO_2 共吸收率,%	40	50~70				
有机硫脱除率,%	40	40	97	98	80	97
溶剂类型	Sulfinol-M	Sulfinol-M	Sulfinol-D	Sulfinol-D	Sulfinol-D	Sulfinol-D

3.3.2 物理溶剂法(多乙二醇二甲醚法)

物理溶剂法则是利用 H_2S 和 CO_2 等酸性杂质与烃类在物理溶剂中溶解度的巨大差异完成天然气的脱硫脱碳任务。水是一种最廉价的溶剂,在气体脱硫领域内它曾获得过应用;然而很显然,它对酸气的溶解能力及可能达到的净化程度限制了它的应用。在 20 世纪 60 年代获得工业应用的物理溶剂有甲醇、碳酸丙烯酯,磷酸三正丁酯也曾被广泛研究,但最终未能获得工业应用。20 世纪 70 年代以来,使用多乙二醇二甲醚、甲基吡咯烷酮及多乙二醇甲基异丙基醚等溶剂的工艺陆续获得工业应用。

由于物理溶剂法脱除酸气的原理与胺法截然不同,当然有其独特的优点和缺点,大体可概括如下:

(1)传质速率慢。胺法由于溶液吸收酸气后发生化学反应,传质速率大大增强(常以增强因子表示),物理溶剂法在吸收过程中缺乏此种推动力,故传质速率慢,需要很大的气液传质界面。

(2)达到高的 H_2S 净化度较为困难。由于体系的物理性质,物理溶剂法要使净化气 H_2S 含量达到小于 $20mg/m^3$ 或者小于 $5mg/m^3$ 的指标是较为困难的。

(3)溶剂再生的能耗低。物理溶剂法中酸气是溶解于其中故易于析出,而胺法中酸气与醇胺系键结合故再生较难而能耗较高。

(4)具有选择脱硫能力。几乎所有的物理溶剂对 H_2S 的溶解能力均优于 CO_2,所以物理溶剂法可实现在 H_2S 及 CO_2 同时存在的条件下选择性脱除 H_2S。

(5)优良有机硫脱除能力。胺法等对天然气中的有机硫如硫醇、COS 及 CS_2 等的脱除效率均较差;然而,物理溶剂法对上述有机硫化合物有良好的脱除能力。

(6)可实现同时脱硫脱水。物理溶剂对天然气中的水分有很高的亲和力,因此可在脱除 H_2S 及 CO_2 的同时完成脱水任务;而胺法的净化气是为水所饱和的,必须进入后续的脱水装置。

(7)烃类溶解量多,特别是重烃。与胺液相比,物理溶剂对烃类特别是重烃尤其是芳香烃有良好的亲和力,需要采取有效措施回收溶解的烃以减少烃的损失和降低酸气中的烃含量。

(8)酸气负荷与酸气分压大体成正比。由于物理溶剂法的酸气负荷大体上与天然气中的酸气分压成正比,当天然气中 H_2S 及 CO_2 的浓度较低且操作压力较低时,其溶液循环量将大大高于胺法。

(9)基本上不存在溶剂变质问题。在胺法中,醇胺可与 CO_2、COS 及 CS_2 等产生变质反应而导致活性变差及腐蚀性增强等问题,物理溶剂不存在这一问题。

从这些特点可见,物理溶剂法的应用范围不可能像胺法那么广泛,但在某些条件下,它们也具有一定的技术经济优势。

3.3.3 氧化还原法

氧化还原法是一种基于 H_2S 在液相中氧化为单质硫的脱硫工艺,被还原的氧化剂用空气再生,从而使得脱硫与硫磺回收合为一体。主要适用于硫含量相对较小的天然气以及其他工业气体、尾气或废气的处理。氧化还原法也称为直接转化法。

目前,用于天然气脱硫的氧化还原法的工艺有以铁离子为氧载体的铁法,以钒离子为氧载体的钒法。代表性氧化还原工艺的溶液组成和技术特点见表 3.6。

表3.6 代表性氧化还原工艺的溶液组成和技术特点

工艺	溶液组成	技术特点及应用情况
Ferrox 工艺	约3.5%碳酸钠和0.5%氢氧化铁溶液	早期方法,副反应较多,净化度较差,现已很少使用
Stretford 工艺	碳酸钠溶液中加蒽醌二磺酸盐、偏钒酸钠和酒石酸钾钠	典型的二元氧化还原体系,净化度高,能脱除部分有机硫,应用范围较广
Takahax 工艺	碳酸钠溶液中加萘醌磺酸盐	净化度较高,副产的硫磺颗粒极细,在日本建有多套装置
Lo-cat 工艺	加有聚多糖的螯合铁溶液	反应速率和硫容量均较高,副反应的硫磺易于沉降分离,发展较快,应用较多

Lo-cat法是采用螯合铁溶液的铁基工艺,它们具有反应速度快和生成副产物较少等特点。Lo-cat工艺采用的主要药剂和作用见表3.7。美国GTP公司开发的Lo-cat法可用来处理多种含H_2S气体,适合于潜流含量在0.2~20t/d含硫气体的脱硫,硫的回收率可达99.9%,净化尾气中H_2S含量可低至$10×10^{-6}$(体积分数),反应器内溶液的pH值在8.0~8.5时最佳,其总铁离子含量为$500×10^{-6}$(质量分数),在反应器内得到的硫磺浆液浓度为5%~15%,经过滤脱水后所产硫磺饼纯度根据过滤方式不同而异。

表3.7 Lo-cat工艺采用的主要药剂和作用

品名	药剂	作用
ARI-340	铁浓缩液	黑红色液体,带有氨味,提供足够的螯合铁离子做催化剂,确保H_2S氧化为单质硫
ARI-350	螯合铁稳定剂浓缩液	亮黄色液体,略有一点氨味,保证螯合铁离子在溶液中稳定存在
ARI-400	杀菌剂	浅棕色液体,略有一点甜味,抑制溶液中细菌的生长
ARI-600	表面活性剂	亮白色液体,略带酒精味,降低溶液表面张力,使硫磺颗粒易于聚集和沉降
ARI-360	螯合铁降解抑制剂	无色液体,带有硫磺味,抑制螯合铁的降解,通常在开工时加入

Lo-cat法的溶液中除含有络合铁浓缩剂ARI-340外,还加有ARI-350稳定剂、ARI-400灭菌剂及促使硫磺聚集沉降的ARI-600表面活性剂;此外在运行初期及必要时还需加入ARI-360降解抑制剂,溶液所用的碱为KOH而不是NaOH。

3.3.3.1 Lo-cat工艺的优点

使用Lo-cat法脱酸气净化度高,净化气中H_2S含量可低于$4×10^{-6}$,满足商品气的质量指标;脱硫的同时直接生成单质硫,基本没有二次污染;可脱除H_2S而不脱除CO_2,仅吸收少量的CO_2;操作温度为常温。

3.3.3.2 Lo-cat工艺的技术原理

铁是多价态的金属元素,在氧化还原法中,常以三价铁盐为H_2S的氧化剂,它发生的吸收反应如下:

$$H_2S + 2Fe^{3+} \longrightarrow 2H^+ + S\downarrow + 2Fe^{2+}$$

Fe^{2+}再生反应如下:

$$2Fe^{2+} + 2H^+ + 1/2O_2 \longrightarrow 2Fe^{3+} + H_2O$$

总反应方程式如下:

$$H_2S + 1/2O_2 \longrightarrow H_2O + S\downarrow$$

从上述反应式可看出,其再生反应主要靠空气中的氧将二价络合铁离子氧化成三价络合铁离子来实现,因此,当直接处理原料天然气时,由于不能将空气带入净化天然气,上述吸收和再生反应需在两个反应器进行,而处理酸气时,吸收和再生反应可在同一个反应器中进行。

由此Lo-cat工艺有两种工艺流程,即处量低压酸气的单塔(自循环)流程和直接处理原料天然气的双塔(常规)流程,如图3.10和图3.11所示。

单塔流程用于处理低压废气,如醇胺法酸气、克劳斯装置的加氢尾气等,吸收和再生在一个塔里同时进行。H_2S的氧化反应在起吸收器作用的对流筒中进行。对流筒是一根两端开口的管状设备,与氧化器用隔板分开,其作用是将硫化物离子与空气隔离,以尽可能地减小副产

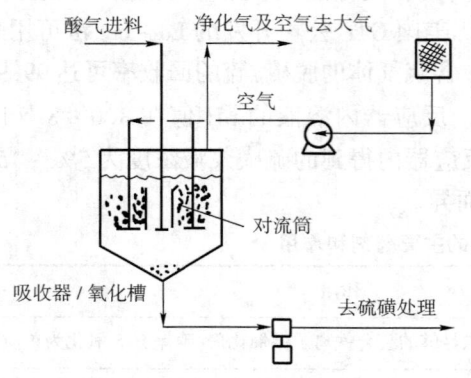
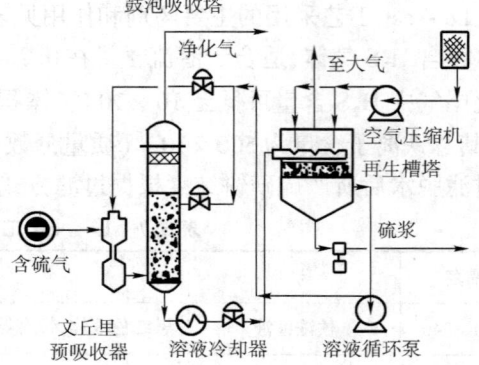

图 3.10 Lo-cat 单塔流程示意图　　　图 3.11 Lo-cat 双塔流程示意图

物生成。对流筒吸收区溶液,因 H_2S 氧化为单质硫,密度增大而下沉,筒外溶液则因空气(空气远多于酸气量)鼓泡而密度降低,不断抬升进入对流筒。反应器内的吸收液和再生液由于密度差而实现了自循环。

双塔流程用于天然气或其他可燃气脱硫,一塔吸收,一塔再生。吸收部分设置了一个文丘里预吸收器,酸气自文丘里预吸收器后进入一个鼓泡吸收塔,用以保证净化气的质量。再生槽塔以空气氧化溶液,生成的硫磺沉降为硫浆从下部抽出去硫回收工序。吸收塔和氧化塔之间的溶液循环通过泵来完成。

3.3.3.3　Lo-cat 工艺的应用

2001 年,西南油气田分公司隆昌天然气净化厂从美国 USFilter 公司引进了 Lo-cat II 自循环装置,装置设计规模为 1.12t/d,装置投产以来,一直运行良好。2002 年 1 月至 2003 年 10 月,进入该厂原料气中 H_2S 大幅下降,潜硫量平均下降到 0.23t/d,仅为设计值的 21%,该装置充分体现了操作弹性大的优点,仍能平稳运行,同时化学药剂消耗大幅下降。

3.3.4　固体氧化铁法

固体氧化铁法属于干法脱硫工艺,利用活性氧化铁能够与 H_2S、RSH 等反应的特性来脱除天然气中的 H_2S。

3.3.4.1　基本原理

氧化铁脱硫为不可逆反应,具有 SLP 液相负载(supported liquid phrase)催化剂性质及阴离子无机交换剂性质。硫化氢被 $Fe_2O_3 \cdot H_2O$ 吸收或进而催化氧化为单体硫,是通过硫化氢分子在碱性液膜中溶解及离解而进行的,主要化学反应式如下:

$$Fe_2O_3 + 3H_2S \longrightarrow Fe_2S_3 + 3H_2O (脱硫过程)$$

$$Fe_2S_3 + 3/2O_2 \longrightarrow Fe_2O_3 + 3S \quad (再生过程)$$

在常温和碱性条件下,上述反应进行得最理想。温度高于 50℃ 或在中性和酸性条件下,都会使硫化铁失去结晶水而变得难以再生。

3.3.4.2 技术特点

可根据原料气气质工况,灵活选用单塔、双塔或多塔串并联工艺流程;工艺成熟、操作弹性大、设备简单、操作方便、无须专人值守、可实现橇装化;对配套公用工程要求低。

因此,该工艺适用于边远分散单井、压缩天然气加气站、低含硫天然气脱硫,特别是处理低潜硫量(<0.2t/d)以下的气体最为经济。

3.3.4.3 固体氧化铁法脱硫需注意的问题

脱硫塔结构设计必须保证气流通过脱硫段时沿截面均匀分布,并在脱硫塔内设置再分布器。脱硫过程中需要有水存在,必要时还需在流程上设置原料气的水饱和器。在操作过程中固体脱硫剂会有粉化现象发生,应注意净化气的过滤和分离。虽然固体脱硫剂是可以再生的,但最终都要更换,更换时必须十分小心。由于固体脱硫剂与空气直接接触会剧烈升温,并可能导致自燃,因此在卸料前整个床层应先淋湿。

3.3.4.4 固体氧化铁法工艺应用

用于天然气脱硫的固体脱硫剂早期采用黄土、海绵铁等,此后为了提高活性及硫容(脱除的H_2S与氧化铁的质量比),采用了人工合成脱硫剂的方法。目前应用较多的有美国Sulfatreat公司开发的Sulfatreat工艺和中国石油西南油气田分公司天然气研究院开发的CT8-系列脱硫剂。脱硫剂属非再生型脱硫工艺,主要分为固体脱硫剂、浆液脱硫剂和液体脱硫剂三类,分别采用固体、浆液以及液体脱硫剂脱除气体中的H_2S,脱硫剂基本不再生,在达到一定硫容而失去脱硫能力后进行废弃,适用于潜硫量低的情形。

3.3.5 膜分离法

膜分离法是在20世纪60年代后迅速崛起的一门分离技术,气体分离膜在工业上的广泛应用只是近二三十年的事,1979年,Monsanto公司Prism膜分离器的工业化奠定了现代气体膜分离技术的基础。

20世纪80年代初,膜分离技术应用于天然气净化在国外实现了工业化,主要处理CO_2驱油后的伴生气,也涉及H_2S的分离净化。

膜分离过程具有选择性好、适应性强、不使用化学药剂、无化学反应、工艺简单、易操作和控制等优点,成为传统分离方法,如吸收、吸附分离的强有力的竞争者。

3.3.5.1 膜分离原理

天然气膜分离法脱除H_2S、CO_2等酸性气体的基本原理是根据天然气中酸性组分与烃类组分在压力的推动下透过膜的相对传递速率不同而得以分离。

用于气体分离的膜材料按材质大致分为多孔膜、均质膜(非多孔膜)、非对称膜和复合膜。常见气体膜分离机理主要有微孔扩散机理和溶解扩散机理两种。微孔扩散机理:由于酸性气体分子与多孔介质之间的相互作用程度不同,其分子运动的平均速率不同,而当膜的微孔孔径远小于气体运动的平均自由程时,通过微孔的分子数与分子运动的平均速率成正比,从而实现气体分离。对于多孔膜来说,酸性气体通过分子间隙渗透,分离效果基本上和气体流动状态无关,可用溶解扩散机理来解释。气体渗透过程分为三个阶段:气体分子溶解于膜表面;溶解的气体分子在膜内扩散、移动;气体分子在膜的另一侧表面低压解吸。

3.3.5.2 气体膜分离系统的构成

气体膜分离系统大体上由三部分组成,如图 3.12 所示。分离过滤系统通常设有三个分离器:第一个分离器为立式重力分离器,分为上下两段,上段有过滤网,其主要目的是彻底分离游离水、液态烃和固体杂质,以免损坏膜处理单元;第二分离器主要过滤井下带来的化学药剂的气相,可采用活性炭吸附,用过更换不再生;第三分离器与第一分离器效果相同,也可作为第一分离器的备用设备,平时起把关作用。

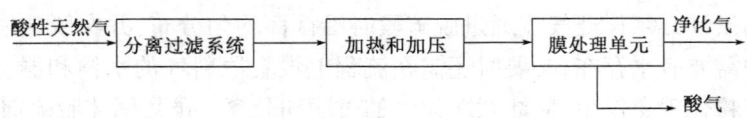

图 3.12 气体膜分离系统的构成

加热的主要目的是防止液态水的形成,这是因为液态水会破坏膜的渗透能力。一般加热方式有两种,当膜分离系统为单级时采用水套炉加热,当膜分离系统为两级时利用压缩机的出口高温气体进行换热。如果气井来气经过过滤分离后的干净气体压力过低则需要加压系统。

3.3.5.3 气体膜分离技术的适用范围

(1)原料气已具有中高的压力(1.7~13MPa)和适宜的温度(0~65℃)。因为气体膜分离是压力驱动的分离过程,这样在工艺中可以降低或避免压缩、加热或冷却的费用。

(2)在原料气中有合适浓度(物质的量分数为 10%~85%)的易渗透组分。原料气中具备易渗透组合的合理分压,能够建立起渗透组分的渗透推动力。

(3)产品不需要绝对纯或 100% 回收。根据膜分离的原理及其特点,将它作为一种粗脱方法在技术上是较为有利的。例如使用膜分离技术脱除 H_2S 到管输标准是相当困难的。

当需要非常高的产品纯度和回收率时,仅膜分离法是不合适的。然而,用膜分离过程与其他单元操作共同使用可以有效解决上述分离问题。

3.3.6 Shell – Paques 工艺

Shell – Paques 生物脱硫技术是目前最具代表性的生物脱硫技术,由荷兰壳牌和帕克公司共同研制,该技术是从气相或液相物流中脱除 H_2S 并以单质硫的形式进行硫磺回收的生物反应过程,该法具有成本低、安全脱硫效率高的特点,将会在天然气脱硫中得到广泛应用。

3.3.6.1 基本原理

Shell – Paques 生物脱硫工艺是采用脱氮硫杆菌(T. denitrificans)在碱性条件下脱除 H_2S。所使用的脱氮硫杆菌为无机化能自养菌,可从自然环境中分离并进行纯化而获得,其生长速度很快,每 2h 其数量就可以翻倍,对于多变的工艺环境具有很强的抵抗力,硫化物氧化过程所产生的能量即可满足其生长的能量需求。

脱硫过程分为吸收和生物反应两步进行,在高压力下,吸收塔内的弱碱性溶液与含 H_2S 的酸性气逆向接触。吸收后富液中的可溶性硫化物 HS^- 随后进入生物反应器内,在空气和自然界微生物的共同作用下被氧化生成单质硫。硫以料浆的形式从生物反应器中析出,可进一步干燥成粉末或经熔融生成商品硫磺。同时,在单质硫的产生过程中碱液得到再生,再生溶液返回到吸收塔中循环使用。

3.3.6.2 工艺特点

(1) 操作维护方便。主要设备和仪器数量少,不需使用化学催化剂,且生产所需的操作人员少,降低了人力成本。碱液内部循环,菌种自动再生,不会失活,无须更换,运行中所需能耗低,节约生产成本。该工艺占地面积小、维护费用较低、工艺流程简单可靠,控制系统和监测系统很少,没有复杂的控制回路,操作维护简单方便。

(2) 环保效益好。Shell-Paques工艺整个系统为封闭运行和在线操作,而且酸性气中的H_2S被完全吸收,不会有中毒和伤亡事件发生,无SO_2排放,无环境污染,硫磺回收率达99.9%以上,尾气排放指标可满足环保要求。

(3) 与其他几种硫回收工艺相比,Shell-Paques工艺的溶液的组成变化缓慢,使整个装置的生产操作十分稳定。

3.3.6.3 适应范围

该技术对含H_2S浓度高的小型生产装置更为经济,而且应用该技术的装置性能稳定、工艺可靠、经济效益好,可以代替传统的液相醇胺法脱硫脱碳、克劳斯硫磺回收+尾气处理等技术。整个系统操作弹性大,完全适合硫磺日产量在0.05~50t的脱硫工艺过程,适用于高压天然气、合成气、燃料气和来自胺吸收再生过程酸性气的脱硫和硫回收处理。

3.3.6.4 应用概况

1997年在德国BEB Grobenkneten的Shell装置中进行了全面的性能测试。2002年和2004年分别在加拿大的Banmtry天然气处理厂和埃及的AMOC炼油厂投运。2004年在美国建成了第1套用于天然气脱硫的Shell-Paques装置。但目前国内生物脱硫技术还未形成一定规模的工业应用。

3.4 脱硫脱碳方法的技术进展

20世纪80年代以来国内外脱硫脱碳技术发展迅速,出现以下趋势。

3.4.1 节能

节能是世界性的课题,是一大趋势。脱硫脱碳中主要的途径是:

(1) 采用选择性脱硫脱碳工艺。这类方法虽然开发初期的原始动力是提高酸气中H_2S浓度满足克劳斯装置的要求,但是在使用中却获得了异常显著的节能降耗效益。

(2) 提高醇胺溶液的浓度。MEA法采用抗硫型醇胺保护剂,溶液浓度由15%升至25%。MDEA初期时的浓度为20%,后来升高到40%~50%,浓度的提高导致溶液的循环量大幅度下降。

(3) 巧妙安排工艺流程。根据具体条件采用富液分流、贫液与半贫液分流及吸收塔内增加内冷器等措施,可以取得一定的节能效果。

3.4.2 溶液体系系列化

国外各公司为了扩大其适应各种条件的能力,纷纷将其掌握的脱硫脱碳方法系列化。例如美国的 UnionCarbide 公司有 Ucarsol 系列,Dow 化学公司有 Gas/Spec 系列,从而可以针对不同的气质、净化要求及其他条件选用不同的溶剂。

3.4.3 空间位阻胺法问世

空间位阻胺是从希望它具有的性能出发来设计合成的,从而加强了理论指导。

3.4.4 新型脱硫过程的开发

3.4.4.1 膜分离技术

低能耗、操作简单、易于模块化设计的膜分离技术已成功地应用于 CO_2 驱油伴生气的分离。对于高含 H_2S 天然气的处理,采用膜分离为第一级分离,继之醇胺法,可以提高过程的经济型。此外,电化学膜法技术也在兴起。

3.4.4.2 微生物脱硫技术

微生物脱硫条件温和、能耗低、投资少、废物排放少,特别适合于处理中低含硫天然气,正逐步成为脱硫领域研究的新热点。

3.4.4.3 PDS 脱硫技术

1977 年由我国东北师范大学成立的研究小组开展了酞菁钴磺酸盐——PDS 的深入研究,于 1983 年获得了对氰化氢中毒问题的突破性解决,开发出了 PDS 脱硫新技术,并迅速得到推广应用。PDS 脱硫技术与同类技术相比,具有工艺简单、成本低、脱硫效率高等特点,既能脱有机硫又能脱无机硫,总脱硫效率高。

3.4.4.4 脱硫溶剂复合化

脱硫溶剂复合化表现在混合醇胺法的开发及直接转化法等方面。不同醇胺混合使用的目标是得到高净化度与低能耗的统一,为此选用高浓度的叔胺与低浓度的伯胺、仲胺组合,如各类 MDEA 配方溶液。在直接转化方面,将 H_2S 氧化为单质硫的氧化剂或配位剂由一元到二元变化的趋势也非常明显。

3.4.4.5 电子束照射法和微波法脱硫

电子束照射法是针对工业废气处理开发的,将 H_2S 通过电子加速器产生的电子束使之分解转化为 SO_2、SO_3、CO_2 等毒性小的,较易处理的物质,目前这一方法尚不成熟。微波法是利用微波能量激发等离子化学反应将 H_2S 分解为 H_2 和 S,目前处于试验研究阶段。

知识拓展

油气管道的"护身服"——防腐层

管道防腐层由主体防腐层和补口防腐层组成。主体防腐层一般是在防腐厂预制而成,补口防腐层则是在现场管道焊接完成后进行安装施工。我国的埋地钢质管道早期防腐层,基本是以石油沥青玻璃布结构为主。20 世纪 70 年代开始,应用少量聚乙烯夹克和胶带。20 世纪

90年代,煤焦油磁漆与环氧粉末得到了工程应用。20世纪90年代中后期至今,三层聚乙烯材料、熔结环氧粉末防腐层、环氧煤沥青防腐层、煤焦油磁漆、防腐冷缠带逐渐成为国内管道外防腐层的新材料。

本 章 小 结

天然气中的酸性组分和有机硫化物,在开采、处理和储运过程中造成设备和管道的腐蚀,而且含硫组分有毒、有害并具有难闻的臭味,污染环境和威胁人身安全,用作化工原料时,会造成催化剂中毒,CO_2还会降低天然气的热值,所以,必须采用合适的方法将其脱除至规定值以内。本章主要介绍的是醇胺法脱酸气,主要的醇胺有 MEA、DGA、DIPA、MDEA,这些醇胺的分子结构中都至少含有一个胺基和一个羟基,胺基使化合物的水溶液呈碱性,促进对酸性组分的吸收,羟基具有亲水性,增加醇胺在水中的溶解度。醇胺与酸性组分发生酸碱中和的化合反应,这些反应都是可逆反应,当条件发生变化时,吸收了酸性组分的碱液可将酸性组分分解并释放出来,溶液得以再生。在吸收塔里,酸性气体被醇胺溶液吸收,天然气得到了净化。为了防止天然气中的液烃进入醇胺溶液中引起发泡,醇胺的入口温度要高于天然气出口温度5~10℃。再生塔中发生化合物受热分解,释放出酸性气体的反应,由于具有再生塔高温、酸性气体浓度高的操作条件,所以,要格外注意设备腐蚀的问题。DIPA 和 MDEA 还可以与环丁砜复配,称为砜胺法。砜胺法适合于高酸气分压的原料气,还可以脱除有机硫。

习　　题

一、填空题

1.醇胺分子至少有一个(　　)和(　　),(　　)能降低化合物的蒸气压,增加化合物在水中的溶解度。(　　)呈碱性。

2.依据连接在胺基氮原子上的"活"氢原子数,醇胺可分为(　　)、(　　)和(　　)3大类。

3.碱性最强、反应最迅速的醇胺是(　　)。

4.可在干旱和寒冷地区使用的醇胺是(　　)。

5.可与环丁砜复配的醇胺是(　　)、(　　)。

6.可选择性脱硫的醇胺是(　　)。

7.醇胺法脱硫脱碳的典型流程由(　　)、(　　)、(　　)、(　　)四部分组成。

8.重沸器的加热方式有(　　)、(　　)、(　　)三种。

9.溶剂损失是由(　　)、(　　)、(　　)、(　　)引起的,是一个操作问题。

10.醇胺溶液降解的方式相当复杂,主要有(　　)、(　　)、(　　)三种类型。

二、选择题

1. 醇胺法脱硫脱碳工艺操作中常被一些问题困扰,其中遇到的最严重的问题是(　　)。
   A. 设备腐蚀　　　B. 溶剂损失　　　C. 溶液发泡　　　D. 非酸性气体夹带
2. 醇胺法脱硫脱碳工艺中,最主要的腐蚀剂是(　　)。
   A. 溶剂降解产物　B. 悬浮固体的浸蚀　C. 酸性气体　　　D. 富液的高速流动
3. 醇胺法脱硫脱碳系统中,一般情况下腐蚀最严重的设备是(　　)。
   A. 吸收塔　　　　B. 闪蒸罐　　　　C. 重沸器　　　　D. 回流罐
4. 砜胺法中环丁砜的含量一般是(　　)。
   A. 15%　　　　　B. 25%　　　　　C. 40%　　　　　D. 50%
5. 高硫分压、高有机硫的天然气原料,最好用(　　)脱硫。
   A. MEA　　　　　B. DEA　　　　　C. 砜胺法　　　　D. MDEA
6. 叔醇胺中不含有(　　)。
   A. 羟基　　　　　B. 胺基　　　　　C. 烃基　　　　　D. 活泼氢原子
7. 在下列(　　)设备中,醇胺溶液由富液变成贫液。
   A. 吸收塔　　　　B. 闪蒸罐　　　　C. 过滤器　　　　D. 再生塔
8. 在下列(　　)设备中,醇胺溶液由贫液变成富液。
   A. 吸收塔　　　　B. 闪蒸罐　　　　C. 换热器　　　　D. 再生塔
9. 抗化学降解能力最强的醇胺是(　　)。
   A. MEA　　　　　B. DEA　　　　　C. DIPA　　　　　D. MDEA
10. H_2S 的安全临界浓度值是(　　)。
    A. 6×10^{-6}　B. 10×10^{-6}　C. 20×10^{-6}　D. 100×10^{-6}
11. 以下(　　)不是天然气中常见的酸性组分。
    A. SO_2　　　　B. H_2S　　　　C. CO_2　　　　D. COS

三、判断题

(　　)1. 醇胺与 CO_2、有机硫反应生成难以再生的热稳定盐是溶剂损失的主要原因。
(　　)2. 砜胺法具有物理吸收法和化学吸收法两者的特点。
(　　)3. 海绵铁法脱硫工艺,更换脱硫剂时需将床层淋湿操作。
(　　)4. 与醇胺相比,重烃在砜胺中有更大的溶解度,吸收的烃类,除芳香烃外,大部分可以在闪蒸罐中蒸出。
(　　)5. 由于 H_2S 的腐蚀性比 CO_2 强,所以纯的 CO_2 里混入少量 H_2S,酸气对设备的腐蚀会加剧。
(　　)6. 二甘醇胺中有一个活氢原子,属于仲胺。
(　　)7. 醇胺溶液的流速过高,会有强烈的冲刷作用而破坏保护膜导致腐蚀加剧。
(　　)8. 溶液发泡的主要原因是溶液里混入了杂质。
(　　)9. 氧化还原法的净化度高,脱硫的同时直接生成硫元素,后续不需要采用克劳斯硫回收装置和尾气处理装置。
(　　)10. 气体的膜分离技术脱除 H_2S 达到管输标准比较困难,只适合粗脱。

四、简答题

1. 简述酸性气体在天然气中的危害。
2. 化学吸收法的原理是什么?
3. 液烃进入醇胺中有哪几种途径,防止的措施有哪些?
4. 醇胺发生降解有哪三种方式,如何防止?
5. 醇胺脱酸气系统中的腐蚀剂有哪些?
6. 应采用哪些措施防止醇胺溶液发泡?
7. 酸气浓度对腐蚀的影响有哪些?
8. 操作上如何减轻腐蚀?

五、画图

画出醇胺法脱酸气的工艺流程。(注意设备的比例、标注、方向、直角、直线)

4 天然气脱水

1. 掌握水在天然气中的危害。
2. 掌握吸收法脱水的原理和优缺点。
3. 掌握吸附法脱水的原理和优缺点。
4. 了解吸收法和吸附法脱水的流程、各种设备的作用。

1. 能够根据天然气的具体情况选择合适的脱水方式。
2. 能够对操作中出现的问题提供准确的解决方法。

实例导入

2015 年 11 月 13 日,根据北京调控中心的要求,中石油西部管道兰州输气分公司涩宁兰提量至 $1600×10^4 m^3/d$,在气量提升过程中,台南气田集气干线内积液被迅速携带至 15 号站,使其二次脱水区设备负荷过重。11 月 14 日下午 3 点 30 分,3 号 TEG 脱水装置精馏柱冒液,造成台南卧式分离器超限运行,使 TEG 脱水装置负荷过重,陆续出现设备故障,从而失去脱水功能,台南低压外输管线积液进入涩宁兰首站,11 月 17 日,早上 9 点,北首站主线聚结器液位计在上位机显示高报警,值班人员立即到现场对聚结器液位计进手动排污检查,初步判断气田来气含水量超标。天然气含水量超标是指上游气体开采过程中,液态水没有处理干净或脱水设备故障,导致天然气中的液态水进入下游管网。

自地下储层开采出的天然气以及脱硫后的天然气一般都为气相水所饱和,甚至会携带一定量的液态水。气态水在天然气中降低了天然气的热值和管道的输送能力;当温度降低或压力升高时,天然气中的水会以液相析出,在管道中造成积液,不仅会增加流动压降,甚至形成断塞流,液态水还会加剧酸性组分对管道和设备的腐蚀;液态水在冰点时结冰,即使温度高于冰点,在一定条件下,还会与天然气形成天然气水合物,因而产生堵塞。

天然气脱水是指从天然气中脱除饱和水或从天然气凝液(NGL)中脱除溶解水的过程。出井口的含硫天然气常常需要先行脱水,再送净化厂集中脱硫;出净化厂的天然气也需要脱水以达到商品气规格。所以天然气工业中有三类脱水装置:一类在井场处理粗天然气(含硫或不含硫);一类则在净化厂处理脱硫脱碳装置出来的净化气;还有一类是用于天然气凝液回收,液化天然气或压缩天然气装置的进料气的脱水。

天然气含水量的表示方法有两种:一种是单位体积天然气中的水含量,如 mg/m^3;另一种是水露点,可简称露点,这是从防止在输气管道中形成液相水出发的指标。露点不仅与水含量有关,而且与体系的压力乃至气体的相对分子质量等因素都有关。各种脱水方法的能力也常使用其可达到的露点降来表示,露点降是指脱水前含水天然气的露点与脱水后干气的露点之差。

4.1 概 述

天然气脱水的方法有低温法、溶剂吸收法、固体吸附法、化学反应法和膜分离法等。低温法的脱水原理是压力不变时,天然气中的水含量随温度的降低而降低,温度不变时,天然气中的水含量随压力升高而降低。低温法包括直接冷却法(适用于气体温度较高时)、加压冷却法(加压提高液收,同时脱水)、膨胀冷却法(高压气体膨胀产生低温)和机械冷却法(冷剂制冷),低温法大多与其他方法结合使用。化学反应法由于再生困难而难以推广,膜分离法达到天然气的质量指标要求比较困难。所以,在天然气工业中,应用广泛的是溶剂吸收法和固体吸附法。表4.1列出了各种脱水方法的适用情况。

表4.1 天然气脱水方法

方法名称	分离原理	脱水剂	特点	应用情况
低温法	高压天然气节流膨胀降温		能同时控制水露点、烃露点	适用于高压天然气
溶剂吸收法	天然气与水在脱水溶剂中溶解度的差异	氯化钙水溶液	费用低,需更换,腐蚀严重,露点降较低(10~25℃)	适用于边远、寒冷等不适合建脱水厂的情况
		二甘醇水溶液(DEG)	对水有较高的容量,溶液再生容易,再生的质量分数不超过95%;露点降低于TEG水溶液,携带损失大	应用较多
		三甘醇水溶液(TEG)	对水有较高的容量,再生容易,再生的质量分数达98%,蒸气压低,携带损失较小,露点降较高(28~58℃)	应用最普遍
固体吸附法	利用多孔介质对不同组分吸附作用的差异	活性氧化铝	湿容量较高,干气露点可达-73℃,能耗高	不宜处理含硫天然气
		硅胶	湿容量高,易破碎,可吸附重烃,露点降可达80℃	一般不单独使用
		分子筛	高湿容量,高选择性,露点降大于120℃,投资和操作费用高	应用于深度脱水
化学反应法	试剂与水发生化学反应		可使气体完全脱水但再生困难	用于水分测定
膜分离法	利用水与烃类渗透通过薄膜性能的差异	高分子薄膜	工艺简单,能耗低,露点降较低(~20℃),存在烃的损失问题	国外有装置运行

4.2 溶剂吸收法脱水

溶剂吸收法脱水是目前天然气工业中应用最普遍的方法,它是根据天然气与水在脱水溶剂中溶解度的差异,采用一种亲水液体与天然气逆流接触,从而脱除气体中的水蒸气。

用来脱水的溶剂叫脱水剂,也叫干燥剂。工业上对脱水剂的要求是:(1)对天然气中的水蒸气有很强的亲和力;(2)热稳定性好;(3)脱水时不发生化学反应,容易再生;(4)蒸气压低,黏度小;(5)对天然气和液烃的溶解度较低,起泡和乳化倾向小;(6)对设备无腐蚀;(7)价格低廉,容易得到。工业上使用过的脱水剂有 $CaCl_2$、乙二醇(EG)、二甘醇(DEG)和三甘醇(TEG)、四甘醇(TREG),它们的物理性质见表4.2。由于 $CaCl_2$ 对设备腐蚀严重,露点降较低,只适合在边远、小处理量的气井使用。

表4.2 常见甘醇的物理性质

甘醇	EG	DEG	TEG	TREG
分子式	$C_2H_6O_2$	$C_4H_{10}O_3$	$C_6H_{14}O_4$	$C_8H_{18}O_5$
相对分子质量	62.1	106.1	150.2	194.2
沸点(101.325kPa),℃	197.3	244.8	285.5	314
理论热分解温度,℃	165	164.4	206.7	237.8
实际使用再生温度,℃	129	149~163	177~196	204~234
凝固点,℃	-13	-8	-7	-5.5
闪点(开口),℃	116	124	196	174
燃点,℃	118	229	413	340
蒸气压(25℃),Pa	16	0.27	0.05	<1.33
黏度(25℃),mPa·s	16.5	28.2	37.3	44.6

与 DEG 相比,TEG 脱水的优点如下:TEG 沸点比 DEG 约高30℃,可在较高温度下再生,贫液质量分数可达98%~99%,气体露点降可高达65℃,而 DEG 贫液浓度只能达到95%左右,露点降仅为25~30℃;TEG 的蒸气压低,25℃时仅为 DEG 的18.5%,因而 TEG 的蒸发和被气体的携带损失小;TEG 的理论热分解温度比 DEG 约高42℃,不易受热变质,热力学性质稳定;TEG 脱水操作费用比 DEG 低。

TREG 的蒸气压比 TEG 更低,蒸发损耗更小,但 TREG 比 TEG 贵得多,因而也很少用于气体脱水。DEG 由于受再生温度的限制,贫液质量分数一般为95%左右,露点降较低;TREG 黏度过大,凝固点高;TEG 再生容易,贫液质量分数可达98%以上,具有更大的露点降,且运行成本较低,因此应用广泛。EG 主要用于注入天然气中以防止天然气水合物的生成。

与吸附法相比,溶剂吸收法具有以下的优点:(1)投资低;(2)系统压降较小;(3)连续操作;(4)补充甘醇容易;(5)富液再生时,脱除水分所需热量小;(6)固体杂质影响小;(7)水含量可以降至 $40mg/m^3$。其缺点是:(1)天然气露点小于 -32℃ 时,需汽提法再生;(2)受污染或分解后有腐蚀性。

一般来讲,除在下述情况之一采用吸附法外,采用 TEG 脱水是最普遍的选择:(1)脱水的目的是为了管输气的质量指标要求,但又不宜采用甘醇脱水的场合(例如酸性天然气脱水);(2)高压(超临界状态)CO_2 脱水,因为此时 CO_2 在 TEG 中的溶解度很大;(3)冷却温度低于 -34℃ 的气体脱水(天然气凝液回收和天然气液化的低温环境);(4)同时脱油和脱水以符合水露点和烃露点的要求。

当要求天然气露点降在30~70℃时,通常采用甘醇脱水。甘醇法脱水主要用于使天然气露点符合管道输送的场合,一般建在集中处理厂、输气首站或天然气脱硫脱碳装置的下游。此外,当天然气含水量较高时但又要求深度脱水的,还可先采用 TEG 脱除大部分的水分,再采用分子筛深度脱除残余水的方法。

4.2.1 TEG 的主要特点

甘醇的分子结构中含有羟基和醚基,能够与水形成氢键,对水有极强的亲和力,具有较高的脱水深度。目前天然气田主要使用 TEG 为脱水剂,所以下面主要介绍 TEG 的物化性质及其对水、烃类等的溶解性能。

4.2.1.1 TEG 的吸水能力

TEG 的吸水能力与温度和浓度有关,吸水效果由平衡水露点来判断。由图 4.1 可见,吸收温度越低,相同的水露点,所需的 TEG 的浓度越低;平衡水露点越低,所需的 TEG 浓度越大。总的来说,吸收温度越低,TEG 的浓度越大,脱水的效果越好。

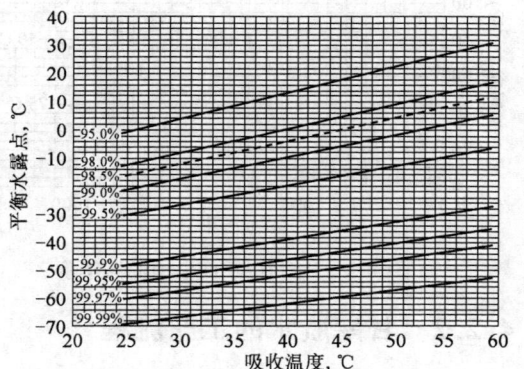

图 4.1 各种 TEG 浓度下平衡水露点与吸收温度的关系

虚线为在常压和204℃下的重沸器中生成的 TEG 贫液质量分数

4.2.1.2 TEG 对烃的溶解能力

TEG 对甲烷等烷烃的溶解量是有限的,大体上仅有 $3\sim4m^3/m^3$,如图 4.2 所示。TEG 对烷烃的溶解量虽然不多,但它对芳香烃却有良好的亲和力,表 4.3 给出了 25℃下苯与甲苯在 TEG 中的溶解度。如果天然气中含有芳香烃,TEG 在脱水过程中吸收的芳香烃在再生时将会排出,这就产生了排放污染问题。

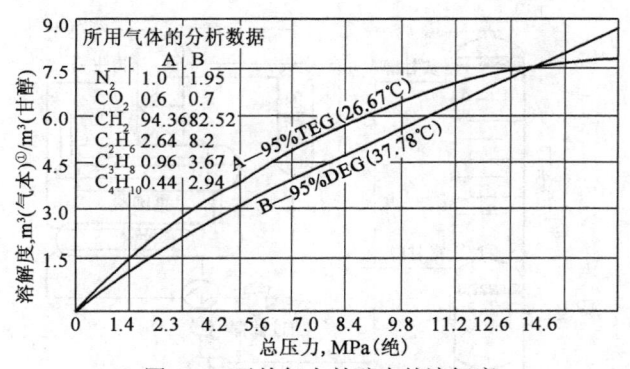

图 4.2 天然气在甘醇中的溶解度
① 指 101.325kPa,20℃的气体体积

表 4.3 25℃下芳香烃在甘醇中的溶解度

甘醇 芳香烃	EG	DEG	TEG
苯(质量分数),%	5.7	31.3	完全溶解
甲苯(质量分数),%	2.9	17.2	24.8

4.2.1.3 H_2S 和 CO_2 在 TEG 中的溶解度

图 4.3 和图 4.4 分别给出了 H_2S 及 CO_2 不同温度下在 TEG 中的溶解度,由图可以看出,吸收的温度越低,酸气的分压越高,酸气在 TEG 中的溶解度就越大。当用 TEG 法处理井口含

H_2S 及 CO_2 的天然气时,这是需要关注的问题。因此采用 TEG 脱水的装置适用于处理井口无硫天然气或来自脱硫装置的天然气。

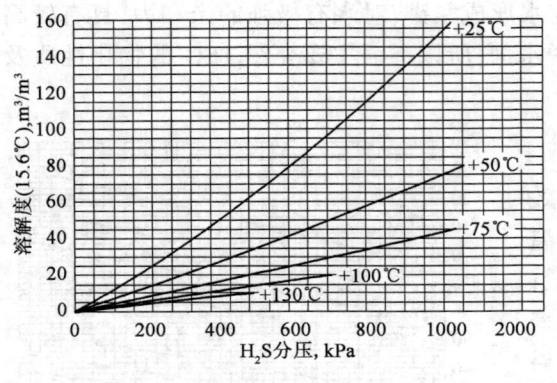

图 4.3 H_2S 在纯 TEG 中的溶解度

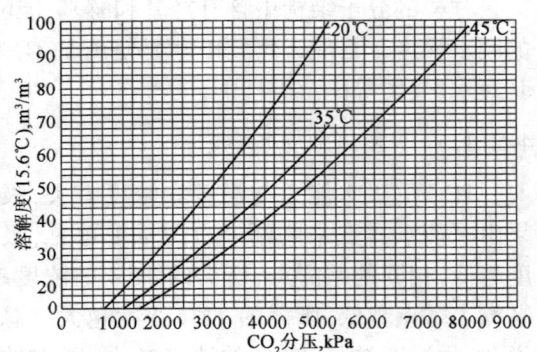

图 4.4 CO_2 在 96.5% TEG 中的溶解度

4.2.2 甘醇脱水的工艺流程

甘醇溶剂脱水装置运行平稳且维护简单,很容易实现自动化操作,故即使在边远生产井也可建立此类装置。当要求气体脱水前后的露点降在 30~70℃ 时,应考虑应用甘醇法脱水。

4.2.2.1 无硫天然气的甘醇脱水工艺

TEG 脱水过程一般都是连续的,其典型的工艺流程如图 4.5 所示。该脱水装置主要由高压低温的吸收系统和低压高温的再生系统两部分构成。

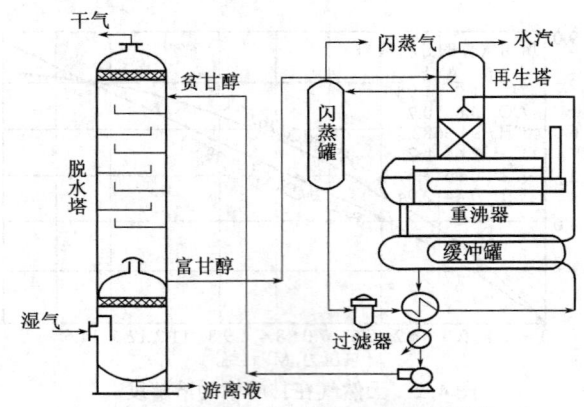

图 4.5 无硫天然气脱水工艺流程图

湿气进入原料气分离器中,分离出液态水和杂质后进入吸收塔,与自上而下的贫 TEG 逆流接触,脱除其中的水分。干气从塔顶流出(大部分外输,少部分作为再生系统的汽提气)。

吸收了水分的 TEG 富液从吸收塔底流出,进入再生塔重沸器的上部,被加热后进入闪蒸罐闪蒸,闪蒸气一般作为重沸器的燃料气,含 H_2S 的闪蒸气则应经焚烧后放空。闪蒸后的富 TEG 先后通过固体过滤器和活性炭过滤器,除去杂质和降解产物。过滤后的富 TEG 通过贫/富液换热器和缓冲罐加热后进入再生塔顶部的富液精馏柱,与来自重沸器的水蒸气逆流接触而得到部分提浓。在重沸器中,富 TEG 被加热,除去大部分的水分,然后经汽提段进入缓冲罐,与自下而上的汽提气在汽提段充分接触,进一步提高质量分数。贫液在缓冲罐和贫/富换热器中换热冷却,再经冷却器冷却后,经循环泵升压后送回吸收塔顶,完成 TEG 的吸收循环过程。

从 TEG 富液中脱除的水汽经精馏塔顶换热盘管冷却后排入大气。

TEG 富液一般从再生塔中部进料,如图 4.6 所示,为防止 TEG 雾沫夹带损失量过大,在进料口上部要安装一定厚度的破沫网或一定高度的填料层,进料口以下要有相当于 1~2 倍理论塔板的实际塔板数或填料高度。用板式塔时,由于进料口上部液相负荷很小,因此塔板筛孔应尽量小,保持塔板上液封,防止操作过程中漏液。

为保证再生后的贫甘醇质量浓度在 99% 以上,通常还要向重沸器中通入汽提气。汽提气一般是出吸收塔的干气,将其通入重沸器底部或重沸器与缓冲罐之间的贫液汽提柱,贫液汽提柱用于增加出重沸器的 TEG 贫液与汽提气的接触面。如图 4.6 所示,汽提气用以搅动甘醇,使滞留在甘醇中的水逸出,汽提气同时也降低了水蒸气的分压,使更多的水蒸气蒸出,从而使贫甘醇中的甘醇浓度进一步提高。汽提气可在重沸器内预热后通入贫液汽提柱,也可直接通入重沸器;通入方式不同,效果也不一样。从贫液汽提柱下面注入汽提气,可用较小的汽提气量获得更好的效果。在现场上,常用经过脱水的天然气或

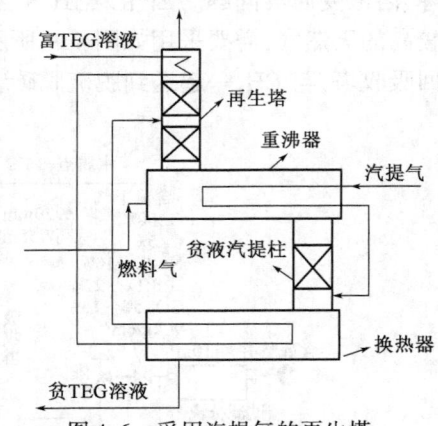

图 4.6 采用汽提气的再生塔

TEG 富液的闪蒸气做汽提气,使用时要注意控制用量以避免汽提柱发生液泛而冲塔。该方法因汽提气与蒸出的水汽一起排向大气,由于含大量水汽而不能燃烧,存在环境污染问题。

提高贫甘醇浓度,除了采用汽提法外,还可以采用负压法和共沸法。

图 4.7 所示的再生过程采用了汽提气与抽真空相结合的再生方式。通过真空泵的抽真空降低再生塔的操作压力,可汽提出更多的水分,TEG 的贫液质量分数高。但此法系统复杂,操作费用高,限制了它的应用。

共沸再生是 20 世纪 70 年代初发展起来的,采用的共沸剂应具有不溶于水和 TEG,能与水形成低沸点共沸物、无毒、蒸发损失小等特性。采用共沸蒸馏的典型工艺是美国杜邦公司开发的 Drizo 工艺,如图 4.8 所示。采用相对分子质量为 80~100 的烃溶剂与 TEG 中的残余水分形成低沸点的共沸物而将水分蒸出。从汽提塔出来的水蒸气与汽提溶剂一起冷凝,分离出水后循环使用,不需要额外的汽提气。经过不断的改进,Drizo 工艺可将 TEG 质量分数提高至 99.999%,露点可达到 -95℃。共沸剂在闭路内循环,无大气污染,而且能将 TEG 从天然气中吸收的芳香烃在共沸蒸馏中回收。此法虽然不用汽提气,但是增加了设备的投资和汽化共沸剂的能耗。

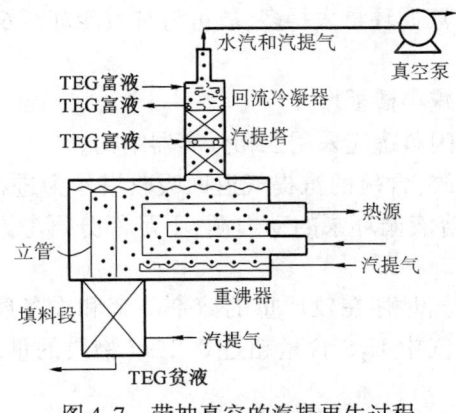

图 4.7 带抽真空的汽提再生过程

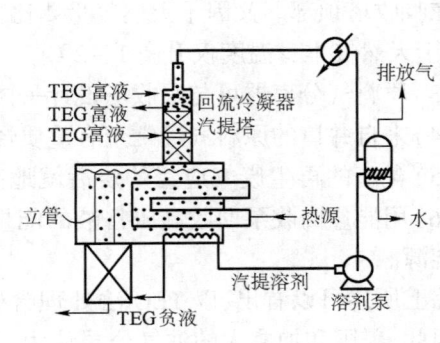

图 4.8 共沸蒸馏流程

4.2.2.2 含硫天然气的甘醇脱水工艺

在含硫气田的开发过程中,为防止集输过程中管线发生腐蚀,需要把含硫天然气先脱水再输送。当甘醇装置用于井场含硫天然气脱水时,H_2S 在 TEG 中的溶解会导致溶液的 pH 值下降、溶液变质等问题。因此,若 H_2S 含量不高,再生的 H_2S 气体可灼烧排放;但对于 H_2S 含量较高的天然气,需要采用如图 4.9 所示的流程,在再生塔前设置富液汽提塔,解吸出 H_2S 并返回吸收塔,与 CH_4 一起送到脱硫脱碳装置。

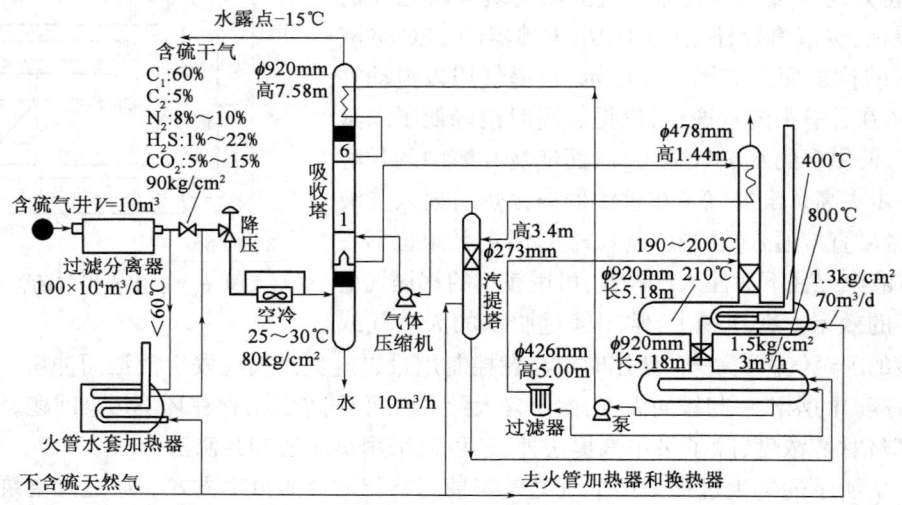

图 4.9 处理含硫天然气的甘醇脱水流程

富液汽提塔一般采用不含硫的天然气或其他惰性气体,可以去除富液中 98% 以上的酸气,但是在含硫气井场难以取得无硫天然气;若使用含硫天然气,汽提的效果就会降低。因此,TEG 法不适合处理高含硫的天然气。该装置一般建在井场,处理量不太大时尽可能采用橇装装置。为此,可以考虑以下技术措施:

(1)采用火管加热式重沸器,只要火管外表面温度设计正确,TEG 不会发生严重降解,且操作也比较平稳。

(2)用吸收塔顶的干天然气冷却贫液,不设水冷却系统。由于吸收塔不高,故可将冷却器设置在吸收塔顶部。又因干天然气量要比 TEG 溶液循环量大得多,故可将贫液冷却至 60℃ 左右,而干天然气本身温度仅升高 1~2℃。

(3)原料气分离器可与吸收塔设计一体化,以减小橇板尺寸。

(4)来自井口的原料气经常带有重质烃类,故闪蒸罐应采用三相分离器结构。

(5)含硫的再生废气应经灼烧后就地高点排放;含硫的汽提气返回吸收塔作为进料气。

(6)用能量回收泵回收高压富液的能量作为溶液循环泵的动力源,不足部分再考虑使用其他能源。

综上所述可以看出,以 TEG 法处理含硫天然气时存在较严重的溶剂降解和设备腐蚀问题。因此,美国和加拿大的油气公司认为,当天然气中 H_2S 含量超过 0.2%(物质的量分数)时,原则上不宜采用。

4.2.3 TEG脱水的主要设备

4.2.3.1 入口分离器

分离器是油气田用得最多、最重要的设备之一。入口分离器用于分离原料天然气中烃类所夹带的固体或液滴等杂质,常见的杂质及其危害如下：

(1)游离水。水会增加TEG的循环量、重沸器的热负荷和燃料费用。

(2)油。溶解的油会减弱甘醇的脱水能力,有游离水存在时,会引起发泡;不可溶的油会堵塞塔板,并在换热器的热交换表面和重沸器表面结焦。

(3)添加剂。如腐蚀防护剂、酸化和压裂液,这些添加剂会引起甘醇发泡、对接触面产生腐蚀和对耐火管造成热蚀。

(4)盐。盐溶解于甘醇中会腐蚀钢材,易引起重沸器火管穿孔。

(5)固体杂质。如砂、腐蚀产物(FeS、铁锈),这些固体易引起发泡、侵蚀泵和阀门、堵塞塔板和填料。

分离器按其外形分主要有两种,即卧式分离器和立式分离器;按分离器的功能可分为油气两相分离器和油气水三相分离器;按实现气液分离所利用的能量可分为重力式分离器、离心式分离器和混合式分离器;按其工作温度可分为常温分离器和低温分离器;按其工作压力可分为真空(<0.1MPa)分离器、低压(<1.5MPa)分离器中压(1.5~6MPa)分离器和高压(>6MPa)分离器等。

来自入口分离器的气体水平的通过液面上方的重力沉降区,被气流携带的油滴在该区内靠重力沉降至集液区。未沉降至液面的、粒径更小的油滴随气体流经捕雾器,在捕雾器内聚结、合并成大油滴,在重力的作用下流入集液区。脱除油滴的气体经压力控制阀流入集气管线。卧式分离器和立式分离器原理图见图4.10和图4.11。卧式和立式两相重力式分离器原理见动态图4.1、动态图4.2。

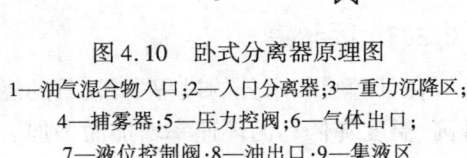

图4.10　卧式分离器原理图
1—油气混合物入口;2—入口分离器;3—重力沉降区;
4—捕雾器;5—压力控阀;6—气体出口;
7—液位控制阀;8—油出口;9—集液区

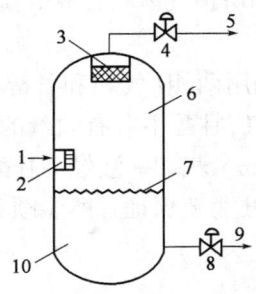

图4.11　立式分离器原理图
1—油气混合物入口;2—入口分离器;3—捕雾器;
4—压力控制阀;5—气体出口;6—重力沉降区;
7—气液界面;8—液位控制阀;9—油出口;
10—集液区

动态图4.1　卧式两相重力式分离器原理

动态图4.2　立式两相重力式分离器原理

归纳对卧式分离器和立式分离器的工作原理可知,分离器通常包括以下主要组成部分:(1)入口分流器,使入口油气混合物的动量减小,气液得到初步分离,并使气液在各自的流通面积上有均匀的流速;(2)重力沉降区,在该区内气体流速减小,湍流度降低,利用重力使气体夹带的油滴沉降至集液区;(3)集液区,为液体提供必要的停留时间,使液体进一步脱气,收集从重力沉降区和捕集器分出的液体,平衡进液量和排液量的不均衡,即有一定的缓冲作用;(4)捕雾器,利用一系列折板、丝网垫或产生离心力部件,从气流中截留更小的油滴,使分离器出口气体的带液量控制在某一允许数量之下;(5)压力、液位的显示和控制;(6)安全防护部件,分离器是压力容器,按规定应在容器上安装防止超压的安全阀,有时还装有易爆片与安全阀一起保护分离器的安全运行。

4.2.3.2 吸收塔

吸收塔是气液传质的场所,使气相中的水分转入到甘醇溶液中,采用板式塔或填料塔。吸收塔由塔顶捕雾器(保证气相较少的夹带甘醇)、中部的吸收段和塔底洗涤器(分离器)组成。尽管浮阀塔板比泡罩塔板效率高,但因甘醇脱水装置通常气液比很高,即甘醇的循环量很小,甘醇黏度较高,在低气量时采用泡罩塔板不会发生漏液,因此,实际过程中往往采用泡罩塔板。

当吸收塔直径小于300mm时应考虑采用填料塔,常用的填料有瓷质鞍型号填料和不锈钢环,后者虽价格较贵,但不会破碎,并可达到较高的气体流率。近年来,很多塔径1m以上的大型装置均使用规整填料,并已积累了较丰富的操作经验,这是一个重要的技术发展动向。散装填料层高度较高时应分段并设置再分配器,一般每个填料段的高度不超过2.3m;规整填料可以不设再分配器,但进料分配必须均匀。

对于TEG脱水装置的吸收塔,将理论平衡级(塔板)数转换为实际塔板数时可以假定总塔板效率为25%~33%。采用填料塔时,等板高度(HETP)与TEG循环量、气体流量和气体密度等参数有关,一般设计时取1.5m。

4.2.3.3 闪蒸罐

在甘醇吸收水分的过程中,较重的烃类会不可避免地部分溶解于甘醇溶液中,且随着压力升高、温度降低和循环速率增加而增加。溶解在甘醇中的烃类会在低压操作的再生塔中受热而释放,并从塔顶随水蒸气一起排入大气,从而导致严重的环境及安全问题。闪蒸罐的作用就是在较低的压力下除去甘醇富液中的烃类气体,以减少再生塔的塔顶气体和甘醇的损失,并且保护环境。

如果原料气为贫气,在闪蒸罐中通常没有液烃存在,可以选用两相(气相和甘醇相)分离器,液体在罐中的最小停留时间为5~10min。如果原料气为富气,甘醇中会有大量的重质烃,气相的相对密度大,应选用三相分离器,其停留时间为20~30min。气相—液烃—甘醇分离的最佳温度条件是38~65℃,压力为350~500kPa(表),但闪蒸的压力要保证甘醇能顺利的流过下游的设备如换热器和过滤器等。

4.2.3.4 过滤器

甘醇内含有较多的固体杂质时,将使甘醇泵磨损、甘醇发泡、污染吸收塔和再生塔、重沸器火管产生局部过热点、金属腐蚀等。

过滤器的作用是过滤溶液以除去腐蚀产物和其他杂质,减少溶液发泡的可能性。过滤器一般设置在闪蒸罐后,此时溶液温度高,黏度小,易过滤。

常用的过滤器有固体过滤器和活性炭过滤器。其中固体过滤器以纤维制品、纸张或玻璃纤维为滤料,可除去 5μm 以上的固体,使甘醇内的固体质量分数小于 0.01%;固体过滤器的容量应满足处理全部循环溶液的需要。活性炭过滤器主要是除去溶液中溶解性杂质,如高沸点烃类、润滑油、表面活性剂、甘醇降解产物等。循环溶液可以全部进入活性炭过滤器处理,也可以部分处理(10%~50%),视溶液中的杂质含量而定。为保证处理效果,溶液在过滤器中的停留时间应为 15~20min。为了减少甘醇黏度、提高过滤效率,富液经预热换热器升温至 38~65℃后进入过滤器。

4.2.3.5 循环泵

循环泵是脱水装置中唯一的转动设备,它使甘醇增压后进入吸收塔。常用的循环泵有三种驱动方式:高压气体驱动、高压液体驱动和电驱动。

循环泵一般设置两台,一台工作,一台备用,每台的能力都要能满足全部甘醇循环的需要。大型装置选择电动泵,对于小型的边远装置,经常选用高压液体或气体驱动的循环泵。从吸收塔底出来的高压甘醇可给双动泵提供部分动力,从吸收塔顶出来的高压气体也能提供部分动力,当然,这就要求吸收塔内有较高的压力。

4.2.3.6 贫/富液换热器

贫/富液换热器用来控制进闪蒸罐和过滤器的富液温度并回收贫液热量,使富液升温至 148℃左右再进入再生塔,以减轻重沸器的负荷。最常用的是管壳式换热器。对小型装置可以不设置专门的换热器,而在缓冲罐中加设换热盘管,采用这种换热形式可以简化流程,节省投资,但其换热效果较差,换热后的入塔温度很难超过 93℃。近年来,有采用效率更高的板式换热器的发展趋势。

4.2.3.7 再生塔

再生塔主要由精馏柱、重沸器和带有换热管的缓冲罐组成,其作用是蒸出甘醇富液中的水分而使之再生。

对于小型脱水装置,常将精馏柱安装在再生塔的上部,柱内一般填充 1.2~2.4m 高的填料,大型脱水装置也采用塔板。精馏柱顶部设有冷却盘管做回流冷凝器,使部分水蒸气冷凝而提供柱顶回流,从而控制柱顶温度,并减少甘醇损失。回流冷凝器的热负荷可取重沸器内将甘醇所吸收的水分全部汽化时热负荷的 25%~30%。只有在冬季时,小型脱水装置也可在柱顶外部安装垂直的散热翅片产生回流。这方法比较简单,但不能保证回流量的温度。

重质的正构烷烃几乎不溶于 TEG,但芳香烃在 TEG 中的溶解度相当大(由表 4.3 可以看出),在吸收塔的操作下大量的芳香烃被 TEG 吸收。所以当原料气中含有芳香烃时,TEG 中吸收的芳香烃会随水蒸气一起从精馏柱顶排放,造成环境污染和安全隐患。所以,应将含芳香烃的气体引至外部的冷却分离器,使得芳香烃分离后再排放,排放的冷凝液应符合有关规定。

重沸器主要提供热量将甘醇加热至一定温度,使其所吸收的水分汽化并从精馏柱顶排出,重沸器还要提供回流热负荷及补充散热损失。重沸器一般采用釜式,有三种加热方式,分别是燃料直接加热、水蒸气或导热油加热和电加热或废热加热。使用较多的是带移动火箱的明火加热管的直燃式重沸器。

采用 TEG 为溶剂时,加热时重沸器火管表面热流密度一般是 $18~25kW/m^2$,最高不超过 $31kW/m^2$。由于 TEG 在高温下会热分解变质,故其在重沸器中的温度不应超过 204℃,管壁温度也应低于221℃。当采用水蒸气或热油加热时,热流密度由热源温度控制,热源温度推荐为232℃。无论采用何种热源,重沸器内甘醇溶液的液位高于热管束顶部150mm。

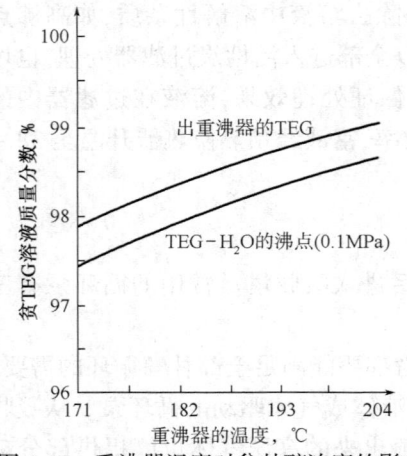

图4.12 重沸器温度对贫甘醇浓度的影响

甘醇脱水装置是通过控制重沸器温度以获得所需的贫甘醇浓度,温度越高,则再生后的贫甘醇浓度越大,如图4.12所示。例如,当重沸器的温度为204℃时,贫甘醇的质量分数为99.1%。此外,当地大气压也对浓度有一定的影响。如果需要更高的浓度,就需采用汽提法、共沸法和负压法。由图4.12可知,在相同温度下离开重沸器的贫甘醇浓度比常压(0.1MPa)下沸点曲线估计值高,这是因为甘醇溶液在重沸器再生时还有溶解在其中的烃类解吸与汽提作用。

缓冲罐的主要作用是换热和容纳从吸收塔出来的全部甘醇。正常运行期间,缓冲罐应半满,同时应设置气封防止与空气接触。

4.2.4 TEG脱水的工艺参数

优良的设计方案和合适的工艺参数是保证甘醇脱水装置安全可靠运行的关键,吸收塔和再生塔的主要设备的工艺参数如下。

4.2.4.1 吸收塔

吸收塔的脱水效果取决于原料气的流量、温度、压力和贫甘醇的浓度、温度及循环流率。由于原料气量远大于甘醇溶液量,所以吸收塔内的温度近似等于原料气的温度。

1. 入口气体温度

(1) 恒定压力的条件下,入口气体温度越高,气体中的水含量越多。也就是说,在较高的温度下,TEG不得不脱除更多的水才能符合天然气的质量指标要求。

(2) 入口气体温度增高,会导致所需的吸收塔塔径增加,因为温度升高实际上升高了气体的体积。

(3) 入口气体温度超过48℃将导致TEG的损失增大。当温度高于48℃时,需冷却后再入塔。理论上讲,入口气体温度越低,所需的TEG的量就越少(图4.1)。但是,最低气体温度应高于天然气水合物的形成温度,并总高于10℃。若低于10℃,TEG会变稠;低于15℃,甘醇会同气体中的液烃形成稳定的乳化液,并在吸收塔内发泡。所以,吸收温度一般为15~48℃,最好在27~38℃。

2. 吸收塔压力

TEG吸收塔的压力一般在2.5~10MPa,压力低于0.4MPa时,应将低压气体增压后脱水。吸收塔压力小于20MPa时,操作压力对气体露点降影响较小,有文献认为,压力提高0.7MPa,露点降只减少0.5℃。在恒定的温度下,入口气体的含水量随着压力增加而减少,这样,在较高的压力下,需脱除的水分就少些。在高压下气体的流速低时,可采用小管径的吸收塔。但是,压力越高,所需塔壁越厚,设备投资越高。所以,在工作压力和吸收塔的设备投资之间就存在着一个经济上的权衡,通常认为3.4~8.3MPa的吸收塔压是最经济的。

3. 吸收塔的塔板数

在吸收塔的各级塔板上，TEG 并不是都达到平衡状态。设计通常用 25% 的塔板效率，就是说如果需要一块理论塔板，实际上在吸收塔里安装 4 块实际塔板。在 TEG 的循环量和质量分数恒定的情况下，塔板数越多，露点降越大。通常吸收塔采用 6～8 块实际塔板。因 TEG 易发泡，板间距不小于 450mm，一般采用 600～700mm，顶层塔板到捕雾器的距离不小于板间距的 1.5 倍，捕雾器到干气出口的间距不小于吸收塔直径 0.35 倍。

4. TEG 的温度

进入吸收塔塔顶的 TEG 的温度对气体的露点降有较大的影响。温度低，TEG 的循环量减少；温度高，TEG 损失到塔顶的排出干气中。同时，TEG 的温度应略高于出口气体温度 3～8℃，否则，烃类会在 TEG 中冷凝，引起 TEG 发泡。

5. TEG 的质量分数

给定了 TEG 的循环量和塔板数的情况下，TEG 的质量分数越高，露点降越大（图 4.1）。对于降低露点降来增加 TEG 的质量分数，比增加循环量有效。根据汽提率、重沸器压力和温度，可以确定 TEG 的质量分数。多数装置 TEG 的质量分数为 98%～99%。

6. TEG 的循环量

甘醇循环量常以从气体内脱出单位质量水需用的甘醇体积数表示。当塔板数和质量分数确定后，天然气的露点降就是 TEG 循环量的函数了，与天然气接触的 TEG 越多，则从天然气中脱除的水蒸气越多，则从天然气中脱除的水分越多。但是，TEG 的质量分数主要影响干气的露点，TEG 的循环量控制着总的被清除的水量。能够保证 TEG—气体接触的最小循环量大约是 16.7L/kg 水；最多是 58.4L/kg 水；TEG 低于 12.5L/kg 水，很难保证天然气与 TEG 有很好的接触。

循环量过大会使重沸器超载，且会妨碍 TEG 的再生，重沸器所需的热量与循环量成正比。因此，增加循环量就有可能会降低重沸器的温度。只有当重沸器的温度保持恒定时，增加循环量才会降低气体的露点。

4.2.4.2 再生塔

再生塔里甘醇溶液的再生深度主要取决于重沸器的温度，如果需要更高的贫甘醇浓度则应采用汽提法等。通常采用控制精馏柱顶温度的方法可使柱顶放空的甘醇损失减少至最低值。

1. 精馏柱顶温度

较高的精馏柱温度会增加 TEG 的损失，当精馏柱顶温度超过 104℃ 时，TEG 会显著的蒸发。借助增加流经回流盘管的 TEG 量，可以降低精馏柱顶温度，也可单独设置其他的冷回流设施。当精馏柱顶温度低于 93℃，就会有更多的水冷凝，这样会增加重沸器的负荷。通过调节塔顶回流盘管的流量使精馏柱顶温度控制在 99℃（无汽提气）。如果采用汽提法，柱顶温度控制在 88℃。

再生塔顶的回流比约为 1:1，供给回流的方式视具体情况而定。最简单的方法是再生塔顶部分筒体不保温或者不保温并装上翅片，增加散热面积，使部分水蒸气冷凝，作为回流返回再生塔，气井和井场小处理量装置多采用此法，其缺点是天气反常时回流量不易控制。一些较大的装置采用管壳式冷凝冷却器,使塔顶部分水汽冷凝冷却,返回再生塔作为回流。冷凝冷却器可安装在塔顶,冷凝后的水在重力的作用下回流再生塔;也可安装在塔的一侧,用回流泵泵送冷凝水入塔,此时回流量可准确控制,但增加了一些设备,增大了投资。为了节省投资,有的装置直接用新鲜水作再生塔回流,用此法时,对新鲜水的水质要求较高。

2. 重沸器温度

重沸器为整个装置中温度最高的设备,重沸器中的温度可以控制水在 TEG 中的质量分数。重沸器的温度越高,TEG 中的水越少,TEG 的质量分数越大。重沸器温度受甘醇热分解温度的限制,TEG 和 DEG 的理论分解温度分别为 206.7℃ 和 164.4℃,故其重沸器内的最高温度不超过 204℃ 和 162℃。在此温度下(无汽提),TEG 的质量分数可达 98.7%。一般流行温度为 188~199℃ 之间,可将 TEG 的降解减至最小,质量分数在 98.2%~98.5% 之间。

TEG 脱水装置的推荐操作温度见表 4.4。

表 4.4 TEG 脱水装置操作温度推荐表

部位	原料气进吸收塔	贫甘醇进吸收塔	富甘醇进闪蒸罐	富甘醇进过滤器	富甘醇进精馏柱	精馏柱顶部	重沸器	贫甘醇进泵
操作温度 ℃	27~38	高于气体 3~8	38~93 (宜选65)	38~93 (宜选65)	93~149 (宜选149)	99(有汽提气时为88)	177~204 (宜选193)	<93 (宜选<82)

3. 重沸器压力

再生塔的重沸器压力大于大气压时,可明显降低 TEG 的质量分数和脱水率。重沸器上部的精馏柱应适当向外排放不凝气,其内部放置的填料也应周期性的进行更换,以避免回压作用在重沸器上。

在低于大气压条件下,TEG 富液的沸腾温度会降低;因而在同样的温度下,会得到较高的 TEG 质量分数。但在多数情况下,重沸器很少在负压下工作,因为那样会增加复杂性,而事实上任何一点泄漏都会导致 TEG 退化。

所以,再生塔一般在微正压的条件下进行操作。例如,若需要 TEG 的质量分数达到 99% 时,可考虑采用 66.7kPa 的重沸器压力及采用汽提气。有时,附加的真空度有助于扩大 TEG 的处理量。

4.2.5 甘醇损失和设备腐蚀

在 TEG 脱水装置的运行中,主要存在甘醇损失大和设备腐蚀问题。甘醇损失主要由机械损失和化学损失两部分构成。机械损失包括操作失误、雾沫夹带、蒸发等;化学损失主要是甘醇发生了热降解、氧化降解和化学降解。设备腐蚀的主要原因是甘醇降解,生成了腐蚀设备的酸性物质。所以,在操作中需要注意降低甘醇的损失,保持甘醇的清洁,降低其对设备的腐蚀作用。

4.2.5.1 操作上注意事项

1. 吸收塔的操作

(1)吸收塔的传质元件能保证气液充分接触,保持塔板清洁能避免由于发泡或气液接触不良造成气体露点升高。

(2)在装置开车过程中注意操作顺序,应缓慢升压至操作压力,然后使 TEG 循环,保证所有的塔板都到达要求的液位,最后慢慢增加进气量,直至达到设计流量,否则会造成压降增大,甘醇损失。

(3)停车时应在降低气量时停重沸器,在 TEG 降到 120℃ 时停循环泵。这样可防止由于 TEG 局部过热而降解,最后慢慢降压以防止 TEG 损失(降压须从吸收塔下部开始)。

(4)对安装在压缩机出口侧的吸收塔,必须在吸收塔入口管线上安装单流阀,其位置尽量靠近吸收塔,以免压缩机停机或发生意外时 TEG 反吸回入口管线。

2. 再生塔的操作

(1)对于使用汽提气再生装置要保证 TEG 的损失最小,再生塔的操作条件也比较苛刻,这是由于再生塔顶大量气体放空,可携带 TEG。

(2)来自吸收塔的富液通过再生塔回收盘管提供回流,则塔顶回流盘管应设手动副线阀,在正常情况下,该副线阀关闭,全部富液通过回流盘管。

(3)在寒冷季节操作,环境冷空气可提供部分回流或全部回流,产生过回流,再生塔不能达到正常温度,可通过调节副线阀进行适宜的调节,使部分回流或全部回流通过回流盘管副线。

(4)大量的液烃进入再生系统可能带来很大的问题和危险隐患,液烃在再生塔中闪蒸冲塔,增加 TEG 的损失。重烃和气体可能散发到再生塔外,造成严重火灾事故。因此,从安全角度考虑,再生塔的放空线应该远离工艺设备。

(5)在极冷的天气下要保温,以防止水蒸气的冻结而堵塞管线和造成再生塔因超压而爆炸。

3. 重沸器的操作

(1)重沸器的温度控制着 TEG 中水的含量,为了防止 TEG 降解变质,重沸器的温度不能超过 204℃。

(2)焦油状物质及盐类易沉积在火管上,使传热系数减少,局部过热,导致火管烧坏。特别是在盐类聚集的地方,TEG 将分解,因此,要经常清洗火管。

(3)在装置开车过程中,应在气体通过吸收塔之前,把重沸器温度升至正常操作温度。

4.2.5.2 保持甘醇清洁

甘醇在使用的过程中不可避免地受到污染和降解,不清洁的 TEG 在循环后,常常产生腐蚀问题。

1. 防止氧气进入系统

氧气随着天然气、没有加缓冲气的甘醇储罐和泵的密封压盖进入到 TEG 系统里。TEG 在氧气存在下能迅速氧化生成腐蚀性的有机酸(主要是甲酸)。为了防止氧化,一般采取再生采用微正压、缓冲罐用干气或 N_2 密封和在系统中加入抗氧剂等措施。

2. 防止甘醇降解

再生温度过高,TEG 会降解变质,生成腐蚀性化合物。因此,要保证操作中重沸器温度小于 204℃,火管表面热强度小于 $25kW/m^2$。

3. 防止盐类污染

随着天然气进入的盐类(NaCl)的沉积会加速腐蚀,减少火管的传热系数,从而引起局部过热、穿孔。因此要特别注意除去系统中的游离水。

4. 防止 pH 值降低

导致 TEG 的 pH 值降低主要原因是甘醇氧化变质、降解生成酸性物质和 TEG 中会吸收部分酸性组分 H_2S、CO_2。所以 pH 值是 TEG 酸性物质含量的标志,也是 TEG 分解的一种表征。TEG 溶液合适的 pH 值为 7.0~8.5,控制在 7.0~7.5 最佳,在装置运行时如不采取必要措施,pH 值会不断下降。可在系统中加入些碱性化合物如硼砂、三乙醇胺、NACAP 来控制系统的 pH 值,但 pH 值不能增加太快或高于 8.5,因为加入量过多会产生淤渣,所以加入要适量,过滤器还要经常切换。

5. 防止液烃进入到 TEG 中

液烃进入到 TEG 中的途径有原料气携带、吸收塔顶 TEG 的进料温度低于出塔干气温度和 TEG 吸收。液烃进入到系统里会引发冲塔问题和安全隐患。为了减少液体进入系统中,采用的措施有入口分离器加强脱液,保证贫甘醇的温度高于干气出口温度 3~8℃,合理设计三相闪蒸罐的尺寸,使得溶液在闪蒸罐中的停留时间不小于 5min 和采用活性炭过滤器,吸附除去溶液中的液烃等方法。

6. 防止淤渣

系统中淤渣是由尘土、泥沙、管道污垢、岩石细屑及硫化铁和氧化铁等腐蚀产物与焦油状烃类结合而产生的磨损性黑色黏稠状物,它会堵塞塔板和填料并且侵蚀甘醇泵和其他设备。系统中的淤渣一般通过过滤的方法去除。

7. 发泡

在 TEG 脱水的工艺中易发生溶液发泡,发泡会造成 TEG 的损失增加和装置的处理能力降低。在塔板上形成稳定泡沫时,吸收塔内的 TEG 被气体夹带出塔,同时造成气液接触不良,脱水效率下降。TEG 本身对碳钢无腐蚀也不起泡,但由于杂质(盐分、缓蚀剂、细小悬浮颗粒和液烃)的发泡助催作用往往造成不良的后果。解决 TEG 发泡的关键是保持系统的清洁,可以采取以下措施:进塔前将甘醇过滤;在使用中检查吸收塔洗涤段的捕雾网;贫甘醇入塔温度大于干气出塔温度约 5℃;闪蒸罐设计的停留时间不小于 5min,TEG 的循环量不超过设计值;过滤器压降不正常时应及时更换过滤元件或活性炭,并用清水清洗;吸收塔不应在大于设计能力下操作;防止重沸器过热,保持最大液体平均温度 202℃;防止氧气进入系统,保持 TEG 溶液的 pH 值为 7~8。此外也可以加入消泡剂解决临时性的发泡问题,但要对消泡剂的种类、加入量和加入方式进行试验,不要盲目地加入,否则会适得其反,工业上常用的消泡剂是磷酸三辛酯。系统中 TEG 质量的最佳值见表 4.5。

表 4.5 TEG 质量的最佳值

参数	富 TEG	贫 TEG
pH	7.0~8.5	7.0~8.5
氯化物,mg/L	<600	<600
烃类(质量分数),%	<0.3	<0.3
铁离子,mg/L	<15	<15
水(质量分数),%	3.5~7.5	<1.5

续表

参数	富 TEG	贫 TEG
固体悬浮物,mg/L	<200	<200
起泡倾向	泡沫高度,10~20mL;破沫时间,5s	
颜色及外观	洁净,浅色到浅黄色	

注：由于酸气的溶解，富液的 pH 值常比贫液低。

4.2.5.3 腐蚀与防护

由于 TEG 在脱水的过程中，不可避免地会发生降解生成酸性物质，对设备产生腐蚀。欲使 TEG 脱水装置长周期高效低耗运行，除了在操作上注意保持甘醇的清洁，还应该针对不同的工艺条件，选择适当的措施进行防护，降低腐蚀。

在整个脱水装置中，除某些特殊情况外，碳钢是主要材料，故应特别注意一些特别操作条件下如高酸气分压、高温时的应对措施。

原料气中的 CO_2、H_2S 是必须考虑的腐蚀介质。CO_2 分压低于 0.021MPa（绝）时不需要考虑腐蚀控制；分压为 0.021~0.21MPa（绝）范围内应考虑加注 pH 值控制剂或缓冲剂，也可考虑采用耐腐蚀材料；分压高于 0.21MPa 时则应在设计及操作中采取防腐措施。H_2S 和 CO_2 在较低浓度下就会导致产生腐蚀，且 H_2S 还可能导致应力腐蚀（SCC）。应按规定选择材料。

TEG 溶液中，TEG 的降解产物（如有机酸）会降低 TEG 溶液的 pH 值，并产生腐蚀环境。TEG 降解产生的固体物会沉积在低流速区和（或）滞留区，从而产生沉淀型腐蚀。控制富 TEG 溶液腐蚀最有效的方法是使用中和剂或 pH 值控制剂，调节溶液的 pH 值为 7.0~8.0 的范围；同时过滤除去固体物。如果腐蚀环境非常恶劣，可以考虑在吸收塔下部加内涂层或用牺牲阳极保护。原料气管线和分离器，根据苛刻程度，可选用内涂层、衬里或耐蚀合金。

再生塔及塔顶管线中均有水和 TEG 冷凝，故腐蚀较严重。除水蒸气外，塔顶排出气流中还可能含有 H_2S、CO_2 和被蒸出的 TEG 轻度降解产物，这些物质溶解于冷凝水中将形成腐蚀性溶液，需用耐腐蚀材料来控制腐蚀。再生塔的填料必须用耐腐蚀材料制作。

4.3 固体吸附法脱水

吸附是指气体或液体与多孔的固体颗粒表面接触，气体或液体与固体表面分子之间互相作用而停留在固体表面上，使气体或液体分子在固体表面上浓度增大的现象。被吸附的气体或液体称为吸附质，吸附气体或液体的固体称为吸附剂。当吸附质是水蒸气或水时，此固体吸附剂又称为固体干燥剂，简称干燥剂。

根据气体或液体与固体表面之间的作用力不同，可将吸附分为物理吸附和化学吸附两类。

固体表面上的原子价若已被相邻的原子所饱和，表面分子和吸附物之间的作用力是分子间吸引力，此类吸附为物理吸附。物理吸附是由吸附质和吸附剂表面分子间的范德华力引起，是分子间力，分子之间不发生化学反应，所以无选择性。物理吸附的吸附过程速度快，瞬间可达到相平衡，释放的热量少，气体在吸附剂表面可形成单层或多层分子吸附，当温度升高或压力降低时容易脱附，被吸附的气体很容易从固体表面脱附，不改变气体原来的性状，故吸附和脱附是可逆的。吸附过程类似于气体液化和蒸气冷凝的物理过程。吸附法脱水就是采用吸附剂脱除气体混合物中的水蒸气或液体中溶解水的过程。一般在低温下进行的吸附主要是物理吸附。

固体表面的原子价若未完全被相邻原子所饱和而还有剩余的成键能力,则可以在吸附剂与吸附质之间进行电子转移,并形成化学键。化学吸附是气体或液体中的吸附质分子与吸附剂表面的分子起化学反应,生成表面络合物的结果。这种吸附所需的活化能大,故吸附热也大,接近化学反应热,远大于物理吸附热。化学吸附具有选择性,吸附速度较慢,达到平衡所需的时间长,化学吸附是单分子吸附,而且多是不可逆的,或需要很高的温度才能脱附,脱附出来的吸附质分子往往发生化学变化,不具有原来的性质。化学吸附的吸附量是随温度升高而增加,故化学吸附一般在较高的温度下进行。

物理吸附和化学吸附并非互相排斥,在一个体系内可能同时发生,也可能是先进行物理吸附,温度升高后而转变为化学吸附。天然气脱水过程中大部分发生的都是物理吸附。

吸附法脱水的原理是吸附,选择某些多孔性固体吸附天然气中的水蒸气。固体吸附剂的吸附容量(当吸附质是水时,也可以成为湿容量)与被吸附气体的特性和分压,固体吸附剂的特性、比表面积、空隙率及吸附温度有关。故吸附容量(通常用 kg 吸附质/100kg 吸附剂表示)可因吸附质和吸附剂的体系不同有很大差别,亦具有选择性吸附作用。因此,利用吸附过程的这个特点,选择合适的吸附剂,使气体混合物中吸附容量较大一种或几种组分被选择性的吸附到吸附剂表面上,就达到了与气体混合物中其他组分分离的目的。

与吸收法脱水相比,吸附法脱水后干气露点可低至 $-100℃$(相当于含水 $0.8mg/m^3$),而且吸附法对进料的温度压力不敏感,无严重的腐蚀和起泡。

吸附法的主要缺点是投资和操作费用高,因为吸附法需两个或两个以上吸附塔切换操作;再生时需要将整个塔体加热,所以再生时消耗多;同时吸附法脱水还存在压降较大,天然气中的重烃、H_2S、CO_2 等可使固体吸附剂污染和固体吸附剂在吸附过程中可产生机械性破碎等问题。

基于吸附法脱水的特点,吸附法适用于:(1)天然气脱水是为了管输要求,但不宜采用甘醇脱水的场合;(2)高压时 CO_2 脱水;(3)冷冻温度低于 $-34℃$ 的天然气脱水;(4)同时脱水和烃类以符合水露点和烃露点的要求;(5)从贫气中回收天然气液。

4.3.1 吸附剂类型与吸附特性

4.3.1.1 工业吸附过程对吸附剂的要求

虽然许多固体表面对于气体或液体或多或少具有吸附作用,但用于天然气脱水的吸附剂应具备以下的物理性质:

(1)吸附剂必须是多微孔的,有较大的内表面积(一般是 $500\sim800m^2/g$)。吸附剂的吸附作用主要发生在与流体相通的固体孔隙的内表面上,内表面积越大,吸附量就越大,比表面积也大。

(2)高的选择性。吸附剂对流体混合物中的不同组分有较强的选择吸附作用,也对要脱除的组分有较高的吸附容量。例如 10X 分子筛吸附水和硫化氢的能力远远大于吸附乙烯、丙烯和丙烷的能力,当裂解气与 10X 分子筛接触时,吸附的只是水和硫化氢,使裂解气得以脱水和脱硫。不同的吸附剂由于其结构、吸附机理的差异,对吸附质的选择有很大的区别。

(3)具有较高的吸附传质速度,在瞬间可达到相平衡。

(4)可经济而简便的进行再生,且在使用过程中能保持较高的吸附容量,使用寿命长。

(5)有一定的机械强度和物理特性。为了避免在装卸及使用的过程中磨损与压碎,或因流体流速不均匀造成短路、返混现象,吸附剂颗粒的几何形状、粒度要合适。

(6)有优良的化学稳定性、热稳定性,价格便宜,原料充足。

4.3.1.2 吸附特性

1. 吸附平衡

气体与固体吸附剂接触时,有一定量的气体被吸附,被吸附的气体由于热运动又会发生脱附,脱附速度随固体表面被吸附气体量的增加而增大。最后在一定温度和压力下,脱附速度和吸附速度相等,便达到了吸附平衡。在平衡条件下,单位质量吸附剂吸附物质的多少,称平衡吸附量,或简称吸附量,其大小与温度和压力有关。吸附量随温度的升高而减少,随吸附质在气相中分压(浓度)的增大而增加。吸附质分压较小时,对应的平衡吸附量也较小;分压较大时各等温线趋于平坦,说明吸附剂的表面基本上已为吸附质所饱和。吸附压力对吸附量的影响较小,压力降低,吸附量减小。吸附剂的这种性质表明,吸附过程应在较高压力、较低温度下进行较为有效。

在同一吸附剂上,气体内各组分的吸附量与组分的沸点成正比。在天然气的各种组分中,水的沸点最大,因而吸附剂很适合用于气体脱水。吸附量还与吸附剂比表面积和其堆积密度的乘积成正比,这为判别吸附剂商品优劣和选择吸附剂提供了依据。在气体脱水工业中,常把平衡吸附量也称为平衡湿容量或湿容量,以每 100g 吸附剂吸附水蒸气的克数即质量分数表示。

处于静止条件下测定的吸附剂的吸附量称静态平衡湿容量,以上讨论的都为静态湿容量。处于流动条件下测定的称动态平衡湿容量,动态湿容量为静态湿容量的 40% ~ 60%。吸附剂湿容量随使用时间延长而降低,开始时湿容量降低很快,之后降低缓慢,最终降低至某一很低的水平上,失去经济脱水能力而更换。

2. 吸附速率

由于吸附过程不是瞬时完成,而以某个较慢速度进行,这是吸附床存在传质区的原因。气流中的吸附质先扩散至气固界面(外部扩散),然后沿多孔性固体内部的毛细孔扩散至吸附表面(内部扩散)而被吸附。因此,吸附速率取决于外部扩散速率、内部扩散速率及吸附本身的速率。吸附速率的变化范围很大,可以从百分之几秒到几十小时。吸附过程中传质区的长度取决于流体的线速度、传质阻力和平衡关系等。

3. 吸附热

气体分子被吸附到吸附剂表面时所放出的热量称为吸附热。物理吸附是一种表面凝聚现象,由于范德华吸引力的作用,降低了吸附质分子的自由度,因此物理吸附总是放热过程。实际吸附过程常在绝热条件下进行,随吸附过程的进行由于吸附热,使吸附剂和气流温度升高,从而降低了吸附剂的吸附性能。在设计吸附塔时,特别当吸附质浓度大、吸附量多时,必须把吸附热的影响考虑在内。只有微量杂质的吸附过程,才允许把它作为等温吸附来处理。

4. 吸附剂再生

当吸附剂的吸附量达到平衡吸附量后,吸附剂已丧失吸附能力或活性,应进行再生,使吸附剂脱吸,恢复吸附剂吸附能力,以便循环使用。再生是吸附的逆过程,因而需在高温或降压下进行。降压脱吸虽然具有能耗低、再生时间短、操作方便等优点,但脱吸时需排放吸附塔内的气体,还需用气体冲洗床层,损失部分天然气,因而工业上常用加热方法再生吸附剂。由于吸附剂的吸附量随温度上升而降低,因而可用高温解吸气通过床层,使吸附剂脱吸、再生,并用冷气体将脱吸物质带出床层、冷却床层,这是工业上常用的再生方法。

4.3.1.3 天然气工业中常用的吸附剂

目前,常用的天然气干燥剂有活性氧化铝、硅胶和分子筛三类。一些常见干燥剂的物理性质见表4.6。

表4.6 一些干燥剂的物理性质

干燥剂	硅胶	活性氧化铝	H、R型硅胶	分子筛
孔径,10^{-1}nm	10~90	15	20~25	3,4,5,8,10
堆积密度,kg/m³	720	705~770	640~785	690~750
比热容,kJ/(kg·K)	0.921	1.005	1.047	0.963
最低露点,℃	-50~-96	-50~-96	-50~-96	-73~-185
设计吸附容量,%	4~20	11~15	12~15	8~16
再生温度,℃	150~260	175~260	150~230	220~290
吸附热,kJ/kg	2980	2890	2790	4190(最大)

注:表中数据仅供参考,设计所需数据应由制造厂商提供。

在天然气脱水过程中,以上几种吸附剂可以单独使用,也可以同时使用。如果将分子筛和硅胶联合使用,天然气首先通过硅胶脱去饱和水,再通过分子筛床层深度脱水获得更低的露点。

1. 活性氧化铝

活性氧化铝是一种极性吸附剂,由含水的氧化铝在严格控制的加热速率下,加热活化而成。化学式为$Al_2O_3 \cdot nH_2O$,Al_2O_3含量大于90%,并含有少量其他金属化合物,一些典型的活性氧化铝组成见表4.7。

表4.7 典型活性氧化铝的组成

品名	组成(质量分数),%				
	Al_2O_3	Na_2O	SiO_2	Fe_2O_3	灼烧损失
F—1	92.00	0.90	<0.10	0.08	6.50
H—151	90.00	1.40	1.10	0.10	6.00
KA—201	93.60	0.30	0.02	0.02	6.00

活性氧化铝的比表面积可达250m²/g以上,具有很高的机械强度、耐高温、抗腐蚀。氧化铝是典型的两性氧化物,所以不宜在强酸、强碱条件下使用。活性氧化铝的微孔孔径极不均匀,没有明显的选择吸附性,活性氧化铝对水的吸附能力大,在脱水时还能吸附重烃且在再生时不易脱除。采用活性氧化铝干燥后的气体露点可达-70℃,常用于气体干燥、液体脱水及焦炉气和炼厂气的精制。

2. 硅胶

硅胶是一种亲水性吸附剂,它是粒状无晶形氧化硅,分子式为$SiO_2 \cdot nH_2O$。硅胶由硅酸钠溶液用酸处理、沉淀后得到的硅酸凝胶,经约360℃温度下加热,再老化、水洗、干燥而得。

硅胶吸水量很大,可达自身质量的50%,常用于水含量大的气体脱水。易再生,且再生温度低(150~230℃)。硅胶在吸附时放出大量的吸附热、易使其破裂产生粉尘,增加系统的压降。此外,硅胶的微孔孔径也极不均匀,没有没有明显的选择吸附性。采用硅胶干燥后的气体露点可达 -60 ℃。硅胶的化学组成见表4.8。

表4.8 硅胶化学组成(干基)

名称	SiO_2	Al_2O_3	TiO_2	Fe_2O_3	Na_2O	CaO	ZrO_2	其他
组成(质量分数),%	99.71	0.10	0.09	0.03	0.02	0.01	0.01	0.03

3. 分子筛

分子筛是一种新型、具有高度选择性的吸附剂,它具有以下特点:选择性高,因其具有均匀的孔径,只能吸附进入这些孔道的分子;吸附性能好,在吸附剂浓度很低或较高温度下,仍有相当大吸附容量;为极性吸附,对吸附分子有很大的亲和力,具有优先吸附不饱和分子、极性分子以及易极化分子的特征;热稳定性和化学稳定性高。

目前常用的分子筛系人工合成沸石,由 SiO_4 和 AlO_4 的四面体组成。主要由硅铝通过氧桥连接组成空旷的骨架结构,在结构中有很多孔径均匀的孔道和排列整齐、内表面积很大的空穴。此外还含有电价较低而离子半径较大的金属离子和化合态的水。由于水分子在加热后连续地失去,但晶体骨架结构不变,形成了许多大小相同的空腔,空腔又有许多直径相同的微孔相连,这些微小的孔穴直径大小均匀,能把比孔道直径小的分子吸附到孔穴的内部中来,而把比孔道大得分子排斥在外,因而能把形状直径大小不同的分子、极性程度不同的分子、沸点不同的分子、饱和程度不同的分子分离开来,即具有"筛分"分子的作用,故称为分子筛。

人工合成沸石是结晶硅铝酸盐的多水化合物,其化学通式为

$$Me_{2/n}O \cdot Al_2O_3 \cdot xSiO_2 \cdot yH_2O$$

式中　Me——正离子,主要是 Na^+、K^+ 和 Ca^{2+} 等碱金属或碱土金属离子;

　　　n——金属阳离子的价数;

　　　x——硅铝比;

　　　y——吸附水的摩尔数。

1) 类型

不同型号的分子筛,具有不同的分子结构、不同的 SiO_2 和 Al_2O_3 比例、不同的孔径和化学组成,见表4.9。

表4.9 常用分子筛的型号与组成

型号	$SiO_2:Al_2O_3$(分子比)	孔径,Å	典型化学组成
3A(钾A型)	2	3~3.3	$2/3K_2O \cdot 1/3Na_2O \cdot Al_2O_3 \cdot 2SiO_2 \cdot 4.5H_2O$
4A(钠A型)	2	4.2~4.7	$Na_2O \cdot Al_2O_3 \cdot 2SiO_2 \cdot 4.5H_2O$
5A(钙A型)	2	4.9~5.6	$0.7CaO \cdot 0.3Na_2O \cdot Al_2O_3 \cdot 2SiO_2 \cdot 4.5H_2O$
10X(钙X型)	2.3~3.3	8~9	$0.8CaO \cdot 0.2Na_2O \cdot Al_2O_3 \cdot 2.5SiO_2 \cdot 6H_2O$
13X(钠X型)	2.3~3.3	9~10	$Na_2O \cdot Al_2O_3 \cdot 2.5SiO_2 \cdot 6H_2O$
Y(钠Y型)	3.3~6	9~10	$Na_2O \cdot Al_2O_3 \cdot 5SiO_2 \cdot 8H_2O$
钠丝光沸石	3.3~6	约5	$Na_2O \cdot Al_2O_3 \cdot 10SiO_2 \cdot (6~7)H_2O$

注:1Å $= 10^{-10}$ m。

根据分子筛孔径、化学组成、晶体结构以及SiO_2与Al_2O_3的分子比不同,可将分子筛分为A型、X型、Y型和AW型几种。A型基本组成是硅铝酸钠,孔径为0.4nm(4Å),称为4A分子筛。用钙离子交换4A分子筛中的钠离子后形成0.5nm(5Å)孔径的孔道,称为5A分子筛。用钾离子交换4A分子筛中的钠离子后形成0.3nm(3Å)孔径的孔道,称为3A分子筛。X型基本组成也是硅铝酸钠,但因晶体与A型不同,形成约1.0nm(10Å)孔径的孔道,称为13X分子筛。用钙离子交换13X分子筛中的钠离子后形成0.8nm(8Å)孔径的孔道,称为10X分子筛。Y型与X型具有相同的晶体结构,但其化学组成(SiO_2与Al_2O_3的分子比)与X型不同,多用于催化剂。图4.13为A型和X型分子筛的晶体结构图。

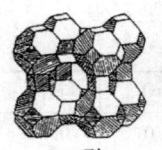
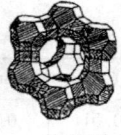

(a)A型　　(b)X型

图4.13　A型和X型分子筛晶体结构

2)特点

(1)选择性高。分子筛具有许多均匀的微孔孔道和排列整齐的空腔,所以其比表面积大(800~1000m^2/g),只允许比孔径小的分子进入微孔,而比孔径大的分子不能进入,起到了筛分的作用。表4.10列出了在天然气处理过程中常见的几种物质的公称直径,称为公称直径的原因是因为这些分子并非球形,而且可在微孔孔道中被压缩。

表4.10　常见的几种物质分子的公称直径

分子	H_2	CO_2	N_2	H_2O	H_2S	CH_3OH	CH_4	C_2H_6	C_3H_8	nC_4~nC_{22}	iC_4~iC_{22}
公称直径 10^{-1}nm	2.4	2.8	3.0	3.1	3.6	4.4	4.0	4.4	4.9	4.9	5.6

分子筛内的孔径均匀和排列整齐的孔道,限制了大分子的进入,因此分子筛是具有选择性吸附能力的吸附剂,表4.11列出了几种常见分子筛的选择吸附性能。

表4.11　分子筛的选择吸附性能

型号	孔径,nm	能吸附的分子	不能吸附的分子	应用范围
3A	0.3	直径小于0.3nm的分子,例如H_2O、NH_3	直径大于0.3nm的分子,例如C_2H_6	不饱和烃脱水,甲醇、乙醇脱水
4A	0.4	直径小于0.4nm的分子,包括3A分子筛能吸附的分子及C_2H_5OH、H_2S、CO_2、SO_2、C_2H_4、C_2H_6、C_3H_6	直径大于0.4nm的分子,例如C_3H_8	饱和烃脱水,作为冷冻系统干燥剂
5A	0.5	直径小于0.5nm的分子,包括4A分子筛能吸附的分子及nC_4H_9OH、nC_4H_{10}、C_3H_8~$C_{22}H_{46}$	直径大于0.5nm的分子,例如异构烷烃和大于4个碳的环状物	从支链烃、环烷烃中分离正构烃
10X	0.8	直径小于0.8nm的分子,包括5A分子筛能吸附的分子及异构烷烃、烯烃和苯	直径大于0.8nm的分子,如二正丁基胺及更大的分子	芳香烃分离
13X	1.0	直径小于1.0nm的分子	直径大于1.0nm的分子	同时脱水、H_2S、CO_2等,天然气脱H_2S及硫醇

从表4.11中可以看出,当分子筛用于富天然气脱水时,为防止乙烷以上烃类被吸收,可选择3A分子筛;若用于贫气脱水或脱硫时则需要选取4A乃至更大孔径的分子筛。

(2)有较高的湿容量。吸附剂的湿容量是指100kg吸附剂可以吸附的水量。吸附剂的湿容量与水蒸气的分压、吸附湿度及吸附剂的性质有关。如图4.14所示,当相对湿度小于30%时,分子筛的平衡湿容量比其他干燥剂都高,这表明分子筛特别适合气体深度脱水。值得注意的是,虽然在相对湿度较大时硅胶的平衡湿容量比较高,但这是指静态吸附而言。在正常的生产过程中,天然气脱水是动态条件,湿容量随着再生次数的增加而降低,例如吸附再生200次后,吸附的湿容量会下降30%。我国国家标准GB/T 8770—2014规定了测定吸附剂动态吸附容量的方法,通常,分子筛的动态湿容量为9~12kg/kg,活性氧化铝为4~7kg/kg,硅胶为7~9kg/kg。至于在装置中的湿容量,应由分子筛制造厂提供。

图4.15则是水在几种干燥剂上的吸附等压线(即在1.3332kPa水蒸气分压处于不同温度时的平衡湿容量),图中虚线表示干燥剂在吸附开始时有2%残余水的影响。由图4.15可知,在较高温度下分子筛仍保持有相当高的湿容量。

所以,分子筛适合深度脱水,对于水含量高的气体,适合用活性氧化铝或硅胶干燥,然后用分子筛脱水。分子筛吸附塔原理见动态图4.3。

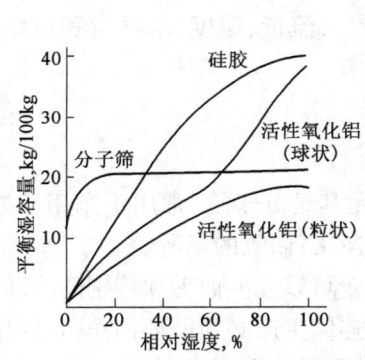

图4.14 不同相对湿度下吸附剂的湿容量

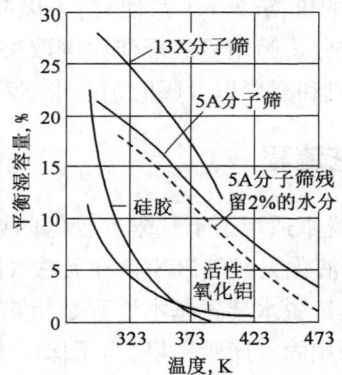

图4.15 不同温度下,吸附剂的湿容量(水分压1.33kPa)

动态图4.3 分子筛吸附塔原理

(3)极性吸附。分子筛由于表面晶格的特点具有极高的极性,因而对不饱和分子、极性分子和易极化分子具有较强的吸附作用和高的吸附容量。某些孔径小于分子筛的分子,即使能够进入其孔道内,但因其分子的极性、不饱和度与空间结构不同,也不会被大量吸附。

天然气中的水、硫化物、二氧化碳就属于极性分子,分子筛对它们有较强的吸附力。分子筛对一些物质的吸附强弱顺序如下:

$$H_2O > NH_3 > CH_3OH > CH_3SH > H_2S > COS > CO_2 > N_2 > CH_4$$

可见,天然气中水最易被分子筛所吸附,而甲烷则不易被吸附。

(4)热稳定性和化学稳定性好,不易被液态水破坏,使用寿命长。由于分子筛可以选择性的吸附水,可避免因重烃共吸附而失活,故其使用寿命长。

(5)分子筛价格高。由于分子筛的上述特点,加上它不易为液态水损坏、寿命长,所以虽然它的价格高、再生时能耗也大一些,但它的应用仍然比硅胶和活性氧化铝广泛得多。

对于相对湿度较大或水含量高的气体,最好先用活性氧化铝、硅胶预脱水,然后再用分子筛脱除气体中的剩余水分,以达到深度脱水的目的。或者先用TEG脱除大量水分,再用分子筛深度脱水。这样,既保证了脱水要求,又避免了在气体相对湿度较大时由于分子筛湿容量较小,需要频繁再生的缺点。

4. 复合固体吸附剂

复合固体吸附剂就是使用两种或两种以上的吸附剂。如果使用复合吸附剂的目的只是脱水,通常将硅胶或活性氧化铝与分子筛在同一个干燥器内串联使用,湿气先通过上部的硅胶或活性氧化铝床层,再通过下部的分子筛床层。目前天然气脱水普遍使用活性氧化铝和4A分子筛串联的双层床。复合固体吸附的特点是:

(1)湿气先通过上部活性氧化铝床层脱除大部分的水分,再通过下部分子筛床层深层脱水以获得低露点。这样,既可较少投资,又可保证干气露点。

(2)硅胶或氧化铝为分子筛的保护层(防止液态水、液烃、胺类、缓蚀剂等对分子筛的破坏)。

(3)硅胶和活性氧化铝再生时能耗比分子筛低,可以降低再生温度,可以使分子筛的使用寿命延长。

(4)硅胶和活性氧化铝的价格较分子筛便宜,可以减少投资及操作费用。在复合吸附剂床层中硅胶和活性氧化铝与分子筛用量的最佳比例取决于原料气流量、温度、水含量和组成、干气露点要求、再生气的组成和温度以及吸附剂的形状和规格等。

4.3.2 吸附法脱水工艺流程

与吸收法相比,吸附法脱水适用于干气露点较低的场合,尤其是分子筛,常用于车用压缩天然气的生产(CNG气站)、液化天然气(LNG)和天然气凝液(NGL)回收的场所。

采用不同吸附剂的天然气脱水装置基本流程是相同的,装置可以互换而无须特别的改动。天然气脱水的吸附设备多采用固定床吸附塔,为了保证干气的连续生产必须循环操作,且要用多个并联的吸附塔。吸附塔的数量和安排形式,从两个交替到多个不等,在每个吸附塔内,三种不同的功能或循环必须交替起作用。这三个循环是:吸附或干燥循环,加热或再生循环,冷却循环。

在吸附法脱水时,干燥器床层不断的吸附湿气中的水分直至最后达到整个床层的饱和,达到饱和后就不能再对湿气进行脱水。所以,干燥器在达到饱和前就需进行切换再生,即将湿原料气改进一个已经再生好的干燥器,而刚完成脱水操作的干燥器则改用再生气进行再生。分子筛的再生均使用加热再生,以脱水后的一部分干气或进料湿气加热后作为再生气,进入干燥器赶出分子筛内的水分,再生气可与进料湿天然气混合进入吸附器脱水。

再生气可以是湿原料气,也可以是脱水后的高压干气或外来的低压干气(例如NGL回收装置中的脱甲烷塔顶气)。根据再生气的不同,分子筛脱水分为干气再生和湿气再生。但在脱水深度要求高的工况下应使用已脱水的干气作为再生气。

4.3.2.1 采用干气作再生气流程简述

图4.16是以干气为再生气的双塔流程。湿气在进口分离器中除去液体与固体杂质后自上而下进入干燥器脱除其中的水分后变为干气外输。

干燥器内的吸附剂达到饱和前就需要对干燥器进行切换再生。作为再生气的一小部分干气经再生加热器升温后自下而上流过再生干燥器。这样,一方面可以脱除靠近干燥器上部被

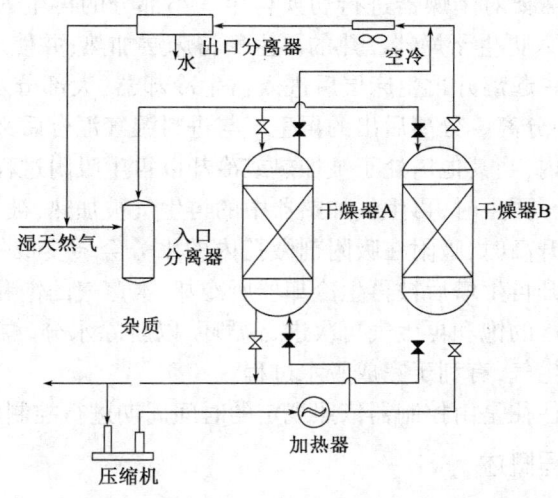

图 4.16　吸附法干气脱水双塔工艺流程

吸附的物质,使其不通过整个床层,另一方面可以确保进料湿气最后接触的床层得到充分的再生。热的再生气将床层加热,并使水在吸附剂上脱附。脱附出的水蒸气随再生气一起离开再生床层后进入再生冷却器,大部分水蒸气在冷却器中冷凝下来,并在再生分离器中分离。分离后的再生气与进料湿气汇合后又去进行脱水。

如图 4.16 所示,一个吸附塔处于脱水阶段,另一个吸附塔则处于再生和冷却阶段,脱水时湿天然气是上进下出,以减少气流对床层的扰动;再生时再生气下进上出,以保证床层底部得以充分再生,因为床层底部是湿天然气吸附干燥过程最后接触部位,直接影响流出床层干气的露点温度。

4.3.2.2　采用湿气作再生气流程简述

湿气在进口分离器中除去液体与固体杂质后分为两路,如图 4.17 所示,小部分的湿气经加热后作为再生气,大部分的湿气去干燥器脱水。由于在脱水干燥时气速很大,气体通常是自上而下通过吸附剂床层,在床层中脱除气体中的水分后,干气从干燥器底流出外输。干燥器内

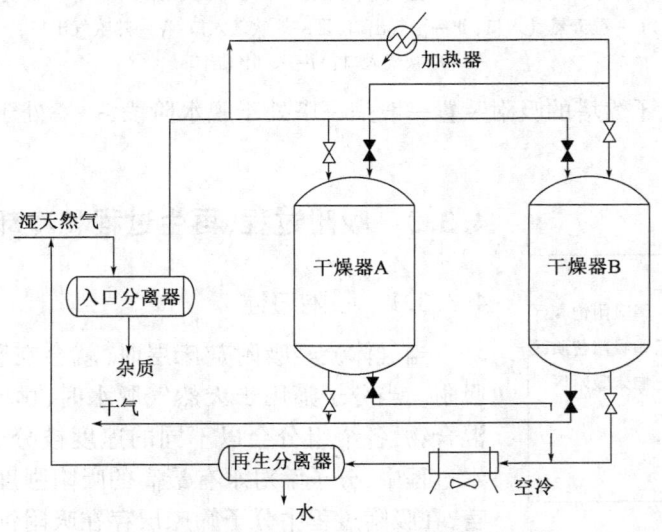

图 4.17　采用湿气为再生气双塔工艺流程

的吸附剂达到饱和前就需要对干燥器进行切换再生。小部分的再生气(湿气)经再生加热器加热至 200~300℃ 后进入再生干燥器。热的再生气将床层加热,并使水在吸附剂上脱附。脱附出的水蒸气随再生气一起离开再生床层后进入再生冷却器,大部分水蒸气在冷却器中冷凝下来,并在再生分离器中分离。分离后出的再生气与进料湿气汇合后又去进行脱水。

在任何给定的时间内,当其他塔处于被加热或冷却以再生吸附过程时,至少有一座塔是吸附状态。当由吸附切换至再生时,再生气加热器中的再生气被加热,被引入到塔内清除先前吸附的水分。当塔内温度升高时,吸附在吸附剂微孔内的水分会转变成气相,并有再生气吸收,吸收了水气的再生气离开再生塔后被再生冷却器所冷却,水蒸气的饱和度明显降低,冷凝水在再生分离器中被分离。冷的饱和再生气再次进行循环,以脱除水分。在较再生塔低的压力下进行脱水操作或压缩再生气,有利于完成脱水过程。

吸附和再生的切换往往是由控制器依照规定的时间周期进行控制的。

4.3.2.3　采用三塔流程概述

当装置处理量很大时也可采用三塔流程,图 4.18 为典型的吸附脱水三塔工艺流程。

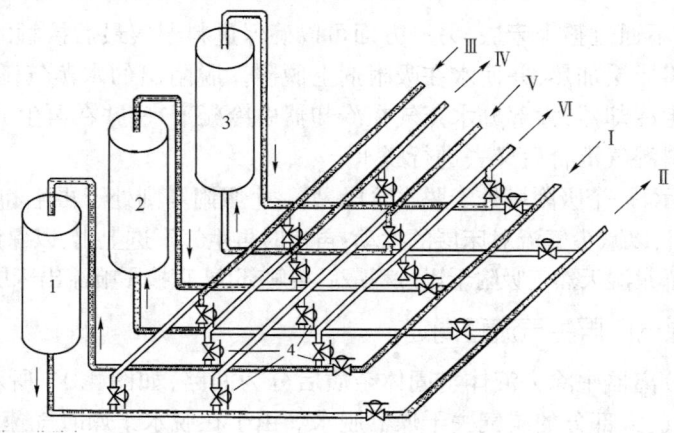

图 4.18　吸附脱水三塔工艺流程
1—在吸附的干燥塔;2—在再生的干燥塔;3—在冷却的干燥塔;4—程序切换阀
Ⅰ—湿天然气入口;Ⅱ—干气出口;Ⅲ—热吹气入口;Ⅳ—热吹气出口;
Ⅴ—冷吹气入口;Ⅵ—冷吹气出口

通常,具有三台干燥塔的吸附装置一般是一塔处于脱水阶段,一塔处于再生阶段,另一塔处于冷却阶段。

4.3.3　吸附过程、再生过程和冷却过程

4.3.3.1　吸附过程

当气体流经吸附剂床层时,就会在吸附剂上发生动态吸附。当分子筛用于天然气脱水时,由于天然气是多组分混合物,各个组分会以不同的速度被分子筛所吸附。在脱水过程中,分子筛对水有最高的吸附强度,就水为吸附剂而言,在吸附过程中分子筛床层存在吸附饱和区、吸附传质区及未吸附区三个区域,如图 4.19 所示。

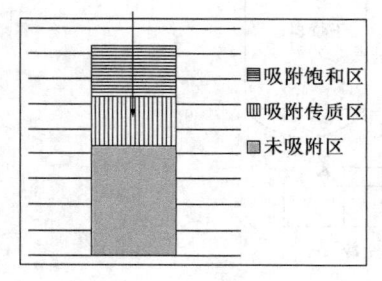

图 4.19　吸附过程示意图

当湿天然气自上而下流过床层时,最上部的吸附剂立即被水蒸气所饱和,这部分床层称为吸附饱和区,气体继续向下流过床层时,水蒸气又被吸附饱和区以下的吸附剂所吸附,形成吸附传质区。吸附主要发生在不很厚的传质区内,在吸附传质区内,床层上的水含量自上而下由饱和到接近零,形成一条S形吸附负荷曲线,如图4.20所示,在吸附传质区以下的床层中,可以看成是含有极少水蒸气的干气流过,故为未吸附区。因此,此时的吸附剂床层由吸附饱和区、吸附传质区和未吸附区三部分组成。随着湿天然气不断流过床层,吸附饱和区不断扩大,吸附传质区不断下移,未吸附区不断缩小,直至吸附传质区前端到达床层底部为止。

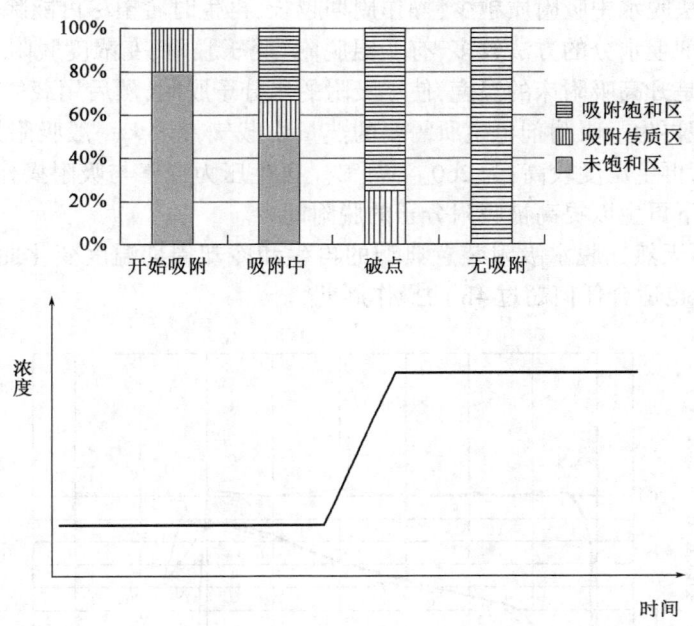

图4.20 水的传质区推进图

当吸附传质区前端到达床层底部之前,离开床层干气中水蒸气的浓度基本为零。当传质区的前沿到达床层底部,气体中的吸附质浓度突然升高到一定值,此时,系统达到破点。随着传质区逐步通过床层底部,气体中的吸附质浓度迅速上升,达到初始值。实际操作上为了安全起见,在吸附传质区前端未达到床层底部前就要进行切换,将湿天然气改进另一台已经再生好的干燥器内。

水蒸气吸附是放热过程,对于压力大于3.5MPa的高压天然气,由于气体中水含量较少,吸附放出的热量被大量气体带走,故床层温升仅3~6℃,可视为等温吸附过程。

对多组分吸附,根据吸附剂对气体中各组分吸附力的强弱,混合气体中可被吸附的组分按不同顺序被吸附,会出现一连串的吸附传质区,同时,先被吸附的组分会被有更强吸附力的组分所顶替。

在天然气脱水过程中,除活性炭吸附剂外,对于其他吸附剂,水是最强的吸附质,它可以置换烃类,水的吸附传质区沿床层移动的最慢,如图4.21所示。以硅胶为例,在一般的工业吸附塔内,采用一般的工业气速进行湿天然气脱附时,甲烷、乙烷几乎立即从床层出口流出,戊烷透过时间是10~20min。若过程进行超过30~40min,除重烃外,其他烃类几乎均被水置换出床层。此时,主要发生天然气脱水过程。因此,给定装置的操作主要取决于吸附操作周期的长度:对于短周期,发生水、烃的吸附;对于长周期,主要对水进行吸附。

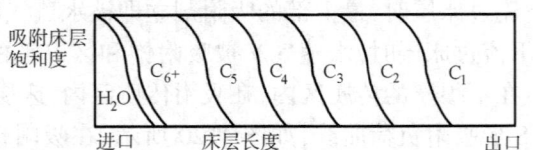

图 4.21 多组分吸附过程

4.3.3.2 再生过程和冷却过程

在天然气吸附法脱水中吸附质越少,操作周期越长,再生时希望尽可能除去吸附剂上所有的水分。脱除吸附剂上水分的方法较多,有变温脱附、变压脱附、变浓度脱附和冲洗脱附。脱水吸附剂最常用的是升高吸附床的温度,使被吸附的水分子脱附,然后用载气将脱附的水分子携出床外,从而实现再生。吸附剂再生所需要的热量由载气带入。一般吸附剂的再生温度为 175~260℃,分子筛再生温度较高,为 260~371℃。再生压力通常与吸附操作压力相同,有时也采用在较低压力下再生以提高被吸附分子的脱附能力。

图 4.22 是高压天然气脱水吸附装置典型的再生和冷却周期温度变化曲线,再生时间为 6h,冷却时间为 2h(也适合任何超过 4h 的操作周期)。

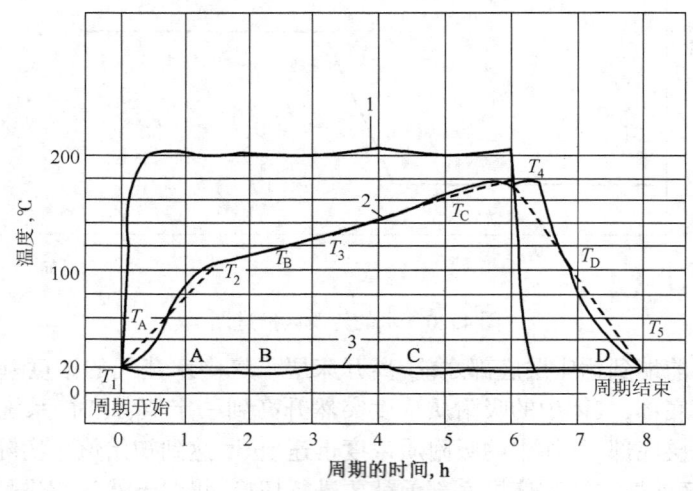

图 4.22 再生和冷却周期温度变化曲线

再生开始时,最先进入的热气体主要用于加热塔内容物及塔体。经过一段时间后,塔内温度升至大约 120℃,水开始蒸发脱落,曲线 2 变得比较平缓,这时大部分热量用于气化水分。脱附后,出床层气体温度再次升高,当达到所需出口温度时,加热过程终止。然后切换通入冷气流(或再生气绕过加热器),用于冷却床层,床层温度约降至 50℃ 时停止冷却。若采用湿气再生冷却时,会使床层上部被饱和,为了避免被饱和,多采用干气或其他来源干气作冷却气。湿气冷却当床层温度达到 101℃,冷却周期应终止。

由图 4.22 可见,曲线 1 与曲线 2 之间的温差就确定了需要传给吸附剂床层的热量,吸附剂的再生过程可划分为 A、B、C、D 四个阶段,在 A 阶段,烃类全部被脱附,水的脱附主要集中在 B 阶段,C 阶段主要清除重烃等不易脱附的物质,增加再生后吸附剂的湿容量,D 阶段则冷却床层至吸附温度。图中,$T_2 \approx 110℃$,$T_3 \approx 127℃$,$T_B \approx 116℃$,$T_4 \approx 175 \sim 260℃$,$T_5 = 50 \sim 55℃$,$T_H = T_4 + 19℃$ 或者 $T_H = T_4 + 38℃$。再生气的温度和流量控制着每一阶段的时间;吸附塔的数目和吸附操作周期决定了再生过程可以延续的时间,而吸附剂再生实际时间应低于这一时间。

操作周期大于4h,床层出口气体温度达到175～260℃,吸附剂能较好地得到再生。为了脱除重烃,必须加热到一定高温,然而,在不影响吸附剂再生质量的前提下,应尽可能采用较低的再生温度,以减少加热设备的负荷,降低燃料消耗。

4.3.4 设备

4.3.4.1 入口分离器

在吸附脱水周期中,湿天然气首先进入入口分离器,分离出自由水、重烃和杂质。入口分离器是一个重要的设备,因为自由液体会损坏吸附床层,固体杂质甚至可以堵塞床层。

4.3.4.2 干燥器

湿天然气自上而下流经干燥器,水分子在床层顶部首先被吸收,干的烃类分子在穿过床层时被吸收,当干燥器顶的吸附剂被水饱和后,湿天然气中的水就开始置换干燥器下部被吸收的烃类。

干燥器的结构如图4.23所示,干燥器由床层支撑梁和支撑栅板、顶部和底部的气体进出口管线和分配器、装料口、排料口及取样口、温度计插孔等组成。在支撑栅板上有一层10～20目的不锈钢滤网,以防止干燥剂和瓷球随气流下沉。滤网上放置的瓷球通常为两层,上层瓷球的直径一般为6mm,下层瓷球的直径一般为12mm,总高为150～200mm。支撑栅板下的支撑梁应能承受床层的静载荷(干燥剂等的质量)和动载荷(气体流动压降)。

干燥剂的形状和大小应根据吸附质不同而异。对于天然气脱水,通常使用的分子筛颗粒是球状和条状(圆形或三叶草形截面)。常用的球形规格是直径3～8mm,条状的规格是直径1.6～3.2mm。干燥器的尺寸会影响床层压降,对于气体来讲,其床层的高径比应大于1.6。气体通过床层的设计压降一般应小于35kPa,最好不大于55kPa。

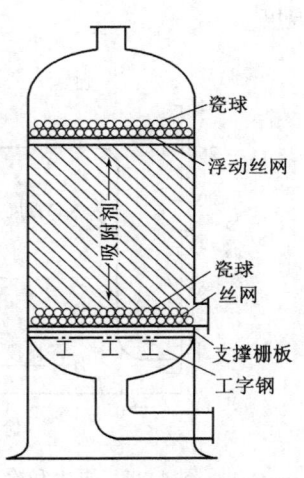

图4.23 干燥器结构

分配器(有时还有挡板)的作用是使进入干燥器的气体(尤其是流量很大的气体)以径向、低速流向干燥器床层,从而减少对床层的扰动。床层顶部也放置瓷球,瓷球的直径一般为12mm,高100～150mm,其作用是改善进口气流的分布并防止因涡流引起干燥剂的移动而破碎,以及防止再生周期气流向上流动时对干燥剂颗粒的提举。瓷球层下面是一层起支撑作用的不锈钢浮动滤网。

由于干燥剂床层在再生加热时温度较高,故干燥器需要保温。器壁外保温比较容易,但内保温可以降低大约30%的再生能耗。但是,一旦内保温衬里发生龟裂,气体就会走短路而不经过床层。

4.3.4.3 再生加热器

再生加热器的作用是加热再生气体,然后再生气体被引入到塔内。再生加热过程的总负荷包括加热干燥器本身、干燥剂和瓷球的显热、水和重烃的脱附热以及散热损失等5部分。要注意,加热器的尺寸不能设计太小,应留有足够的余量。

4.3.5 工艺参数

4.3.5.1 吸附周期

吸附周期取决于吸附剂的装填量和湿容量,同时也与原料的含水量、空塔气速、床层的高径比及再生气的能耗有关。

对于双塔脱水流程,干燥器脱水周期一般为 8～24h,通常取 8 或 12h。脱水周期长,意味着再生次数较少,干燥剂使用的寿命长。但是越高的床层,投资也越多。再生周期与吸附脱水周期相同,在两塔脱水流程中再生气加热床层时间一般是再生周期的 50%～65%。以 8h 再生周期为例,大致是加热时间 4.5h,冷却时间 3h,备用和切换时间为 0.5h。各周期的温度变化如图 4.24 所示。

4.3.5.2 湿气进吸附塔的温度

由图 4.25 可知,吸附剂的湿容量与吸附温度有关,低温有利于吸附(吸附反应为放热反应)。为保证吸附剂有较高的湿容量,一般吸附温度不超过 50℃,且高于天然气水合物的形成温度。

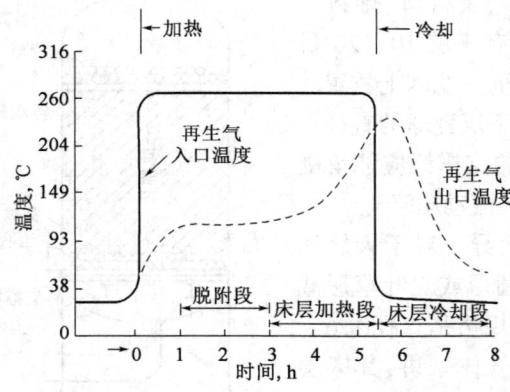

图 4.24 再生和冷却周期温度变化曲线

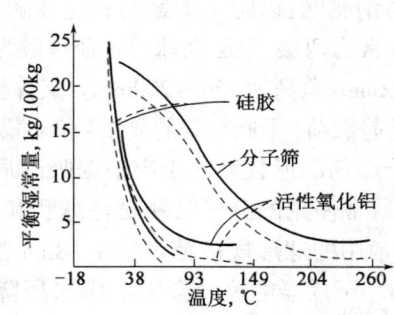

图 4.25 水在吸附剂上的等温吸附曲线

4.3.5.3 吸附压力

压力对吸附剂的湿容量影响较微,因此操作压力由上游和下游工艺系统压力决定。但在操作过程中要注意操作压力的平稳,避免波动。若吸附塔放空过急,床层截面局部气速过高,会引起床层移动和摩擦,导致吸附剂颗粒粉碎而被气流夹带出塔。

4.3.5.4 再生加热温度

再生加热温度,指床层再生加热的最高温度。再生加热的温度越高,再生后吸附剂的湿容量越高,可获得更高的脱水深度,但温度太高会影响吸附剂的寿命并增加能耗。分子筛再生后的含水量越低,再生时干气的露点也会越低,见图 4.26。因此,再生加热温度应根据原料气的脱水深度、干燥剂使用寿命等因素综合确定。再生加热温度由进入的再生气温度控制。

一般情况下,分子筛的再生加热温度控制在 200～300℃;硅胶为 150～230℃;活性氧化铝,再生加热温度介于两者之间。

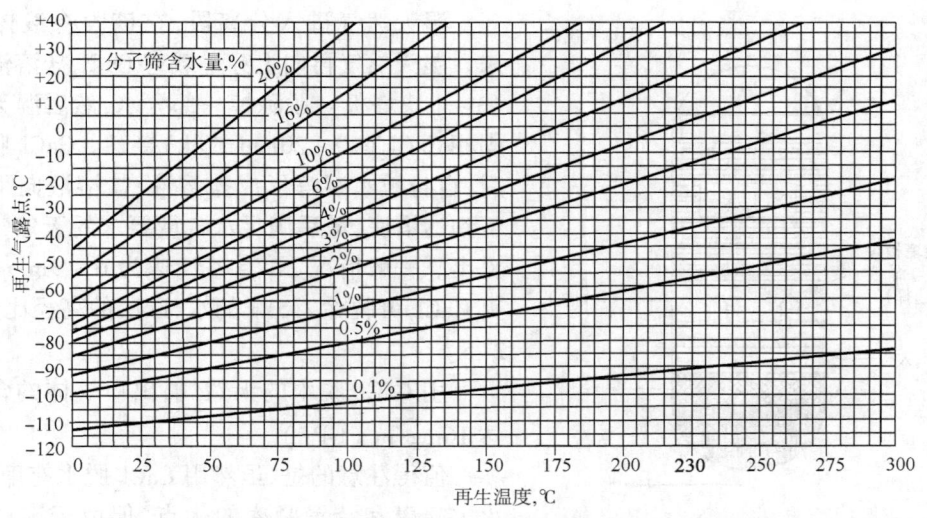

图4.26 分子筛的再生加热温度与分子筛的含水量及再生气露点的关系

4.3.5.5 冷却温度

加热完毕后即将冷却气通过床层使其冷却。如果采用干气冷却，吸附剂应冷却至不超过吸附时入口气体温度3~7℃，通常是50~55℃，从而使床层达到最大的吸附能力；如果采用湿气冷却，当床层温度冷却至101℃，冷却周期应终止。若继续冷却会造成从湿气中吸收水分，即在下一周期开始前给床层预加了负荷。

4.3.5.6 吸附剂使用寿命

吸附剂的使用寿命一般为2~3年，决定于原料气的性质和再生过程的操作情况。原料气的含水量大、再生切换频繁、再生温度较高等因素都会缩短吸附剂的寿命。

4.3.5.7 再生气和冷却气流量

再生气流量为原料气的5%~15%，由具体操作而定。再生气流量应保证在规定的时间内将床层内吸附剂的温度提高到规定温度。冷却气流量一般与再生气相同。

4.4 其他脱水方法

目前，天然气的脱水方法除了溶剂吸收法和固体吸附法外，有时在井场或集气站还采用氯化钙法和低温法脱水。

4.4.1 氯化钙法脱水

氯化钙用作消耗型的吸附剂也可脱除天然气中的水分。无水$CaCl_2$可结合水分而形成$CaCl_2$水合物($CaCl_2 \cdot xH_2O$)，随着$CaCl_2$不断地从天然气中吸收水分，变成稳定性好的结晶水合物，最后形成$CaCl_2$盐溶液。$CaCl_2$是一种吸湿性较强的盐，露点降可达到40℃。通常，氯化钙法脱水主要用于边远地区处理量较小的装置，这种装置的设备只有一个塔，在较低部位有一个分离段，分离段上方有3~4块塔板，上面有一填料板，板上有大量的$CaCl_2$。塔的内部结构如图4.27所示。

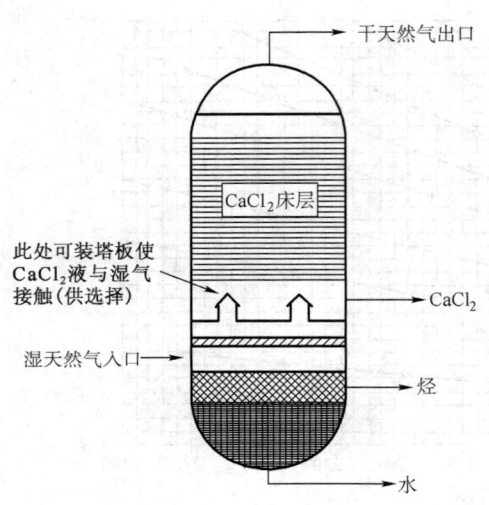

图 4.27 氯化钙脱水塔

湿天然气进入分离段,在该段将液体分离出来。湿天然气再向上穿过载有 $CaCl_2$ 盐溶液的塔板(3~4 块塔板),脱除掉一部分水,然后湿天然气与固相 $CaCl_2$(10~20mm 片状)接触。$CaCl_2$ 吸附水分后,自身被水溶解形成盐溶液,盐溶液向下流过塔板到达塔底,最后满足水含量要求的天然气从塔顶流出。一般情况下,空塔气速为 6~9m/min,每千克 $CaCl_2$ 可脱除 2.5kg 的水,床层的高径比为 3∶1~2∶5。

用 $CaCl_2$ 脱水的天然气,出口气体的含水量可达 $16mg/m^3$(GPA)。

值得注意的是,虽然用 $CaCl_2$ 脱水有廉价、没有火灾隐患和装置紧凑的优点,但由于床层下部的 $CaCl_2$ 会溶于水而形成盐溶液,因此存在 $CaCl_2$ 的消耗、腐蚀和由此引起的环境问题。此外,在一定的操作条件下,固定床层内的 $CaCl_2$ 还会形成桥连,从而造成气体沟流而使脱水效果变差。

4.4.2 低温法脱水

在一定压力下,天然气中的饱和水含量会随着温度的下降而下降,因此,可以采用降低天然气温度使气体中部分蒸气水冷凝析出而达到脱水的目的。

如果天然气井口压力高,可以利用焦耳—汤姆逊效应让高压气体膨胀制冷获得低温的方法,从而降低天然气的含水量。由于温度的降低,天然气中的重烃也会冷凝下来,则低温法能够同时满足脱水脱烃的要求,图 4.28 是低温法脱水脱烃流程示意图。

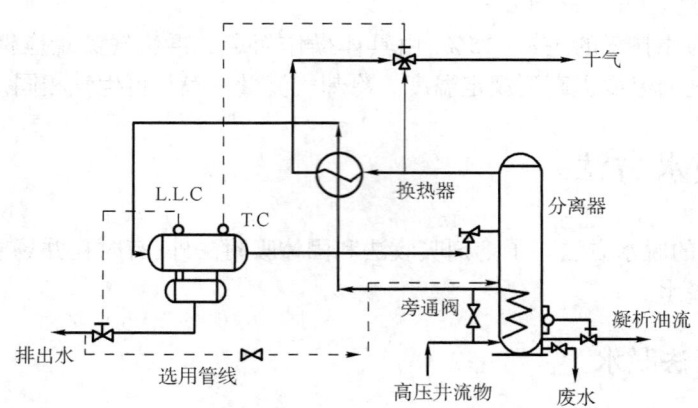

图 4.28 低温法脱水脱烃流程示意图
L.L.C—液位控制;T.C—温度控制

低温法脱水需要利用气体膨胀获得冷量,而且能够同时控制水露点和烃露点,因此,大多用于高压凝析气或含重烃的高压湿天然气等井口有多余压力可供利用的场合。若是针对低压伴生气或无压差利用的湿天然气,需要采用冷剂制冷。

 知识拓展

石油天然气与海洋污染

过去几十年里,重大漏油事故不断提醒着我们海上石油运输的危险。自20世纪60年代以来,发生了6起引起社会公众极大关注的漏油事件,其中有3起运输的是原油(Torrey Canyon号油轮、Amoco cadiz号油轮和Exxon valdez号油轮),另外3起则是重质燃料油(Tanic号油轮、Erika号油轮和Prestige号油轮)。

原油泄漏量要比重油大得多。但是,无论从视觉效果还是环境污染的程度上看,重油泄漏所造成的后果都比原油泄漏严重得多。重油挥发性低,密度接近于水,在特定条件下,可形成稳定、致密的乳状液,沉降至海床,会杀死其周围所有的动植物。此外,重油的生物降解性也低于原油。通过常压和真空蒸馏生产的重油含有高浓度聚芳醚迷、树脂、沥青质、金属和硫。

怎样处理水面浮油?目前,除了使用飞机、吸油船或扫油装备等高新技术之外,尚无有效手段应对浮到水面的原油和重油。Prestige号漏油时,人们投入大量资源清污,但最终还是仅从大海中回收了漏油总量的10%~20%。当泄漏的油或燃料到达海岸时,清污工作主要是挖出污染的表层并加以清理。沙滩上的油污可以借助机械清扫机,但是对于礁石海滩,除了篮子和铲子之外,没有其他更好的工具。许多人力都会投身其中,包括平民和军人,但这些工作开展起来速度缓慢。原油泄漏(如Erika号和Prestige号)会造成成千上万只鸟儿死亡,尽管如此,漏油事故对整个海洋环境造成的影响仍然是有限的。

本 章 小 结

水在天然气中能引起腐蚀、堵塞、降低天然气输送能力的危害,所以必须进行脱除。天然气脱水有三种方法:一种是利用节流阀制造低温,适合于脱水同时脱烃的场所;溶剂吸收法脱水具有设备投资和操作费用较低、能连续性生产的优点,适合于大型高压天然气的脱水,但其脱水深度较低露点降一般不超过45℃;对于需要天然气液化等深度脱水的工艺过程,则必须采用固体吸附法脱水,采用固体吸附法脱水后的干气,含水量可低于1×10^{-6},露点可低于-100℃以下,也不存在严重的腐蚀及溶液发泡问题,但是吸附法的投资和操作费用较高。

习　　题

一、填空题

1. 再生塔由(　　　)、(　　　)、(　　　)组成,作用是(　　　　　)。
2. 溶剂吸收法脱水过程中,吸收塔的操作条件是(　　)压、(　　)温,再生塔的操作条件是(　　)压、(　　)温。
3. 甘醇的分子结构中含有(　　　)和(　　　),能够与水形成(　　　),对水有极强的亲和力,具有较高的脱水深度。

4. 常用于脱水的溶剂有(　　　)、(　　　)。
5. 吸收法脱水工艺中，温度最高的设备是(　　　)，这个设备的温度控制在(　　　)，在这个设备中，大部分的溶液由(　　　)变成(　　　)。
6. 天然气脱水方法有(　　　)、(　　　)、(　　　)。
7. 天然气中，H_2S 和 CO_2 分压越高，操作压力越大，在 TEG 中的(　　　)越大。
8. 常用的吸附剂有(　　　)、(　　　)、(　　　)。
9. 分子筛作为吸附剂的特点是(　　　)、(　　　)、(　　　)、(　　　)、(　　　)。
10. 吸收法脱水的原理(　　　)。

二、简答题

1. 简述天然气中水的危害。
2. TEG 与 DEG 相比，最大的优点是什么？
3. 为什么贫甘醇的入口温度要高于出口干气温度 3~8℃？
4. 干气露点与哪个参数关系紧密？这个参数又与哪些操作条件有关？
5. 氧气进入 TEG 的途径，防止的措施是什么？
6. 简述液烃进入 TEG 的途径及防止措施。

三、流程题

1. 画出 TEG 脱水的工艺流程。
2. 画出干气法分子筛脱水及再生切换流程。

5 气体加工

 知识目标

1. 掌握轻烃回收的目的。
2. 了解轻烃回收的工艺。

 能力目标

1. 能够根据原料性质和轻烃回收的目的选择正确的回收方法。
2. 能够根据天然气的性质和轻烃收率等因素选择出合适制冷方式。

 实例导入

我国的天然气凝液回收技术起步较晚,20 世纪 60 年代四川气田开展了从天然气中分离回收 C_{3+} 液体产物的试验工作,1965—1977 年,为满足合成氨装置和化肥装置原料供应,大庆油田陆续建成以外输商品气为目的的油田南、北、中不同地区的 3 座油田伴生气增压站,并采用氨吸收制冷工艺回收一部分轻烃,该时期仅相当于国外 20 世纪 30—40 年代"天然汽油"时期。由于工艺技术的限制,轻烃回收率很低,回收的产品仅仅作为工业或民用燃料,发展缓慢。到 20 世纪 80 年代,随着北方各大油田的开发上产和油田密闭集输系统的建立以及化工装置对原料的需求,自油田伴生气中回收轻烃的各种工艺装置陆续建成,天然气加工对象也扩大到 C_{2+} 产物,1977—1988 年,大庆油田配合乙烯原料工程的建设,在引进国外先进技术的基础上油田伴生气处理系统得到大规模建设和技术发展,并率先从国外引进先进的天然气深冷装置,为大庆石化乙烯装置提供了优质的 C_2 轻烃原料。1984 年,石油工业部在大港油田召开第一次轻烃回收工作会议,对天然气中轻烃回收的重视程度得到提高,轻烃回收成为各油田地面建设水平的衡量标准之一。天然气深冷凝液回收技术经历了成套装置引进到国内自行设计、关键设备国外引进,直至全套装置国产化的发展历程,在引进、吸收、消化国外先进回收工艺技术的基础上,国内轻烃回收装置无论工艺技术还是设备制造、自动控制水平等都有了长足进步。正在向深冷化、高效节能、标准化、智能化方向发展。

从气井中开采出来的天然气由烃类和非烃类组成,非烃类气体主要有氮气、硫化氢、水、二氧化碳以及微量的惰性气体,大多数的非烃类气体在前面所学的章节中都已经去除。天然气(尤其是凝析气和伴生气)中的烃类组分除了含有甲烷外,一般还有一定量的乙烷、丙烷、丁烷、戊烷以及更重的组分。为了使天然气的质量指标符合烃露点的质量要求,避免气液两相流动,或为了更高的经济效益,需要将天然气中的烃类按照一定要求回收与分离,分离出的乙烷、丙烷、丁烷或丙丁混合物(液化气)、轻油等,这些都是宝贵的化工原料和液体燃料。

轻烃又称为天然气凝液(NGL),在组成上覆盖 $C_2 \sim C_5$,含有凝析油组分($C_3 \sim C_5$)。由天然气中回收到的液烃混合物简称轻烃,天然气轻烃的组成根据天然气组成、轻烃回收目的和方法不同而不同。回收到的天然气凝液可直接作为商品,或根据有关产品质量指标进一步分离为乙烷、液化石油气、丙烷、丁烷及天然汽油。因此天然气轻烃回收一般也包括了天然气分离过程。

5.1 轻烃回收

并不是在任何情况下进行天然气凝液回收都是经济合理的,主要取决于天然气的类型、数量、天然气液回收的目的、方法、产品价格等。

5.1.1 天然气类型对轻烃回收的影响

天然气分为气藏气、伴生气和凝析气三种类型,类型不同,其组成也有很大差别,因此天然气类型决定了天然气中可以回收的烃类组成及数量。

气藏气主要是由甲烷组成,乙烷及更重的烃类含量很少,一般不进行轻烃回收。因此,只有将气体中的乙烷及更重的烃类回收作为商品高于其在商品气中的经济效益时,一般才考虑轻烃回收。我国的川渝、长庆和青海气区有的天然气就属于含乙烷及重烃较少的贫气,应进行技术经济论证以确定其是否需要进行轻烃回收。

伴生气中通常含有较多乙烷及更重烃类,为了获得液烃产品,同时也为了符合商品气或管输气对烃露点的要求,必须进行轻烃回收。尤其是从未稳定原油储罐回收到的烃蒸气,其丙烷、丁烷含量更多,回收价值更高。

凝析气中一般含有较多的戊烷以上的烃类,当其压力降低至相包络区露点线以下时,就会出现反凝析现象。因此,除需回收因反凝析现象而在井场和处理厂获得的凝析油外,由于气体中仍含有不少可以冷凝回收的烃类,无论分离出凝析油后的气体是否要经压缩回注地层,通常都应轻烃回收,从而额外获得一定数量的液体。

5.1.2 轻烃回收的目的

5.1.2.1 满足商品气的质量要求

为了使天然气达到商品气的质量标准(GB 17820—2018),从井口采出和从矿场分离器分出的天然气必须进行脱水和脱酸气的处理,当商品气有烃露点的指标时,还需脱除凝液或回收液烃。此时,如果天然气中可以冷凝回收的烃类很少,适当的回收天然气液进行露点控制既可;若氮气等不可燃组分多,应适当保留重烃以满足商品气热值要求,必要时还需进行脱氮处理;如果可以冷凝回收的烃类成为液体产品比其作为商品气中的组分具有更高的经济效益时,则应在满足商品气发热值的前提下,最大程度地回收 NGL。因此,NGL 的回收程度取决于天然气的组成、商品气的热值和烃露点等因素。

5.1.2.2 满足管输气质量要求

对于需要进行管道输送的天然气来讲,为了满足管输气的质量要求,也需要先对天然气进行脱水等预处理,然后再输送至天然气处理厂进行进一步的处理。如果天然气在管道中析出凝液,将会带来以下问题:(1)当压降相等时,两相流动所需的管道直径大;(2)当两相流动到达目的地时,必须设置断塞捕集器,以保护下游的设备。

为了防止管线中析出液烃,可考虑以下办法:(1)露点控制法,就是适度的回收轻烃,满足管输气的烃露点要求,管道内不出现两相流动即可。(2)将天然气压缩至临界冷凝压力以上,冷凝液分离后再用管道输送,从而防止在管道中形成两相输送。此法所需管线直径小,但管壁厚,而且压缩能耗很高。(3)采用两相流体输送。以上三种方法中,前两项方法的投资费用相对高些,故应该根据生产的具体情况选择合适的输送方法。

5.1.2.3 最大程度地回收天然气液

在下述几种情况下需要最大程度地回收天然气液:
(1)在从伴生气中回收液烃的同时,需要尽可能地增加原油产量。
(2)加工凝析气的目的是回收液烃,而回收后残余气则需要回注到储层以保持储层压力。
(3)液烃产品比作为商品气时组分价值更高,因而经济效益更好。

由此可知,由于轻烃回收的目的不同,对凝液的组成、收率要求也不同,所采用的工艺也不同。目前,我国习惯上又根据回收乙烷将轻烃回收装置分为两类:一类是以回收 C_{3+} 为目的称为浅冷工艺;另一类是以回收 C_{2+} 为目的称为深冷工艺。

5.1.3 轻烃回收的方法

凝液回收过程一般在天然气处理厂中进行,采用的方法有吸附法、油吸收法和冷凝分离法。

5.1.3.1 吸附法

吸附法是利用具有多孔结构的固体吸附剂对各种烃类的吸附能力强弱的差异,从而进行分离的方法,其原理和方法与分子筛双塔吸附脱水相似。该法适用于处理量小($3 \times 10^4 \sim 6 \times 10^4 m^3/d$)、较重烃类含量少的天然气,同时脱水和回收丙烷、丁烷等烃类的场所,使天然气水露点、烃露点都符合管输要求。它具有工艺流程简单、投资少的优点,但也存在能耗大、运行成本高等缺点。虽然曾经开发了用硅胶作吸附剂的短周期吸附法,但由于吸附剂容量等问题一直未得到工业应用。

5.1.3.2 油吸收法

油吸收法是利用不同烃类在吸收油中溶解度的不同,从而将天然气中各个组分得以分离的方法。该工艺是一个物理过程,即轻烃组分分子从气相分离出来进入重烃液体(吸收油),吸收油有石脑油、煤油和柴油或从天然气中回收到的 C_{5+} 凝液,相对分子质量为 100~200,吸收油的相对分子质量越小,天然气液收率越高,但吸收油的蒸发损失越大。一般只有要求 C_{2+} 回收率高时,才采用相对分子质量较低的吸收油。

按照吸收温度的不同,油吸收法可分为常温、中温和低温三种。常温油吸收法的温度一般为 30℃左右;中温的温度一般为 -20℃以上,C_3 的收率为 40%;低温的温度一般可达 -40℃左右,C_3 的收率为 80%~90%,C_2 的收率为 35%~50%。低温油吸收法的原理流程图如图 5.1 所示。

原料气与外输干气换热后,经外部冷源冷冻制冷,去吸收塔与冷的吸收油逆流接触,进行传热和传质,吸收塔塔底的液体称为富吸收油,它含有全部被吸收的组分,吸收塔塔顶为外输干气。富油进入稳定塔,塔顶分离出不需要回收的轻组分用作燃料,塔底液体进入富油蒸馏

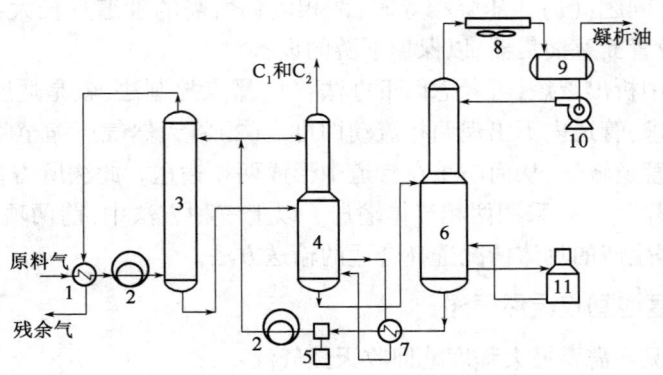

图 5.1 低温油吸收法的典型流程
1—气/气换热器;2—冷凝蒸发器;3—吸收塔;4—富油脱乙烷塔(稳定塔);5—贫油泵;
6—蒸馏塔;7—贫/富油换热器;8—空冷器;9—回流罐;10—回流泵;11—重沸器

塔。从富油蒸馏塔塔底流出的贫吸收油,经冷冻后去吸收塔循环使用,塔顶为 NGL,再进入蒸馏塔分离获得 LPG 和轻油。

油吸收法是 20 世纪五六十年代广泛使用的一种 NGL 回收方法,它系统压降小、处理量大、对原料要求不严格,可采用碳钢。但是投入和操作费用高,能耗也较高,70 年代后期逐渐被更加经济和先进的冷凝分离法取代。

5.1.3.3 冷凝分离法

冷凝分离法是利用天然气中各烃类组分冷凝温度不同的特点,通过制冷将天然气冷至一定温度从而将沸点较高的烃类冷凝分离,并将凝液分馏成合格产品的方法。通常,这种冷凝过程又是在几个不同温度等级下完成的。冷凝分离法最根本的特点是需要提供较低温度的冷量。按提供冷量的方式不同分外加冷源法(外冷法)、自制冷法(内冷法)和混合制冷法。冷凝分离法具有较高的轻烃回收率,在轻烃回收工艺中占有重要地位。

由于天然气的压力、组成及所要求的轻烃收率不同,故轻烃回收过程中的冷凝温度也有所不同。根据最低冷凝分离温度,通常又将冷凝分离法分为浅冷分离与深冷分离两种。前者最低的冷凝温度为 -20 ~ -35℃,后者一般低于 -45℃,最低在 -100℃ 以下。几种轻烃回收方法的烃类收率见表 5.1。

表 5.1 几种轻烃回收方法的烃类收率   单位:%

方法	乙烷	丙烷	丁烷	天然汽油
油吸收法	5	40	75	87
低温油吸收法	15	75	90	95
冷剂制冷法	25	55	93	97
阶式制冷法	70	85	95	100
节流阀制冷法	70	90	97	100
膨胀机制冷法	90	98	100	100

5.1.4 制冷方法

制冷指利用人工方法制造低温(低于环境温度)的技术。制冷系统与天然气工业联系紧密,主要用于轻烃回收、烃露点控制、液化天然气(LNG)和天然气提氦、CO_2分离等需要低温的过程。

工业上制冷方法一般可分为相变制冷和膨胀制冷两类。相变制冷是利用某些物质(制冷剂或制冷工质、冷剂、冷媒)发生相变时的吸热效应,不断地从低温流体中取出热量,并传递到较高的温度环境中从而达到制冷放热目的。最常见的相变形式是汽化,即制冷剂由液相变为气相,相变制冷的主要类型包括蒸气压缩式、蒸气喷射式和吸收式三种。而膨胀制冷是利用气体在较高的压力下通过膨胀元件(节流阀、膨胀机等)后降压降温而获得冷量。

目前,在轻烃回收工艺中常采用的制冷方法有蒸气压缩制冷、节流膨胀制冷和膨胀机制冷、热分离机制冷、气体涡流制冷等。

国内常用的天然气浅冷工艺技术有:丙烷压缩制冷注醇防冻低温脱水脱烃工艺,J-T阀制冷注醇防冻低温脱水脱烃工艺。天然气浅冷工艺技术多用于油田伴生气和凝析气集输过程中处理,以满足天然气外输的烃水露点要求为主要目的。

国内常用的天然气深冷工艺技术包括膨胀机制冷和膨胀机制冷加丙烷辅助制冷。

5.1.4.1 冷剂制冷法

冷剂制冷法也叫外加冷源法(外冷法)、机械制冷法或压缩制冷法,此类方法利用物质相变的吸热效应而实现制冷。它由独立设置的冷剂制冷系统向原料提供冷量,其制冷能力与原料气无直接关系。根据天然气组成、压力及轻烃收率要求,冷剂(冷媒、制冷工质)可以是氨、丙烷或乙烷,也可以是丙烷和乙烷的混合物。制冷循环可以是单级或多级串联,也可以是阶式(覆叠式、级联)制冷循环,阶式制冷可以产生几个不同温度等级的冷量,但投资较高。天然气工业中几种常见冷剂的性质见表5.2。

表5.2 几种常见冷剂的性质

冷剂	常压下沸点 ℃	凝固点 ℃	蒸发潜热 kJ/kg	临界温度 ℃	临界压力 MPa	空气中爆炸极限(体积分数),%	
						上限	下限
氨	-33.50	-77.70	1369	132.40	11.15	15.50	27
丙烷	-42.07	-187.70	427	96.81	4.20	2.10	9.50
丙烯	-47.70	-185.00	439	91.40	4.90	2.00	11.10
乙烷	-88.60	-183.20	491	32.10	5.00	3.22	12.45
乙烯	-103.70	-169.50	484	9.50	5.16	3.06	28.60
甲烷	-161.50	-182.48	511	-82.50	4.58	5.00	15.00
二氧化碳	-78.90	-56.60	575	31.00	7.50	—	—
氯甲烷	-23.74	-97.60	406	143.10	6.81	8.00	20.00

在制冷循环工作的制冷介质称为制冷剂或简称冷剂。在压缩制冷循环中利用冷剂相变传递热量,即冷剂蒸发时吸热、冷凝时放热,因此冷剂必须具备一定的特性,工业上对冷剂的要求是易冷凝、冷凝压力不要太高、蒸发压力不要太低、单位体积制冷量大、蒸发潜能大、比容小、不爆炸、无毒、不燃烧、无腐蚀、价格低廉。此外由于对环境保护要求日益严格,故在选用时还需综合考虑冷剂的消耗臭氧层潜值(ODP)、全球变暖潜值(GWP)和大气中寿命,评估其排放到大气层后对环境的影响是否符合国际认可的条件,是否环境友好。

根据化学成分,可用作冷剂的物质可分为以下几类:

(1)卤代烃冷剂。它们都是甲烷、乙烷、丙烷的衍生物。在这些衍生物中,由氟、氯、溴原子取代了原来化合物中全部或部分氢原子。其中,甲烷、乙烷分子中氢原子全部或部分被氟、氯原子取代的化合物统称为氟利昂(Freon)。氟利昂包括20多种化合物,其中最常用的是氟利昂-12(化学式CCl_2F_2)及氟利昂-11(CCl_3F)。

(2)无机化合物冷剂。属于此类冷剂有氨、一氧化碳及二氧化碳等,常用的是氨。

(3)烃类冷剂。有甲烷、乙烷、丙烷、丁烷、乙烯及丙烯等。在天然气凝液回收和天然气液化过程中广泛采用单组分烃类或混合烃类作为冷剂。

冷剂的选用的标准有三项:

(1)是否有好的制冷能力。冷剂的蒸发相变焓越大,它的制冷能力越强。

(2)是否实用。从该冷剂是否原料充足,对人体有无毒性和对设备的腐蚀等方面来进行考虑。

(3)该物质逸散到大气中是否对环境有不利影响。氟利昂的致命缺点是其为"温室效应气体",温室效应远大于二氧化碳,更危险的是它会破坏大气层中的臭氧。所以,在1989年生效的《关于消耗臭氧层物质的蒙特利尔协议书》中,要求缔约国中发达国家在2000年完全停止生产CFC、四氯化碳(CCl_4)和甲基氯仿($C_2H_3Cl_3$),发展中国家可推迟至2010年。

目前,在轻烃回收及天然气液化过程中,使用的最多的冷剂是氨、单组分烃类或混合烃类。冷剂的制冷温度主要与其性质和蒸发压力有关,任何一种冷剂实际使用温度下限是其正常沸点。根据表5.2可知:氨适用于原料气冷凝温度高于-25~-30℃时的工况;丙烷适用于原料气冷凝温度高于-35~-40℃时的工况;乙烷、丙烷为主的混合物冷剂适合原料气冷凝分离温度低于-40℃时的工况。能使用轻烃凝液作冷剂的场合尽量使用凝液,在轻烃回收装置中,液烃是最易得的冷剂。

冷剂制冷法的适用范围:(1)以控制外输气烃露点为主,并同时回收部分凝液,冷冻温度低于烃露点温度5℃。(2)原料气较富,但无压差可利用,采用冷剂可达到所要求的凝固点收率。总的来说,冷剂制冷法适合于浅冷的场所。

5.1.4.2 膨胀制冷法

膨胀制冷法也称自制冷法,此法不另设置制冷系统,原料气降温所需冷源由气体直接经过串联在该系统中各种类型的膨胀制冷设备来提供。因此,制冷能力直接取决于气体的压力、组成、膨胀比及膨胀制冷设备的热力学效率。常用的制冷设备有节流阀(焦耳—汤姆逊阀)、热分离机及透平膨胀机。

1. 节流阀制冷

节流阀制冷应用节流阀来完成,装置比较简单。

在下述三种情况下可以考虑采用节流阀制冷:其一,压力很高的气藏气(一般在10MPa或更高),特别是其压力随开采过程逐渐递减时,应首先考虑采用节流阀制冷。节流后的压力应满足外输气要求,不再另设增压压缩机。如果气体压力已递减到不足以获得所要求的低温时,可采用冷剂制冷。其二,气源压力高,仅靠节流阀制冷也可获得所需的低温,或气量较小不适合采用透平机制冷时,可采用节流阀制冷,如果气体中含有较多的重烃,仅靠节流阀不能满足冷量要求时,可采用冷剂制冷。其三,原料气与外输气有压差可供利用,但因原料气较贫,故回收凝液的价值不大时,可采用节流阀制冷,仅控制其水、烃露点以满足外输气要求。如节流后温度不够,可采用冷剂预冷。

2. 热分离机制冷

热分离机是20世纪70年代由法国Elf–Bertin公司开发的一种简易可行的气体膨胀制冷设备,有转动喷嘴式和固定喷嘴式两种类型。热分离机的膨胀比一般为3~5,不宜超过7,处理能力一般小于$10^4 m^3/d$(按进气状态计)。热分离机适用于原料气量不大且压力高于外输压力,有压差可供使用,但单靠节流阀制冷达不到所需温度,气量较小或气量不稳场所。

3. 膨胀机制冷

当节流阀或热分离机达不到要求时,如果具备以下一个或多个条件时可考虑采用透平膨胀机制冷。当原料气压力高于外输气压力,有足够的压差可供使用;原料气为单一气相;原料处理量较大,气体较贫但液收要求较高时。

透平膨胀机的膨胀比(进入和离开透平膨胀机的流体绝压之比)一般为2~4,不宜大于7,如果膨胀比大于7,可考虑采用两级膨胀,需进行技术经济分析及比较。

5.1.4.3 联合制冷法

联合制冷法是冷剂法与膨胀制冷法联合,即冷量来自两部分,浅冷温位(-45℃以上)的冷量由冷剂制冷法提供;深冷温位(-45℃以下)的冷量由膨胀制冷法提供。二者提供的冷量温位及数量应经综合比较后确定。此方法适用于原料气较富,装置回收C_{2+}烃类为目的,或压力低于适宜的冷凝分离压力的场所。

5.1.5 冷凝分离法

在天然气轻烃回收中,根据天然气的组成以及要求回收液烃的程度不同,冷凝分离法按工艺过程中的最低温度,分为浅冷分离与深冷分离及中冷分离工艺。浅冷的冷凝温度在-20~-35℃,以回收C_{3+}为目的,且对C_3的收率要求不高;深冷的冷凝温度一般为-90~-100℃,以回收C_{2+}为目的或要求丙烷的回收率大于90%;中冷分离的温度一般为-30~-60℃,有时也把中冷分离归为深冷分离部分,合称为中深冷分离。浅冷分离常用的制冷方法有节流膨胀制冷法、冷剂制冷法和单机膨胀制冷法,后两种制冷方法应用得较多。根据处理气体的组成不同,浅冷分离C_3的回收率可达50%~70%。深冷分离常用的制冷方法有复叠式制冷法、膨胀制冷法以及膨胀制冷与冷剂制冷相结合的(联合)制冷法,C_3的回收率可达85%以上。

5.1.5.1 冷凝分离法原则流程

无论是浅冷分离法还是深冷分离法,其基本的原则流程都是一致的,如图5.2所示,都是由原料气预处理、压缩、净化、冷凝分离以及分馏等系统全部或一部分组成。

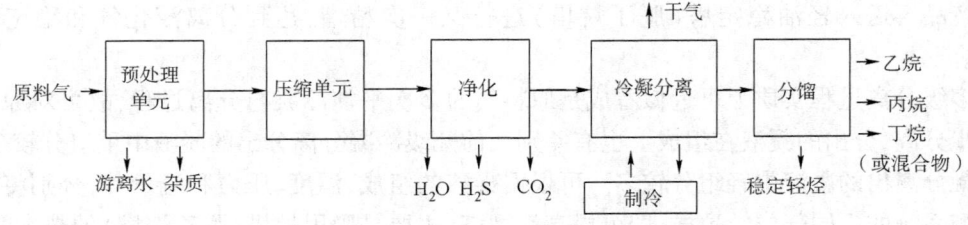

图5.2 冷凝分离法原则流程图

原料气预处理的目的是脱除天然气携带的油、游离水和泥沙等杂质,以及脱除原料气中的水蒸气、酸性组分和汞等；当采用浅冷分离工艺时，只要原料气中的 CO_2 含量不影响冷凝分离过程及商品天然气的质量指标，就不必脱除原料气中的 CO_2；当采用深冷分离工艺时，由于 CO_2 会在低温下形成固体，堵塞管线和设备，故应该将其脱除在允许范围内。脱水设施应设置在气体可能形成天然气水合物的部位之前，当需要脱除原料气中的酸性组分时，一般先脱酸性组分再脱水。另外，还有一些天然气含有汞，当低温换热器采用铝制翅板时，汞会通过溶解腐蚀（与铝生成汞齐）、化学腐蚀（汞齐中的铝与天然气中的微量水反应生成不溶于汞的氢氧化铝，于是又有新的铝溶解在汞中）和液体金属脆断等引起板翅式换热器泄露，因此原料气也应该脱汞。

5.1.5.2 冷凝分离法系统组成

冷凝分离法一般由四个系统组成，分别是冷量获得系统、净化系统、分凝及精馏系统和热交换系统。

1. 冷量获得系统

天然气冷凝需要冷量，冷量主要来源于内冷和外冷。内冷是气体本身经过膨胀等热力学过程而获得冷量，外冷则是由独立设置的制冷循环为气体提供冷量。对于甲烷含量高的气体，由于可凝组分少而不可凝性干气多，一般不需要外冷。相反，对于甲烷含量少的富气，需要冷凝的组分多，仅靠内冷不足以将可凝组分全部冷凝，需要辅助外冷。补充方式为冷剂制冷，冷量不仅与贫富程度有关，也与收率有关。

2. 净化系统

天然气特别是油田伴生气所含的杂质一般为水分、酸性气体和泥沙等，这些杂质会使设备发生腐蚀和堵塞。因此，在冷凝分离之前，必须将它们去除。水分的脱除可以选用 TEG 或者分子筛脱除，如果冷凝分离法采用深冷的分离方法，则必须采用分子筛脱水。H_2S 的脱除一般在净化厂或脱硫厂进行。

3. 分凝及精馏系统

（1）分凝。分凝就是在不同的温度水平下将天然气分离成气相和液相的过程。轻烃回收装置中包括几个温度水平，在不同的温度水平下分别产生相应的凝液，然后将各个温度水平下的凝液收集并进行精馏。这种冷凝分离过程通常是在不同压力及温度下分几次完成的。

（2）精馏。由分凝所得的凝液是原料天然气中较重组分的混合物，为了满足用户要求需进一步分离成较窄的馏分，叫作精馏。目前，一般是将各股凝液按温度顺序引入精馏塔不同的高度进行精馏。凝液首先进入脱乙烷塔，塔顶产品为干气，塔底产品为 C_3 及其以上的混合物，塔底产品再送入轻油稳定塔（脱丁烷塔）进行又一次精馏，达到分离液化气和稳定轻油的目的。

多级分离过程实质上可近似看成是原料气的多次平衡冷凝与分离过程，故可对原料气进行初步分离，分出的凝液在组成上也有差别。前几级冷凝分离分出的凝液中重组分较多，后几级冷凝分离出的凝液中轻组分较多。可根据凝液的组成、温度、压力和流量等，分别将它们送至分馏系统的不同部位。这样，即可提高精馏塔（主要是脱甲烷塔、脱乙烷塔）的热力学效率，降低分离能耗，又可合理利用不同温位低温凝液的冷量，减少由塔顶冷凝器所提供的外回流量，从而减少塔顶需用更低温位冷剂提供的冷量。

4. 热交换系统

冷量的获得与传递是轻烃回收的关键。热交换系统的任务就是完成外冷的输入和产品冷量的回收。外冷的输入的设备有压缩后的换热器(水冷或空冷)和系统的蒸发器。产品冷量的回收的设备是干气换热器和复热器。

冷凝分离的热交换系统中有很多换热设备,其类型有管壳式、螺旋板式、绕管式及板翅式换热器等,后两者适用于低温下运行。板翅式换热器可作为气/气、气/液或液/液换热器,也可作为冷凝器或蒸发器。而且,在同一个换热器内可允许有 2～9 股物流之间换热。采用板翅式换热器作为蒸发器时的冷端温差一般宜在 3～5℃,而管壳式换热器则适宜在 5～7℃。

在组织冷凝分离系统的低温换热流程时,应使低温换热系统经济合理,即:(1)冷流与热流的换热温差比较接近;(2)对数平均温差宜低于 15℃;(3)换热过程中冷流与热流的温差应避免出现小于 3℃ 的窄点;(4)当蒸发器的对数平均温差较大时,应采用分级制冷的压缩制冷系统以提供不同温位的冷量。

由于低温设备温度低,极易散冷,故常将板翅式换热器、低温分离器及低温调节阀等,根据它们在工艺流程中的不同位置包装在一个或几个矩形箱子里,然后在箱子及低温设备外壁之间填充如珍珠岩等绝热材料,一般称之为冷箱。

5.1.5.3 浅冷工艺流程

浅冷分离工艺多采用外冷,以从富气中回收轻油(C_{5+})为主,同时副产 C_3、C_4 作为液化气。浅冷分离装置包括两种,一种是为了长距离输送油田气而建设的压气站。压气站的主要目的是净化气体,回收轻烃是副产。因此,尽管其规模较大(一般为 $50×10^4 m^3/d$ 以上),但轻烃回收率低,一般仅为 20% 左右。另一种浅冷分离装置是一些中、小型油田建设的油田气轻烃回收装置,其原料气一般为原油稳定气、大罐挥发气或较富的油田伴生气,C_{3+} 含量一般在 $500g/m^3$ 以上,这些装置的特点是规模小(一般为 $50×10^4 m^3/d$ 以下),轻烃的回收率高,一般可达 60%。浅冷分离工艺的典型流程见图 5.3。

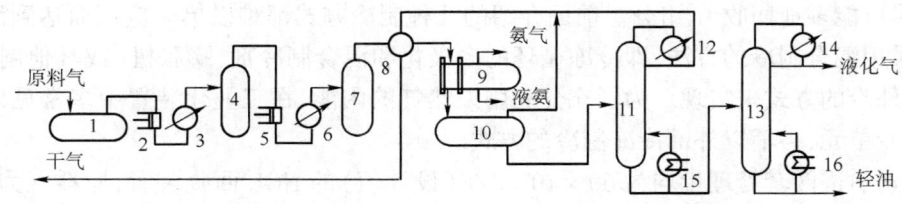

图 5.3 浅冷分离工艺流程

1—原料气分离器;2,5—压缩机;3,6—水冷器;4,7—分离器;8—换热器;9—氨蒸发器;
10—低温分离器;11—脱乙烷塔;12,14—冷凝器;13—轻油稳定塔;15,16—重沸器

低压原料气进入装置后,首先进入原料气分离器,去除油、水和其他杂质后,进入压缩机,压缩机一般选用两级往复式压缩机,将原料压缩至 1.6～2.4MPa。压缩后的气体经过水冷器冷却,与脱乙烷塔塔顶干气在换热器换热,进一步冷却。然后进入氨蒸发器,在这里,原料气被冷却至 -10～-35℃。此时,原料气中较重烃类被冷凝为液体,气液混合物在低温分离器中得以分离。分出的气体主要成分为甲烷和乙烷,与脱乙烷塔顶气汇合,作为干气外输。低温分离器分离出的凝析液,即混合液态烃,含有部分 C_1 和 C_2,进入分馏系统进行稳定、分离,生产出合格的液化气和轻油产品。

分馏系统可根据生产产品的方案决定分馏塔的数目。一般采用两塔流程，即脱乙烷塔和脱丁烷塔（或轻油稳定塔），其产品为液化气（C_3+C_4）和轻油（C_{5+}）。现在不少装置在设计中考虑了生产丙烷，分馏系统采用了三塔流程，即脱乙烷塔、脱丙烷塔和脱丁烷塔。

浅冷分离工艺中原料冷凝所需的冷量由独立的外部循环制冷系统提供，制冷系统产生的冷量多少与被冷凝的原料气无直接的关系，制冷温度受到制冷介质的制约。

常用的制冷介质有氨、氟利昂和丙烷。氨压缩循环制冷工艺成熟，国内许多厂家均可提供可靠的成套设备，而且系列齐全。氟利昂压缩制冷的工艺也比较成熟，但因氟利昂对大气污染较严重，尤其对臭氧层的破坏，引起了世界各国的普遍关注。因此，氟利昂的工业应用受到限制，其作为轻烃回收的制冷剂已经没有了发展前途。丙烷在常压下的沸点较低，为$-42℃$，而氨的沸点为$-33.5℃$，因此采用丙烷制冷可获得比氨更低的温度。丙烷制冷的制冷温度一般为$-30\sim-35℃$。此外，丙烷制冷剂可由轻烃回收装置自行生产，没有制冷剂的外购和储存等问题。因此该工艺得到了广泛的应用，成为主要方法。

在轻烃回收的过程中，轻烃的收率不仅与组成有关，还和温度、压力等操作条件有很大的关系：

（1）在相同的温度和压力条件下，气体的组分越富，C_{3+}的冷凝率和冷凝量越高。显然，贫气采用外冷法是不合适的。

（2）对于同一种原料气。相同温度下随着压力的升高，或在相同压力下随着温度的降低，C_{3+}的冷凝率和冷凝量均将提高，但增幅不同。在高温低压范围内，增长的幅度很大，随着温度的降低和压力的升高，C_{3+}的冷凝率和冷凝量增长幅度相应降低，到极限值时不再增加。一般而言，在制冷剂极限温度下，压力不能超过4MPa，否则不但增加压缩能耗，各种工艺设备的压力等级要求和设备造价都会增加；另外，压力也不宜低于1.5MPa，否则C_{3+}的回收率随压力的降低而急剧下降。

5.1.5.4 深冷工艺流程

深冷分离要求制冷温度在$-80\sim-100℃$，甚至更低，其目的是最大限度地从天然气中回收轻烃，尽可能多地回收C_2组分。前面介绍的几种制冷方式都难以单一应用而达到深冷的要求，往往采用混合制冷的方法，即冷冻循环的多极化和混合制冷剂、膨胀机（或其他制冷元件）制冷辅以外冷的方式来实现。为了充分利用天然气的内能，在工业化装置中多常见以膨胀机作为主制冷单元，再辅以外部冷冻制冷的方式。

某公司引进两套处理量均为$60\times10^4 m^3/d$（设计值）的NGL回收装置，原料气为伴生气，采用两级透平膨胀制冷法，制冷温度一般为$-90\sim-100℃$，最低$-105℃$，乙烷收率85%，每套装置混合烃产量为$5\times10^4 t/a$。装置工艺流程图如图5.4所示，由原料气压缩、脱水、两级膨胀制冷和凝液脱甲烷等四部分组成。

进装置的低压伴生气 I 脱除游离水后进入压缩机1增压至2.76MPa，经冷却器2冷却至常温进入沉降分水罐，进一步脱除出游离水 II。由沉降分离罐3顶部分出的气体依次经过膨胀机驱动的压缩机4、5（正升压或先增压流程），压力增加到5.17MPa，再经冷却器6冷却后进入一级凝液分离器7，分出的凝液去脱甲烷塔的底部。

由一级凝液分离器分出的气体经分子筛干燥器8干燥后，水含量降至1×10^{-6}（体积分数），再经粉尘过滤器9除去其中可能携带的分子筛粉末后进入制冷系统。分子筛干燥器共两台，切换操作，周期为8h，再生气采用燃气透平废气的余热加热到300℃左右。

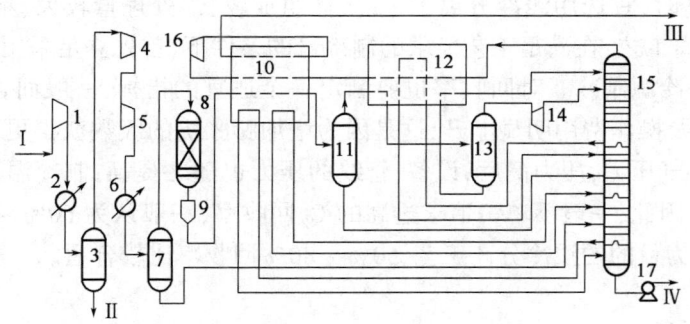

图 5.4 大庆油田两级透平膨胀机制冷法 NGL 回收工艺流程
1—油田气压缩机;2—冷却器;3—沉降分离罐;4,5—压缩机;6—冷却器;7——级凝液分离器;
8—分子筛干燥器;9—粉尘过滤器;10,12—板翅式换热器;11—二级凝液分离器;
13—三级凝液分离器;14——级透平膨胀机;15—脱甲烷塔;16—二级透平膨胀机;
17—混合轻烃泵;Ⅰ—油田伴生气;Ⅱ—脱出水;Ⅲ—干气;Ⅳ—NGL

脱水后的气体经板翅式换热器 10 冷冻至 -23℃ 后进入二级凝液分离器 11。分离出的凝液进入脱甲烷塔的中部。从二级凝液分离器 11 出来的气体再经过板翅式换热器 12 冷冻至 -56℃ 后去三级凝液分离器 13。分离器 13 分出的凝液经板翅式换热器 12 后进入脱甲烷塔的顶部,分离器 13 分出的气体经一级透平膨胀机 14 膨胀至 1.73MPa,温度降至 -97 ~ -100℃,然后此气液混合物直接进入脱甲烷塔的顶部偏下部位。

自脱甲烷塔顶部分出的干气Ⅲ经板翅式换热器 12、10 复热至 28℃ 后进入二级透平膨胀机 16,压力自 1.7MPa 降至 0.45MPa,温度降至 -34 ~ -53℃,再经板翅式换热器 10 复热至 12 ~ 28℃ 后外输。

由于装置只生产混合轻烃,故只设脱甲烷塔,塔顶温度 -97 ~ -100℃,塔底不设重沸器,塔中部则有塔侧冷却器和重沸器,分别由板翅式换热器 12、10 提供冷量和热量。脱甲烷后的混合烃类由塔底经泵 17 增压后作为乙烯装置原料。

5.1.6 轻烃回收工艺方法的选择

轻烃回收工艺方法的选择,主要考虑原料气的压力、组成、厂址条件、产品质量、回收率及其他经济技术因素,在不同的条件下,选择的工艺方法也不同。天然气的气质条件是首先考虑的,其组成是影响轻烃回收的经济性和工艺过程选择的主要因素。一般来说,气体越富,就可以回收越多的轻烃,但对于富气要达到给定的回收率,就需要更多的制冷负荷、更多的热交换面积和更多的固定投资;而对于贫气却需要更苛刻的处理条件(低温)。轻烃回收一方面要在满足烃露点要求的前提下尽可能地多回收轻烃,另一方面还必须满足商品气的最小热值要求,否则会得不偿失。一般而言,商品气的热值在 35.4 ~ 37.3MJ/m³,如果原料气有比较多的 N_2 和 CO_2,那么就要考虑在商品气中保留较多的 C_{2+}。

选择轻烃回收工艺方法时,由于每一种工艺方法或流程都有其适用的条件,同时存在一定的局限性,不可能存在适合任何场合的最佳方案。在给定装置的设计条件下,通常要考虑的主要问题是冷源,即内部冷源和外部冷源的问题,一般情况下,选择轻烃回收工艺方法应遵循以下原则:因地制宜,从原料的组成、装置建设的目的、产品回收率要求、生产成本和工程投资等方面综合比较。当天然气(伴生气)组成较富,处理量较小,装置建成的目的是回收 C_3,且产品的回收率要求不高时,宜选用浅冷分离工艺;气体组成较贫、处理量较大、希望回收较多乙烷时,应采用深冷分离工艺;在满足工艺要求的制冷量的条件下,首先立足采用膨胀机制冷,必要时考虑采用设置外冷源制冷。对回收率也要制定一个适宜的指标,一般而言,深冷 C_2 回收率高于 90% 时,投资及操作费用明显上升,这是因为增加膨胀机的级数获得更低的温度等级,相应的要求提高原料气压力,压力高后,设备、管线的压力也随之提高;制冷温度下降,又需增加低温钢材的用量。因此,一般不单一追求过高的 C_2 回收率,一般认为 60%~85% 回收率比较合适,对于回收 C_3 为目的的浅冷分离工艺,50%~80% 回收率比较合适。

5.2 轻烃分馏

轻烃分馏的目的是将轻烃进一步切割以得到附加值更高的馏分,提高轻烃的加工深度和经济效益。前一节介绍的轻烃回收工艺流程中的脱甲烷塔、脱乙烷塔等实际上就是轻烃分馏设备。

在我国,轻烃加工方案主要有三种:一种是燃料型,产品主要是液化气和车用汽油;第二种是燃料—溶剂油型,主要产品是液化气和各种溶剂油,溶剂油产品见表 5.3,液化气也可分馏得到气雾级的丙烷、正丁烷及异丁烷抛射剂;第三种是石油化工型,将回收的轻烃作为裂解制乙烯的原料,此外轻烃还可以用于生产油田化学剂等。

表 5.3 我国部分溶剂油产品

类 型	型 号	说 明
石油脱沥青溶剂		主要成分是丙烷
石油醚类	30 号	馏分范围是 30~60℃
	60 号	馏分范围是 60~90℃
	90 号	馏分范围是 90~120℃
工业溶剂	30 号发泡剂	馏分范围是 30~60℃
	120 号溶剂油	初馏点不小于 80℃,98% 馏出温度不大于 120℃
	洗涤溶剂油	馏分范围是 120~140℃
	200 号油漆溶剂	初馏点不小于 140℃,98% 馏出温度不大于 200℃
其他溶剂	6 号抽提溶剂油	初馏点不小于 60℃,98% 馏出温度不大于 90℃
	70 号香花溶剂油	初馏点不小于 60℃,98% 馏出温度不大于 70℃
	油墨稀释剂	馏分范围是 70~95℃ 或 100~160℃
	皮鞋油溶剂	馏分范围是 150~200℃

5.2.1 轻烃分馏流程

轻烃分馏的流程一般由产品方案决定,不同的产品,分馏流程也不一样。

5.2.1.1 燃料型轻烃分馏

燃料型轻烃分馏一般只用于回收 C_{3+} 组分,一般设脱乙烷塔和脱丁烷塔(液化气塔),有时为了装置生产自用丙烷作为溶剂,也设丙烷塔、丁烷塔,其原则流程如图 5.5 所示。

从轻烃回收单元回收的 NGL 进入脱乙烷塔,所有比 C_3 轻的组分进入塔顶产品(气相)中,

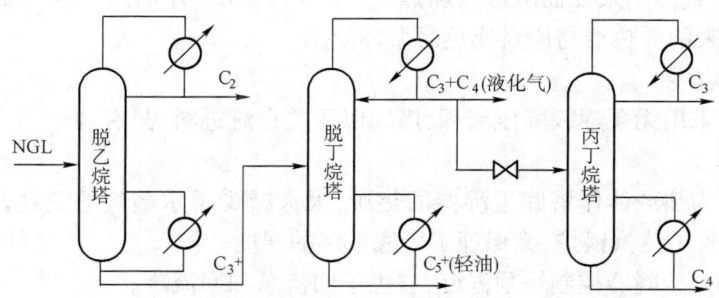

图 5.5 燃料型轻烃分馏原则流程

塔底产品为 C_3、C_4、C_{5+} 的混合轻烃,进入脱丁烷塔,塔底得到为 C_{5+} 轻油,塔顶为液化气,塔顶的液化气根据需要也可以在丙丁烷塔里分馏为丙烷和丁烷。

5.2.1.2 燃料—溶剂油型轻烃分馏

在我国开展燃料—溶剂油型轻烃分馏最早的是马岭油田,马岭轻烃综合利用工程以天然气、原油稳定回收轻烃为主要原料,采用四塔逐级降压、塔底无泵流程生产出了五种市场紧俏产品,即将轻烃进行产品切割为:小于30℃部分为丁烷气,30~60℃为30号石油醚,60~90℃为6号抽提溶剂油,90~120℃为橡胶溶剂油,140~200℃为油漆溶剂油,其工艺流程如图5.6所示。

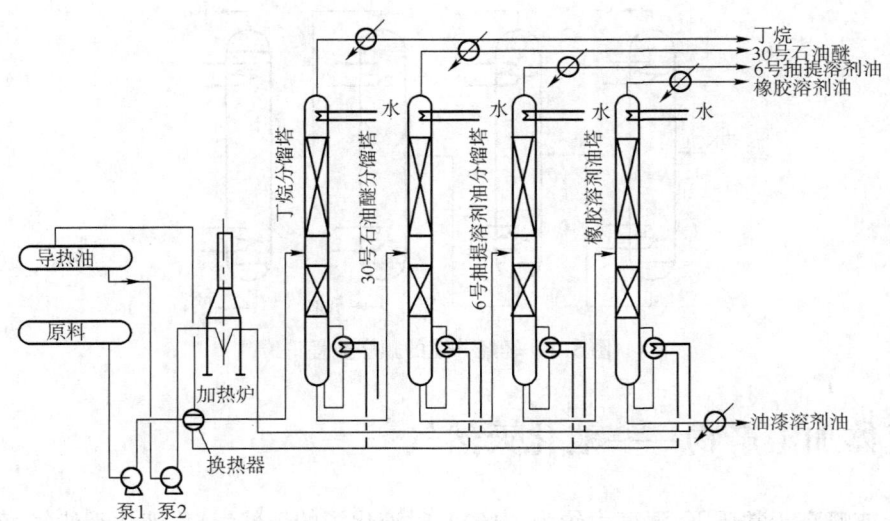

图 5.6 马岭油田轻烃分馏流程

原料经泵1抽出后经换热器与热载体(导热油)换热后进丁烷分馏塔,塔顶装有部分冷凝器,丁烷气自塔顶流出后经冷凝冷却后进入丁烷储罐;塔底分出的 C_5 以上组分靠丁烷分流塔压力自流入30号石油醚分馏塔。30号石油醚分馏塔塔顶分出的30号石油醚组分经冷凝冷却后进入30号石油醚储罐,塔底分出的 C_5 以上组分靠塔压力自流入6号抽提溶剂油分馏塔。6号抽提溶剂油分馏塔塔顶分出的6号抽提溶剂油经冷凝冷却后进入6号溶剂抽提油储罐。塔底分出的 C_7 以上组分靠塔压力自流入橡胶溶剂油分馏塔。橡胶溶剂油分馏塔塔顶分出的橡胶溶剂油经冷凝冷却后进入橡胶溶剂油储罐,塔底分出的油漆溶剂油经冷凝冷却后自流入油漆溶剂油储罐。四个塔顶部的部分冷凝器为各塔提供必要的回流。

导热油作为热载体用泵2抽出送入加热炉,加热到270℃左右进入各塔底重沸器作为热源,各自重沸器出来的导热油与原料换热后循环使用。

该工艺的特点是：

(1) 四塔塔底采用无泵逐级降压流程,塔间以压差自流进料,只有两个压力源(原料泵、重沸器),简化了流程。

(2) 以导热油为热载体作塔底重沸器的热源,大大减少了水蒸气的消耗。整个装置只设加热炉一台,既节省了蒸汽锅炉,又保证了塔底重沸的温度。

(3) 塔顶设部分冷凝器控制塔顶温度,省去了回流泵和回流罐。

5.2.1.3 石油化工型轻烃分馏

石油化工型轻烃分馏有两类：其一为混合烃作为石化原料,当轻烃作为乙烯化工厂的原料时,可根据储运条件只上一个塔脱出甲烷或甲烷、乙烷即可；只要储罐压力允许和有比较方便的冷源,应尽可能采用脱甲烷方案,因为乙烷是很好的化工原料,应留在塔底混合轻烃中。其二为生产某些纯烃,如需要生产乙烷、丙烷、丁烷、天然气汽油产品时则需要采用多塔流程分馏,需要的塔数由产品数减一。

通常都是从最轻的组分开始依次将需要的组分分馏出来,因为最轻的组分最难冷凝,而下游塔可以在较低的压力下操作而不必冷凝；也可视情况采用其他塔序形式。典型的流程如图5.7所示。

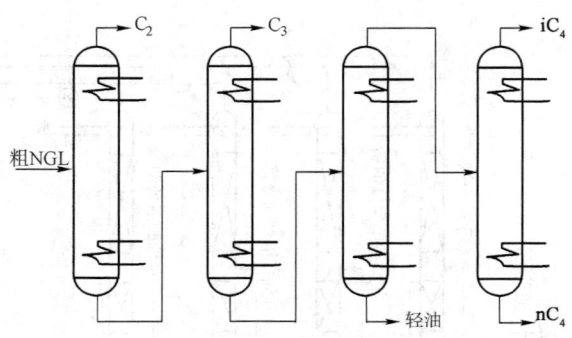

图 5.7　轻烃分馏的顺序流程

5.3　气体加工产物——液化天然气

在常压或略高于常压下,温度大约为 −162℃ 时液化了的天然气,称液化天然气,英文全称 liquefied natual gas,简称 LNG。LNG 是一种无色、无味、低黏度的低温液体。天然气液化后,体积缩小至原来的1/600,便于储存和运输,这是天然气液化的最主要原因。

在气源地附近将天然气液化,然后经海上运往靠近消费地区的终端,并将 LNG 重新气化后送入配气管网,这是 LNG 最常见的运输方式。由液化设施、输送 LNG 的轮船及用于 LNG 接收、储存和再气化的终端所构成的体系,称为液化天然气链(LNG chain),如图 5.8 所示。建设液化天然气链的费用十分昂贵,约为 40 亿~50 亿美元,因而买卖双方常签订中长期销售合同(如20~30年)。自 1964 年阿尔及利亚首次通过液化天然气链向法国供应 LNG 以来,LNG 的贸易量急剧上升。至 2000 年,全世界 LNG 的贸易量已达 10^8t 以上(常态下 1Mt = 12.5 × 10^8 m^3),约占天然气贸易量的 25.7%,占天然气产量的 5.6%,并继续呈现强劲上升趋势。中国自 2006

年开始 LNG 进口,进口数量逐年增长,2017 年,LNG 进口 3826×10^4 t,比 2016 年增长了 48.1%。2017 年,全球共有 40 个国家进口 LNG(比 2016 年增加一个国家),19 个国家出口 LNG。2017 年 LNG 出口总量为 2.898×10^8 t。

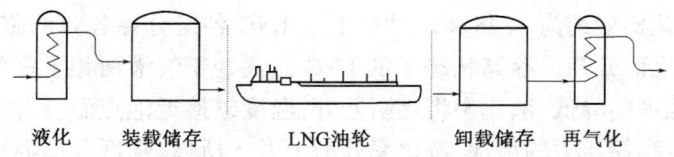

图 5.8 液化天然气链

5.3.1 LNG 组成

由表 5.4 可知,LNG 的主要成分为甲烷,并可能含有少量乙烷、丙烷、氮和一些其他组分。为了保证天然气的热值,不可燃组分的氮气含量应控制在 3% 以内,法国对氮气的要求是小于 1.4%。

表 5.4 LNG 的组成和部分物理性质

LNG 厂家	组成(物质的量分数),%							温度 ℃	密度,kg/m^3		气体膨胀系数	高热值 MJ/m^3
	N_2	C_1	C_2	C_3	nC_4	iC_4	C_5+		液	气		
阿拉斯加	0.1	99.8	0.10					-160	421	0.72	588	39.6
阿尔及利亚	0.85	91.5	5.64	1.50	0.25	0.25	0.01	-160	451	0.78	575	44.6
印度尼西亚	0.05	90.0	5.40	3.15	1.35		0.05	-160	462	0.81	567	44.3
马来西亚	0.45	91.1	6.65	1.25	0.54			-160	451	0.79	574	42.8
文莱	0.05	89.4	6.30	2.90	1.30		0.05	-160	463	0.82	566	44.6
阿布扎伊	0.20	86.0	11.8	1.80	0.25		0.05	-160	464	0.82	569	44.3
利比亚	0.80	83.0	11.6	3.90	0.40	0.30	0.05	-160	479	0.86	558	46.1

注:气体膨胀系数指 LNG 变为气体(标态)时体积增长的倍数。

除了以上物理性质,LNG 的爆炸极限是 5% ~15%(体积分数),华白数为 $49\sim56.5 MJ/m^3$。

5.3.2 LNG 厂类型

LNG 厂(简称液化厂)大体分为两类,基本荷载型和调峰型。

建于气源地的基本荷载型液化厂的规模很大,包括:天然气预处理单元,脱除酸性气(硫化氢、二氧化碳),脱除在低温下能形成固体的气体组分(水蒸气、二氧化碳、苯、环己烷等);天然气液化单元;储存和装船单元;完善并独立的公用事业系统等。液化厂为连续生产,设计中注重工艺和装置的效率。

调峰型液化厂包括两种形式:一种设在长输管线的门站附近,有天然气预处理和液化单元、较庞大的储存单元、再气化单元等,主要用于天然气储存,在用气高峰时为用户提供额外的气源。其气体处理规模比基本载荷型液化厂小得多,每年仅有部分时间生产(约 200 天),向配气管网供气(调峰)时间仅有用气高峰的数十天,因而再气化生产能力远大于液化能力。调峰型液化气厂的存能力从 $7000m^3$ 到 $200000m^3$ 不等,平均为 $50000m^3$。另一种是卫星型的,本身无液化能力,靠特殊的罐车(汽车或火车)从别处运来 LNG,气化后供附近地区使用。

5.3.3 LNG 的储存特性

LNG 的沸腾温度(沸点)取决于其组成,在大气压力下,通常为 -166 ~ -157℃。沸腾温度随蒸气压力的变化梯度约为 1.25×10^{-4}℃/Pa。LNG 各组分在各自的临界温度以下时,其沸点都随压力的增大而升高。存储状态下的 LNG 往往处于气液两相平衡状态。在一定存储压力下,随着存储温度的降低,液化率将逐渐上升;温度越接近泡点温度,液化率上升越快;在一定的温度下,随着存储压力的增加,液化率逐渐上升。所以,降低存储温度和增加存储压力都可以提高液化率。

5.3.3.1 液体分层

LNG 是多组分混合物,因温度和组分的变化会引起密度的变化,液体密度的差异使储罐内的 LNG 可能发生分层。一般,罐内液体垂直方向上温差大于 0.2℃、密度差大于 0.5kg/m^3 时,即认为罐内液体发生了分层。液体分层的原因有两种,一种是进入储罐的 LNG 与罐内原有 LNG 的密度不同,另一种原因是 LNG 内氮含量太高。

已经装有 LNG 的储罐再次充装密度不同的 LNG 时,可能出现两种液体不混合而导致液体分层。如由罐的底部充装密度较罐内液体大的 LNG,或由罐的顶部充装密度较罐内液体小的 LNG,都能形成罐上部液层较轻、罐下部液层较重的两层液体。观察表明:储罐接受环境热量后,罐内分层液体出现各自的自然对流循环(图 5.9),上下两层内液体的密度和温度较为均匀,但分层液体的温度和密度不同,在层间交界面处有能量和物质的交换。

含氮量较高的 LNG,即使初始状态下罐内液体混合良好,由于罐体受热、贴壁液体边层温度升高,密度降低,沿罐壁向上流动到达气液自由表面时,发生蒸发,氮气的常压沸点是 -195.8℃,低于甲烷的 -161.5℃。而在存储条件下氮气的密度约为 613kg/m^3,是甲烷密度(425kg/m^3)的 1.44 倍,氮气的挥发性强,远高于甲烷。蒸发后液体内的氮气浓度减少,甲烷的浓度增高、液体密度减小,停留在自由液面上。随时间的延续,在液面上积聚一层密度较小的液层,使罐内液体分层。

若含氮量小于 1%,形成如图 5.10 所示的自然对流,不发生液体分层。

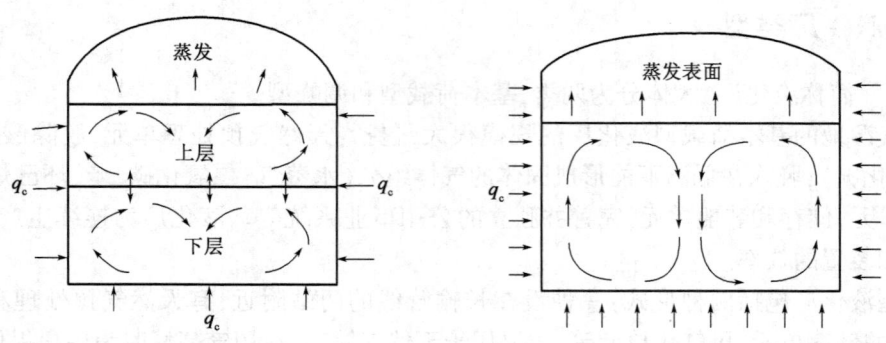

图 5.9 分层的 LNG 各自的对流循环　　图 5.10 LNG 储罐内自然对流循环

防止分层的方法如下:(1)不同产地、不同气源的 LNG 分开储存;(2)两种 LNG 密度相近时,一般底部充注;(3)将轻质 LNG 充注到重质 LNG 储罐中时,宜底部充注;(4)将重质 LNG 充注到轻质 LNG 储罐中时,宜顶部充注;(5)使用混合喷嘴和多孔管充注;(6)用储罐内的泵使液体从底至顶循环;(7)保持 LNG 的含氮量低于 1%,并监测气化速率。

随着储存时间的延续,上层液体的密度逐渐增大,下层液体的密度逐渐减小。当上下两层液体密度接近相等时,分层界面消失,液层快速混合并伴随有液体的大量蒸发,此时的蒸发率远高于正常蒸发率,即发生翻滚。

5.3.3.2 翻滚

形成翻滚的机理比较复杂,综合有关研究认为:(1)储罐周壁形成边界层,下层边界层密度降低后上升,穿透分界面与上边界层混合并上升至液面蒸发;(2)分层面之间受到的扰动形成液体波,促进液层的混合与蒸发;(3)分层液体之间存在能量和物质的交换,下层液体通过分界面进入上层,上层液体进入下层,下层液体进入上层后又卷携上层液体进入下层,上层液体进入下层后又卷携下层液体进入上层等,总的效果是使上层液体量增加,分界面下移并受到扰动。

LNG 是一种低温液体,存储时常处于过热状态,翻滚时液层的迅速混合加快了罐内液体的流动,为液体内积聚能量通过表面蒸发提供了条件,因而蒸发率骤增,储罐压力骤增,蒸气通过安全阀释放。若安全阀容量不足,可能损坏储罐。

5.3.4 LNG 的接收终端

LNG 的接收终端主要由专用码头、卸船系统、LNG 输送管道、LNG 储槽再气化装置及送气设备、气体计量和压力控制站、蒸发气体回收装置、控制及安全保护系统和维修保养系统等组成。LNG 接收终端按照对 LNG 储罐蒸发气(BOG)的处理方式不同,在工艺流程方法上分为两种类型,即直接输出式和再冷凝式。

图 5.11 所示为直接输出式工艺流程,LNG 储罐内的 BOG 气体通过压缩机直接加压到管网所需压力值,从而进行外输。储罐内的 LNG 泵将 LNG 送入气化器气化后进入外输管网进行输送,不需要进入再冷凝器和第二级外输泵。

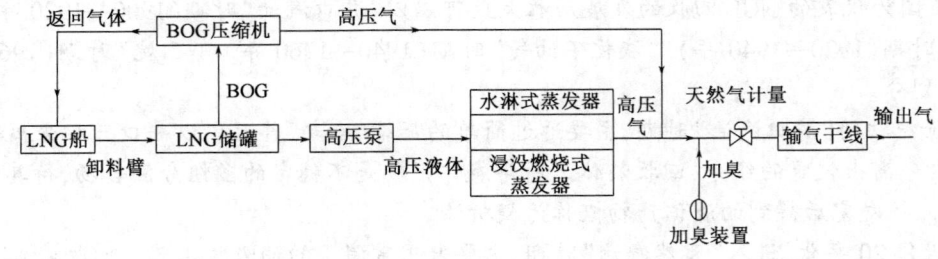

图 5.11 直接输出式工艺流程

图 5.12 所示为再冷凝式工艺流程,将 BOG 压缩到较低的压力与由 LNG 低压输送泵从 LNG 储罐送出的 LNG 在再冷凝器中混合。由于 LNG 加压后处于过冷的状态,可以使 BOG 第二次冷凝,冷凝后的 LNG 经 LNG 高压输送泵加压后外输进入管网。该流程工艺的优点是可以较为充分地利用 LNG 的冷量,尽量减少蒸发气压缩功的耗损,提高工况效率,降低能耗。

5.3.5 LNG 使用安全

LNG 是一种易燃物品,始终应将安全生产放在首要地位。LNG 失火时,火焰表面的辐射

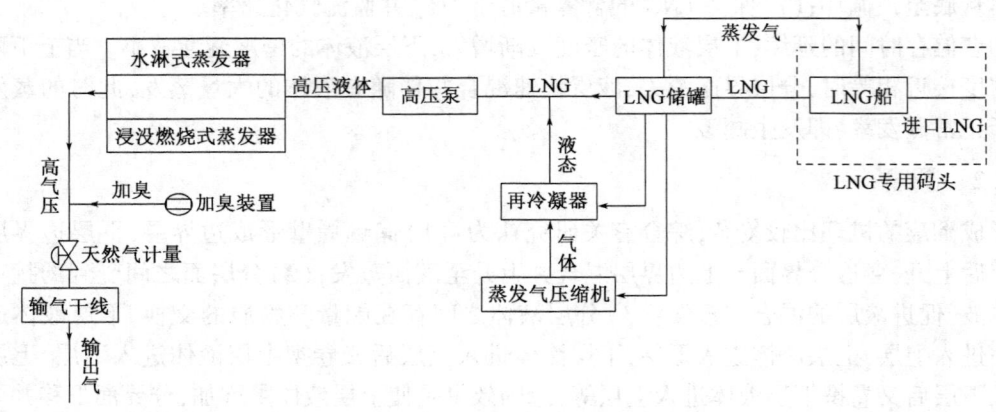

图 5.12　再冷凝式工艺流程

功率很高,应采取措施防止消防人员灼伤。推荐用干粉(最好是碳酸钾)灭火器处理 LNG 火灾,消防水只能用于火灾周围建筑物、构筑物的冷却并用于产生消防泡沫液。

LNG 是一种温度极低的流体,与皮肤接触可造成类似烧伤的冻伤。不得接触隔热层损坏的装有 LNG 的裸露容器和管道,否则极冷的金属会粘住皮肉。在可能存在天然气泄漏的场合,应经常测量空气中氧含量及烃含量,氧含量小于 18% 时会使人窒息。进入人员应有面罩、护目镜、防护服和手套等防护措施。LNG 极易气化,气化后体积急剧增大,任何装有 LNG 的密闭容器和管段应有泄压阀,以防超压。

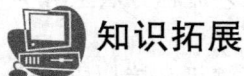知识拓展

(1)国外的凝液回收发展史

以美国为代表的 NGL 回收的发展历程大致可以以"井口汽油"时期(1900—1920 年)、"天然汽油"时期(1920—1940 年)、"液化石油气"时期(1940—1960 年)、"乙烷"时期(1960 年以后)进行划分。

20 世纪初的"井口汽油"时期,主要通过简单的压缩、冷却,甚至仅以井口三相分离器从井口气流中分离出较重的组分,回收液体。所得液体产物是不稳定的多组分混合物,待其中轻组分(如 C_3)挥发完后得到的液体产物概称为凝析油。

20 世纪 20 年代,进入"天然汽油"时期,主要采用常温下的油吸收工艺。回收液体产物生产稳定后的轻油 C_{5+}——天然汽油(有一定的蒸气压要求),以及脱出丙烷和丁烷。与"井口汽油"时期相比,油吸收法提高了 NGL 的收率,也回收了少部分的丙烷和丁烷。所得的天然汽油或直接兑入汽油作车用汽油,或通过裂解技术并采用抗爆添加剂后,提高车用汽油的辛烷值。

20 世纪 40 年代,进入"液化石油气"时期,主要采用低温吸收工艺,以提高丙烷、丁烷的收率。其推动力主要是满足第二次世界大战期间及战后石化工业对液化石油气(LPG)日益增长的需要,导致低温油吸收法得到进一步的发展,其改革是在贫液入吸收塔前先经冷却到 -30℃ 左右,冷源主要靠丙烷的压缩制冷,大大提高了丙烷、丁烷的回收率。

20 世纪 60 年代后,由于乙烯工业的崛起,为增加 NGL 回收的深度,提高乙烷的回收率,建

设了大量的低温膨胀机装置,使乙烷的回收率达到了70%以上。

(2) 超级 LNG 船

视频5.1 超级LNG船

本 章 小 结

轻烃也叫天然气凝液,组成上覆盖 $C_2 \sim C_{5+}$,是通过低温冷凝的方式从天然气中分离出来的。分离出来的轻烃,可以根据用户需要,再分馏出乙烷、丙烷、丁烷、丙丁混合物(液化气)和轻油等产品。

轻烃回收的关键技术是制冷。冷量的获得有两种方式:一种是内冷,天然气通过膨胀原件,压力降低的同时温度也会降低,低温的程度与天然气的压力组成有关;另一种是外加冷源制冷法,也就是冷剂制冷法,制冷的温度与冷剂的种类有关。装置建成的目的是回收 C_3,且产品的回收率要求不高时,宜选用浅冷分离工艺;气体组成较贫、处理量较大、希望回收较多乙烷时,应采用深冷分离工艺。

习 题

一、名词解释

1. 轻烃   2. 轻烃回收   3. 冷剂   4. 冷凝分离法

二、填空题

1. 天然气工业中常用的冷剂有(   )、(   )、(   )。
2. 天然气轻烃回收的目的是(   )、(   )和(   )。
3. 冷凝分离法的四个系统是(   )、(   )、(   )、(   )。
4. 轻烃回收的方法有(   )、(   )、(   )。
5. LNG 的主要成分是(   ),温度大约为(   )。

三、简答题

1. 简述氨和丙烷作为冷剂的优缺点。
2. 简述深、浅冷工艺的选择。

6 克劳斯法硫磺回收与尾气处理

 知识目标

1. 掌握硫磺单质的物理性质和化学性质。
2. 掌握克劳斯法硫磺回收的原理。
3. 了解 H_2S 和 SO_2 的排放标准。
4. 了解克劳斯法 H_2S 转化为硫的热力学关系。
5. 了解克劳斯法硫磺回收工艺中主要设备的作用。

 能力目标

1. 能够掌握硫磺单质作为危险化学品在使用、存储和运输过程中的注意事项。
2. 能够根据原料气的性质选择合适的回收方法。
3. 能够分析影响硫收率的因素。

 实例导入

自然界中的硫主要以 H_2S 和硫化物的形式存在于天然气和石油中。天然气中含有 H_2S 时不仅会污染环境,而且对天然气的生产和利用都有不利的影响。天然气的主要脱硫方法是醇胺法和砜胺法,来自醇胺法及砜胺法等脱硫溶液再生所析出的含 H_2S 酸性混合气体,有以下几种处理方式:(1)将酸性气体混合物中的 H_2S 转化为单质硫——硫磺回收,化害为利,变废为宝;(2)在酸气 H_2S 浓度较低且潜硫量不大的情况下,可采用直接转化法在液相中将 H_2S 氧化为单质硫;(3)若酸气中 H_2S 浓度极低,且潜硫极少(小于0.3t/d),将酸气混合物灼烧排放;(4)将酸性气体增压后重新回注地层;(5)还可利用其生产一些硫的化工产品,将 H_2S 转化为单质硫及氢气具有更高的技术经济价值,因此其研究开发颇为国内外所关注,但迄今尚未有工业应用的报道;(6)也有人从酸气含 H_2S 及 CO_2 二者的条件出发,考虑既生产硫磺,又生产 CO 与 H_2 合成气等。

迄今为止,酸气处理的主体工艺仍是以空气为氧源、将 H_2S 转化为硫磺的克劳斯工艺,酸气处理的主要产品是硫磺。

当采用克劳斯法(Claus)法从酸气中回收硫磺时,由于克劳斯反应是可逆反应,受到热力学和动力学的限制,以及存在其他硫损失等原因,常规克劳斯法的硫收率只能达到92%~95%,即使将催化转化段由两级变成四级,也难超过97%。尾气中的残留 H_2S 通常经焚烧后以毒性较小的 SO_2 形态排放大气。当排放的气体指标不能满足排放指标时,就需要配备尾气处理装置。

各国对硫磺回收装置尾气 SO_2 排放标准各不相同。有的国家根据不同地区、不同烟囱高度规定允许排放的 SO_2 量;有的国家还同时规定了允许排放的 SO_2 浓度;更多的国家和地区是根据回收装置的规模规定必须达到的总硫收率,规模越大,要求也越严格。表 6.1 给出了一些经济发达国家或地区硫磺回收装置所要求达到的硫收率要求。

表 6.1　一些国家或地区对硫磺回收装置硫收率的要求(质量分数,%)

国家或地区		装置规模,t/d						
		<0.3	0.3~2	2~5	5~10	10~20	20~50	50~2000	2000~10000
美国得克萨斯州	新建装置	焚烧		96.0		97.5~98.5	98.5~99.8	99.8	
	已建装置	焚烧	96.0	96.0~98.5		98.5~99.8	99.8	99.8	
加拿大			70		90	96.3		98.5~98.8	99.8
意大利				95			96	97.5	
德国				97			98	98.5	
日本					99.9				
法国					97.5				
荷兰					99.8				
英国					98				

我国在 1997 年 1 月 1 日开始实施的 GB 16297—1996《大气污染综合排放标准》是一项强制性国家标准。按照该标准的规定,对硫、二氧化硫、硫酸和其他硫化合物生产企业中的 SO_2 废气的排放,不仅要根据烟囱高度规定排放速率,而且还规定了 SO_2 的最高允许排放浓度,见表 6.2。表 6.2 规定,已建装置的硫收率需要达到 99.6% 才能符合 SO_2 的最高允许排放浓度 (1200mg/m³),新建装置则需达到 99.7%,允许排放的 SO_2 的最高浓度为 960mg/m³。

表 6.2　GB 16297—1996 规定的 SO_2 排放标准

最高允许排放浓度[①] mg/m³	排放筒高度,m	最高允许排放速率[①],kg/h		
		一级	二级	三级
1200(960)	15	1.6	3.0(2.6)	4.1(3.5)
	20	2.6	5.1(4.3)	7.7(6.6)
	30	8.8	17(15)	26(22)
	40	15	30(25)	45(38)
	50	23	45(39)	69(58)
700(550)	60	33	64(55)	98(83)
	70	47	91(77)	140(120)
	80	63	120(110)	190(160)
	90	82	160(130)	240(200)
	100	100	200(170)	310(270)

① 括号外为对 1997 年 1 月 1 日前已建装置要求,括号内为 1997 年 1 月 1 日起新建装置的要求。

天然气作为一种清洁能源,其推广使用对于环境保护有积极意义,但天然气净化气厂排放脱硫尾气中二氧化硫具有排放量大、浓度较高、治理难度大、费用较高的特点。为此,国家环保总局在环函[1999]48 号文件《关于天然气净化厂脱硫尾气排放执行标准有关问题的复函》中同意天然气净化厂二氧化硫污染物排放可作为特殊污染源,制定相应的行业污染物排放标准进行控制;在行业污染物排放标准未出台前,同意按照 GB 16297—1996 中的最高允许排放速率指标进行控制,并尽可能考虑二氧化硫综合回收利用。

6.1 硫磺及硫磺回收

6.1.1 硫的物理性质与质量指标

硫也叫硫磺,是一种淡黄色晶体,性脆易碎,是热和电的不良导体。不溶于水,微溶于酒精,易溶于 CS_2。熔融硫在 444.6℃(101.321kPa)下沸腾,变成黄色的硫蒸气,将硫蒸气急速冷却可得到黄色粉末的硫。

硫的化学性质活泼,能与氧、金属、H_2、卤素(除碘外)发生反应。硫的化合价为 -2、$+2$、$+4$、$+6$,可形成离子化合物、共价化合物和配位化合物。硫在空气中燃烧为蓝色火焰,生成 SO_2,空气中硫的粉尘浓度达到 $35g/m^3$ 遇火花会引起爆炸。

6.1.1.1 单质硫的分子结构

单质硫有很多同素异形体,呈各种不同的分子聚集形态,并因温度变化而有相变。常温常压条件下硫是黄色晶体,由两种八原子环(S_8 环)组成的结晶形式(斜方晶硫和单斜晶硫,二者排列形式和间距不同)与一种无定形形式(无定形硫)。由常温到 95.6℃ 是处于稳定形式的斜方晶硫,又称正交晶硫或 α 硫;升温到 95.6℃ 则转变成单斜晶硫,又称 β 硫。由 95.6℃ 直到熔点(119℃)为止,单斜晶硫是固硫的稳定形式。无定形硫是将液硫加热接近沸点时倾入冷水迅速冷却得到的固硫,由于具有弹性,故又称为弹性硫,但它不是所希望的产品。不溶硫是指不溶于 CS_2 的硫磺,也成聚合硫、白硫或 ω 硫,主要用作橡胶制品,特别是子午胎的硫化剂。硫磺的物理性质见表 6.3。

表 6.3 硫磺的物理性质

项目		数值	项目		数值
原子体积,mL/mol	斜方晶	15	熔点,℃	斜方晶	112.8
	单斜晶	16.4		单斜晶	119.3
相对密度(d_4^{20})	斜方晶	2.07	折射率(n_D^{20})	斜方晶	1.957
	单斜晶	1.96		单斜晶	2.038
沸点(101.3kPa),℃		444.6	临界温度,℃		1040
着火温度,℃		248~261	临界压力,MPa		11.754
			临界密度,g/cm³		0.403
			临界体积,mL/g		2.48

硫在低温下主要是 S_8 组成的环状固体,随着温度的升高,固硫熔化变成黄褐色易流动的液体。当液硫加热到大约 160℃ 时,S_8 环开始断裂,变成链状的 S_8 分子,颜色也变成暗红棕色。随着温度的不断升高,生成的原子链互相连接成长链,液硫颜色更加发暗,加热温度从 187℃ 到沸点 444.6℃ 时,这些长链又变短。继续加热至沸点时,液硫变成硫蒸气。硫蒸气中有许多由不同硫原子构成的硫分子平衡存在,如 S_2、S_3、S_4、S_5、S_6、S_7 和 S_8,但主要是 S_8、S_7 和

S_6。随着温度的升高,硫蒸气中原子数逐渐减少,800~1400℃时,硫蒸气中基本是S_2;1700℃以上时,主要是硫原子。硫蒸气分子组成更为复杂,随温度、压力不同在S_2、S_3、S_4、S_5、S_6、S_7、S_8、S_9、S_{10}之间组成一个复杂的平衡关系,如图6.1、图6.2所示。由图中可以看出在常温至沸点的饱和蒸气中,主要是S_8、S_6和S_7,其中S_8随温度的上升而减少,S_6、S_7随着温度的上升而增加,在硫沸点以上,随温度的升高,S_2逐渐增加,S_8、S_7和S_6均减少;到900℃时基本成S_2状态。所以说,在克劳斯反应炉的高温条件下主要为S_2,在催化反应阶段主要生产S_8以及少量S_6。

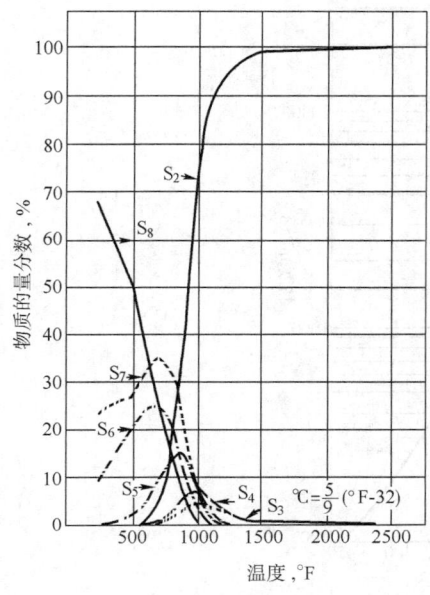

图6.1 不同温度下硫蒸气的平衡组成　　　　图6.2 硫蒸气组成随温度的变化

6.1.1.2 硫的黏度

液硫性质特别要注意黏温性质。如图6.3所示,从熔点起液态硫的黏度随温度的升高而降低,大约在157℃时黏度降到最低值,然后随着温度的升高,黏度又开始增加,到187℃时达到最高值,然后黏度又随着温度的升高而降低。

6.1.1.3 我国工业硫磺的质量指标

工业硫磺产品呈黄色或淡黄色,无肉眼可看杂质,有块状、片状、粉状和粒状。我国国家标准《工业硫磺 第一部分:固体产品》(GB/T 2449.1—2014)中对工业硫磺的质量指标见表6.4。

6.1.1.4 硫磺的用途

硫磺是重要的化工原料之一,其应用极为广泛,如制造硫酸、化肥、农药、医药、合成树脂、橡胶、染料、纸张、糖、火柴、黑色火药,其中硫磺75%以上用来生产硫酸,以终端消费计硫磺的消费结构见表6.5。

6.1.1.5 硫磺的供需情况

硫磺产品主要来自天然硫磺矿和回收硫磺,从20世纪90年代开始,全球天然硫磺产量持续下降,而回收硫磺量则大幅上涨。目前世界硫磺年产量已超过$4000×10^4$t,其中从天然气中

的 H_2S 以克劳斯法回收的硫磺占 1/3 以上,如加上炼油厂克劳斯装置的硫磺,则占总产量的 90% 以上。我国几乎没有天然硫磺矿,主要从石油炼制、天然气净化中回收,目前国内硫磺年产量仅约 $1 \times 10^6 t$,而年消费量超过 $10 \times 10^6 t$,呈现出严重的供不应求局面。

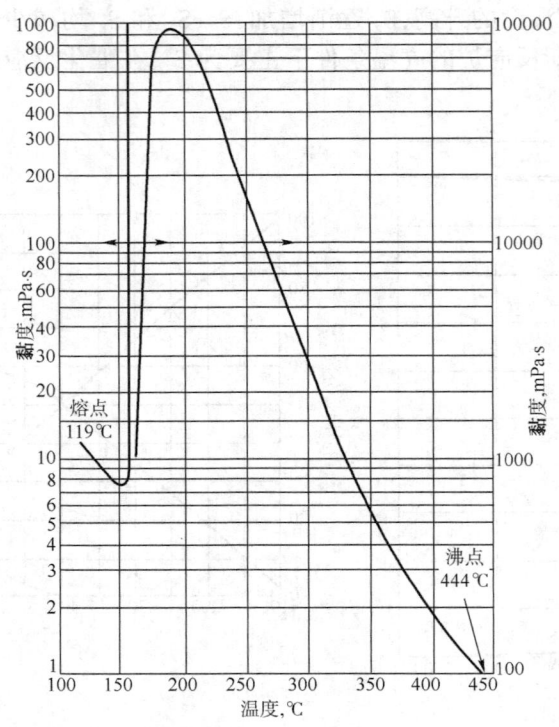

图 6.3 温度对液态硫黏度的影响

表 6.4 我国工业硫磺质量标准 单位:%

项目			技术指标		
			优等品	一等品	合格品
硫(S)(以干基计)		≥	99.95	99.50	99.00
水分		≤	2.0	2.0	2.0
灰分(以干基计)		≤	0.03	0.10	0.20
酸度(以 H_2SO_4 计)(以干基计)		≤	0.003	0.005	0.02
有机物(以 C 计)(以干基计)		≤	0.03	0.30	0.80
砷(As)(以干基计)		≤	0.0001	0.01	0.05
铁(Fe)(以干基计)		≤	0.003	0.005	—
筛余物①	粒径 >150μm	≤	0	0	3.0
	粒径为 75~150μm	≤	0.5	1.0	4.0

①筛余物指标仅用于粉状硫磺。

表 6.5 以终端消费计硫磺的消费结构

项目	比例,%	项目	比例,%
肥料(过磷酸铵、磷铵等)	49	石油(汽油、润滑油及其产品)	2
化学品(洗涤剂、制药、合成树脂等)	19	铁、钢	2
颜料(涂料、塘瓷品、印刷等)	5	人造丝及薄膜	3
漂白	4	杀虫剂、土壤硫	2
造纸	4	其他工业(爆炸品、合成橡胶等)	7
二硫化碳	3		

6.2 克劳斯硫磺回收工艺

从酸气中回收硫磺普遍采用克劳斯法(Claus process),所谓的克劳斯法本质上是催化氧化制硫的一种工艺方法。经过了近一个世纪的发展,克劳斯法已经经历了由最初的直接氧化,到将热反应与催化反应分开的改良克劳斯,使用合成催化剂以及在低于硫露点以下反应等四个阶段,并日趋成熟。

我国硫磺回收装置按照工艺方法可以分成四类:常规克劳斯类、延伸克劳斯类、还原吸收类、液相氧化克劳斯类,基本上都属于国内外通常采用的主流工艺。前三类的基本情况见表 6.6。

表 6.6 国内外主流硫磺回收工艺情况

类别	工艺方法	基本原理	方法特点	硫回收率,%
常规克劳斯类	直流法 分流法	H_2S 与 SO_2 反应生成 S_x 与 H_2O	硫磺回收主要工艺方法,技术成熟,应用广泛,适用于不同规模的装置	85~97
延伸克劳斯类	Clauspol Clinsulf-SDP Sulfreen MCRC CBA CPS 等	降低反应温度,使反应平衡向硫磺生成的方向进行	与 Claus 装置有机结合,流程较简单,操作方便,工艺方法成熟,适合于大中型硫磺回收装置应用,投资和操作费用相对较低	98~99.2
还原吸收类	SCOT HCR BSRP RAR	Claus 尾气中的 SO_2、SO_3、COS、CS_2 加氢还原或水解为 H_2S,再用醇胺溶液吸收,解析出的 H_2S 返回 Claus 装置或化工利用	工艺方法成熟,总硫收率高,适用于装置规模大、收率要求高的情况。工艺流程复杂,需要氢源,投资与操作费用高	≥99.8

6.2.1 克劳斯法工艺的发展历程

6.2.1.1 原始的克劳斯工艺

1883 年,英国科学家 Claus 开发了 H_2S 制 S 方法,即

$$3H_2S + \frac{3}{2}O_2 \underset{570\sim600K}{\overset{催化剂}{\rightleftharpoons}} \frac{3}{x}S_x + 3H_2O + 615\text{kJ/mol} \tag{6.1}$$

式(6.1)为原始克劳斯反应,这一经典反应由于强的放热而很难维持合适的温度,只能借助于限制处理量来获得80%~90%的转化率。显然,为了控制反应温度,此工艺只能在空速很低的条件下进行,导致催化反应器的体积甚大,且释放的大量反应热也无法回收利用。原始的克劳斯工艺现在已经不再使用,本书以下介绍的克劳斯工艺均指的是改良克劳斯工艺。

6.2.1.2 改良克劳斯工艺

1938年,德国法本公司对原始克劳斯工艺作了重大改革,发展为改良克劳斯工艺。其要点是把H_2S的部分氧化分两个阶段完成,同时忽略了烃类和其他可燃气体的反应。第一阶段为热反应阶段,1/3的H_2S氧化为SO_2的自由火焰氧化反应(高温放热反应或燃烧反应),在反应炉内进行,并释放出大量的热:

$$3H_2S + \frac{3}{2}O_2 \xrightarrow{>1200K} SO_2 + 2H_2S + H_2O + 518.9 kJ/mol \tag{6.2}$$

第二阶段是催化反应阶段,余下的2/3体积的H_2S和SO_2反应(中等放热催化反应),在催化剂上反应生成单质硫:

$$2H_2S + SO_2 \xrightarrow{<700K} 2H_2O + \frac{3}{x}S_x + 96.1 kJ/mol \tag{6.3}$$

反应炉中生成的硫蒸气主要由S_2组成,随着温度的降低将发生分子构型转化。反应的进行不仅取决于操作温度、压力,而且还受H_2S和SO_2物质的量的影响。

$$3S_2 \rightleftharpoons S_6 + 45.52 kJ/mol \tag{6.4}$$

$$4S_2 \rightleftharpoons S_8 + 50.75 kJ/mol \tag{6.5}$$

$$4S_6 \rightleftharpoons 3S_8 + 5.23 kJ/mol \tag{6.6}$$

硫磺回收实际发生的反应十分复杂,还有酸气中的烃、CO_2、水等杂质。它们在反应炉达到高温下将发生复杂的副反应,生成COS、CS_2、CO、H_2等。

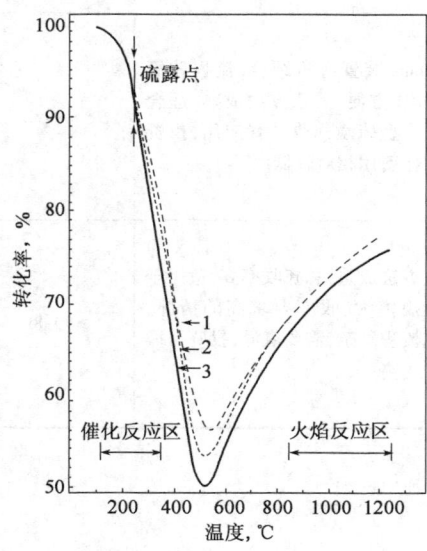

图6.4 H_2S转化为硫的平衡转化率
1—井口处理的酸气;2—炼厂脱硫装置酸气;
3—纯硫化氢气体

6.2.2 克劳斯法化学反应的热力学分析

S_x为S_2~S_8,反应平衡十分复杂,反应温度越低(例如在催化反应段的各级转化器中),S_5~S_8较多;反应温度越高时(例如在热反应段反应炉内),相对分子质量较小的S_2、S_3、S_4较多。由反应(6.3)可知,反应温度较低时,由于硫分子构成的变化,有利于反应向右进行。

由H_2S转化为硫的平衡转化率图6.4可知,平衡转化率在550℃时为最低点,以此点可将克劳斯反应分为两部分,即曲线右边为火焰反应区,H_2S转化率随温度的升高而增加(反应炉内情况),反应能达到的温度与酸性气体中H_2S含量有关,含量越高则温度越高,通常炉温都应保持在920℃以上,否则火焰不稳定。反应炉内进行的化学反应甚快,一般在1s以内即可完成全部反应,转化率一般在60%~75%。曲线左面为在转化器中进行的催化反应区,理论上H_2S的转化率随温度的降低而迅速增加,直至接近于完全转化。但实际上受单质硫露点温度的影响,催化转化反应的温度控制在170~350℃,为了提高转化率,必须使用多个转化器。

温度和压力对H_2S转化率的影响可用硫蒸气中不同形态硫分子来解释。在火焰反应区,S_2是主要蒸气,反应是吸热的,温度升高,压力降低有利于反应;在催化反应区,S_6、S_8为主要蒸气,降温和压力升高有利于反应。

从反应动力学来看,随着反应温度的降低,反应速度也在逐渐变慢,低于350℃时,反应速度不能满足工业要求,而此温度下的平衡转化率也仅为80%~85%。因此必须使用催化剂加速反应,以便在较低的温度下获得较高的转化率。

火焰反应区的反应炉和催化反应区各级转化器出口过程气中除了含有硫蒸气外,还含有N_2、CO_2、H_2O、H_2和未反应的H_2S、SO_2、COS、CS_2等硫化物。由于从过程中回收硫蒸气有利于反应的进行,而且硫蒸气又远比过程气中其他组分容易冷凝,故可在反应炉和各级转化器后设置硫冷凝器,将反应生成的单质硫从过程气中冷凝与分离出来,以便提高转化率。此外从过程气中分出硫蒸气后也可相应地降低下一级转化器出口过程气的硫露点,从而使下一级转化器在更低的温度下操作。

虽然图6.4表明,在催化反应区温度越低转化率越高,但温度越低,反应速度越慢,为了要保证反应速度,要有一定的温度,过程气在进入各级转换器前必须再热。

6.2.3 克劳斯法工艺流程

经过近一个世纪以来的发展,硫磺回收工艺已基本成熟。目前改良克劳斯法的应用有直流法、分流法和硫循环法三种基本形式,其中前两种应用最为广泛。后续又发展了一些特殊的变形形式,如超级克劳斯工艺、低温克劳斯工艺、克劳斯直接氧化工艺和富氧克劳斯工艺等。

克劳斯法硫磺回收工艺根据进料气中H_2S含量来选取。选用的关键是反应炉内燃烧H_2S所放出的热量必须维持反应炉内的火焰处于稳定状态,否则将无法进行反应。克劳斯法的工艺选择见表6.7。

表6.7 各种工艺方法及其使用范围

酸气中H_2S含量,%	工艺方法
50~100	直流法
30~50	带有酸气和(或)空气预热的直流法
15~30	分流法;带有酸气和(或)空气预热的分流法
10~15	带有酸气和(或)空气预热的分流法
5~10	直接氧化法或其他处理贫酸气的特殊方法
<5	直接氧化法

各种克劳斯法原理流程图如图6.5所示。

6.2.3.1 直流法工艺流程

原料气中H_2S含量大于50%时推荐使用直流法,直流法也称为部分燃烧法,其流程图如图6.6所示。

在直流法中,全部的进料气进反应炉,严格按要求配给空气量,使酸气中的烃类完全燃烧,而H_2S只有1/3氧化成SO_2。剩余的2/3的H_2S与SO_2在理想的配比下进行催化转化,以获得更高的转化率。反应炉的燃烧温度高达 1100~1600℃,此时酸气中的 H_2S 有 60%~70% 转化成 S,反应无须催化剂。

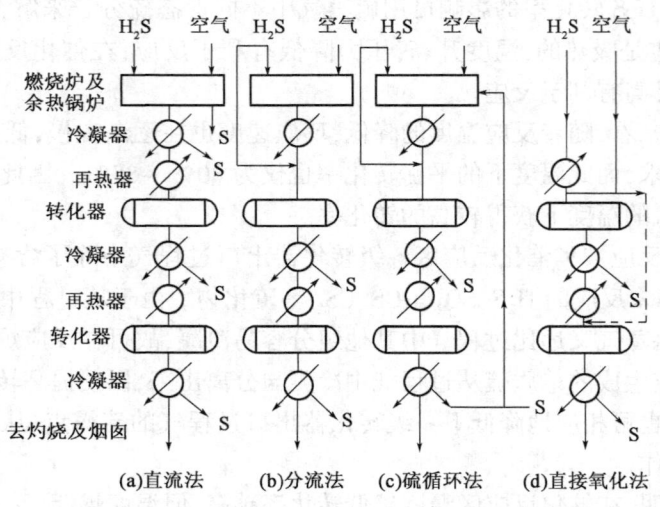

图 6.5 克劳斯法主要工艺原理流程图

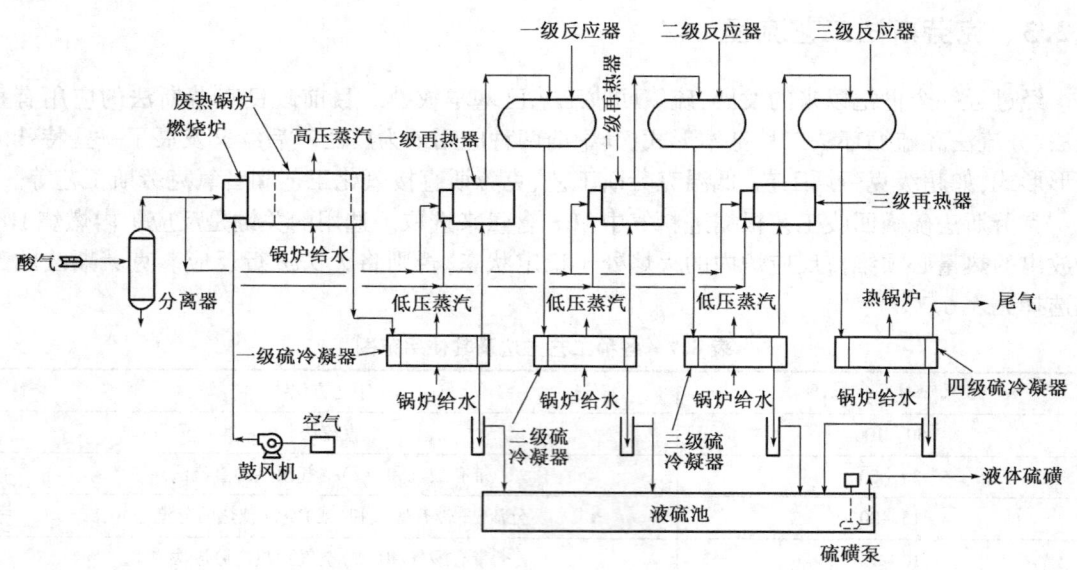

图 6.6 酸气再热直流法硫磺回收工艺流程

含硫蒸气的高温气体经余热锅炉回收热量后进入一级冷凝器,再次回收热量并分离出液态硫。出一级冷凝器的气体进入一级再热器,再热器的作用是加热过程气,达到一级转化的温度。一级转化器内的过程气在活化的催化剂上进行反应,生成 S,由于反应放热,出口温度升高明显。

经二级冷凝器回收热量,并分离液硫后的气相,经二级再热器升温达到需要的温度后进入二级转化器,过程气在催化剂上反应,升温,经三级冷凝器回收热量并分离液硫。分离后的气相进入三级再热器后升温,再进入三级转化器,在催化剂上反应,升温,使 H_2S 和 SO_2 最大限度地转化成硫,从三级转化器出来的气相经四级冷凝器冷却以除去最后生成的硫。

分离出液态硫后的尾气通过捕集器,进一步捕集液态硫后进入尾气处理装置。各级冷凝器及捕集器中分离出来的液态硫流入硫储罐,成型后为硫磺产品。

采用直流法工艺,反应炉内即有60%~70%的单质硫生成,这就大大地减轻了催化段的转化负荷而有助于提高硫收率,直硫法的总硫收率是最高的,可达到95%。因此直流工艺是首选工艺,其限定因素是酸气H_2S浓度不应低于50%(也有资料认为应高于55%),究其实质则是酸气与空气燃烧的反应热应足以维持炉膛温度不低于927℃。显然,采用预热空气或(和)酸气或使用富氧空气,H_2S浓度也可以低于50%。

H_2S含量低于50%的酸气采用直流法反应时,酸气燃烧火焰不稳定(920℃的燃烧温度是最低的稳定操作温度)。分流法或直接氧化法虽可以处理此类酸气,但由于采用这两类工艺时,酸气中部分或全部烃类、氨不经燃烧而直接进入一级催化转化器,重烃裂解生成碳或含碳沉积物,同时还生成铵盐,导致催化剂失活、堵塞设备。解决办法是采用预热燃烧空气和酸气的直流法操作。蒸气、热油、热气体加热的交换器和直接燃烧加热器等预热方式均可使用。空气和酸气通常被加热到230~260℃。图6.7给出了带有空气预热和酸气预热的直流法工艺流程。

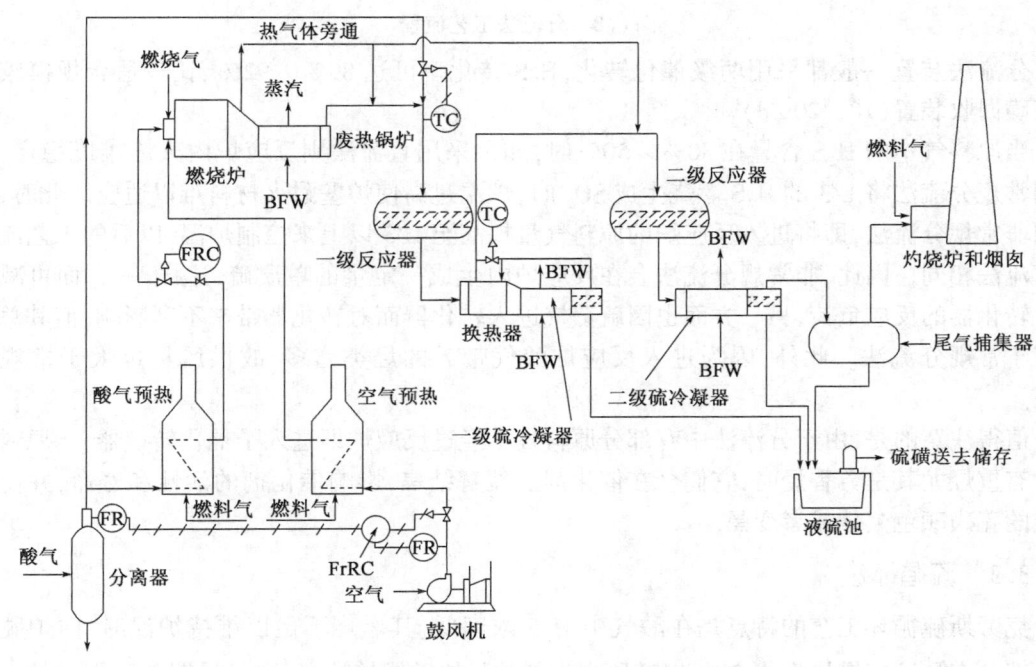

图6.7 带有空气预热和酸气预热的直流法工艺流程

6.2.3.2 分流法工艺流程

当进料气中的H_2S含量在15%~30%时,采用直流法难以使反应炉的燃烧稳定,此时应采用分流法。先将1/3的原料气与化学计量配比的氧气送入反应炉,H_2S完全燃烧后全部生成SO_2,生成的SO_2与其余的2/3 H_2S混合后在下游的转化器内进行低温催化反应而生成单质硫,如图6.8所示。因此,在此种工艺中,硫磺是完全在催化段内生成的。

此工艺的反应炉温度在1000℃左右,炉内气体中要求没有氧存在,无硫磺生成。反应炉出来的含有SO_2的气体经余热锅炉回收热量后,与剩余的H_2S混合后,使其达到一级转化器的温度后进入一级转化器,后续流程与直流法相同。

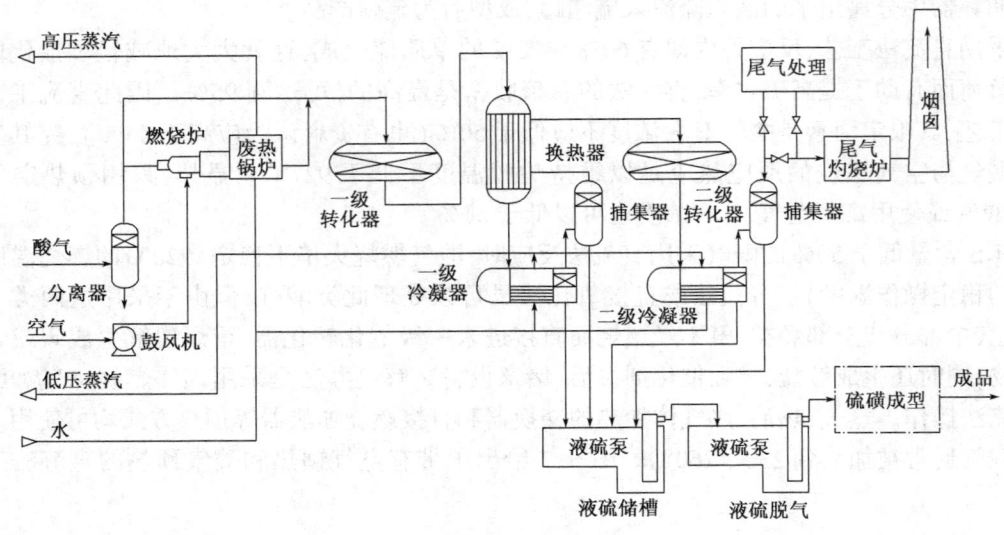

图 6.8　分流法工艺流程

分流法装置一般都采用两级催化转化,H_2S 转化率可达 89%~92%,比较适合规模较小的硫磺回收装置(10~20t/d)。

当原料气中的 H_2S 含量在 30%~50% 时,如果采用直流法则反应炉内火焰难以稳定,而采用常规分流法将 1/3 的 H_2S 燃烧生成 SO_2 时,炉温过高使炉壁耐火材料难以适应。此时,可采用非常规分流法,即将进入反应炉的原料气量提高至 1/3 以上来控制炉温,以后的工艺流程与直流法相同。因此,非常规分流法会在反应炉内生成一定量的单质硫,这样,一方面可减轻催化转化器的反应负荷,另一方面也因硫蒸气进入转化器而对转化器带来不利影响,但其总收率高于常规分流法。此外,因为进入反应炉酸气带入的烃类增多,故供风量也大于常规分流法。

值得注意的是,由于分流法中有部分原料气不经过反应炉即进入了催化转换器,当原料气中含有重烃尤其是芳香烃时,它们会在催化剂上裂解结焦,影响催化剂的活性和寿命,并使得生成的硫磺颜色欠佳或者变黑。

6.2.3.3　硫循环法

克劳斯硫循环工艺的特点是在酸气中 H_2S 浓度低、其燃烧不足以维持炉温时,向炉膛内喷入部分产品液硫燃烧生成 SO_2,以其所产生的热量协助维持炉温,这是早期曾采用过的一种工艺。由于目前有多种处理贫 H_2S 酸气的工艺手段,硫循环法已很少应用。

6.2.3.4　直接氧化法

直接氧化法是原始克劳斯法的一种形式,酸气中的 H_2S 含量低于 10% 时推荐此法,它是将酸气和空气分别预热至适当温度后,直接送入转化器内进行低温催化反应,配入的空气量仍为使 1/3 体积 H_2S 转化为 SO_2 所需的量,生成的 SO_2 随后进一步与 H_2S 反应生成单质 S。因此直接氧化法是把 H_2S 氧化为 SO_2 的反应以及随后发生的克劳斯法制硫两个反应结合在一个反应器中进行的,工艺流程如图 6.9 所示。由于其流程简单,适合于规模较小的回收装置,并可与尾气装置结合一体,将处理贫酸气的回收装置的总硫收率提高到 99% 以上。

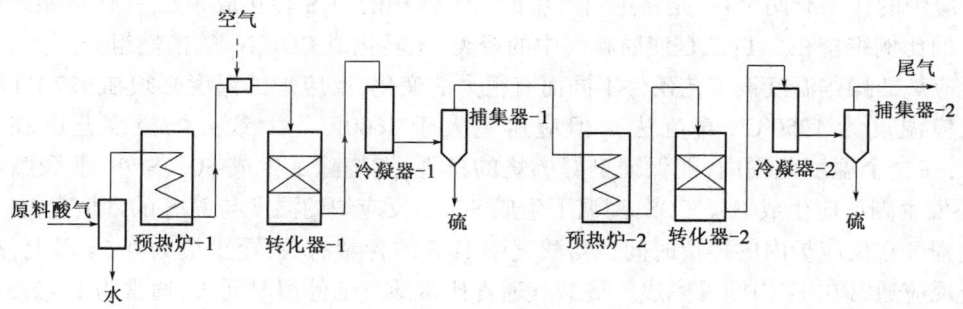

图 6.9 直接氧化法工艺流程

6.2.4 克劳斯法主要设备及操作条件

无论克劳斯法硫磺回收工艺采用直流法还是分流法，装置的主要设备基本上是相同的，都是由反应炉、余热锅炉、冷凝器、再热器、转化器、捕集器、尾气灼烧炉等组成，其作用和特点如下。

6.2.4.1 反应炉

反应炉又称燃烧炉，是克劳斯反应中最重要的设备，反应炉的结构如图 6.10 所示。反应炉可以单独设置，也可与余热锅炉组合一体，如图 6.11 所示。对于规模不超过 30t/d 的小型装置，采用组合式设备比较经济。对于规模超过 30t/d 的较大装置，外置式反应炉显得更为经济。

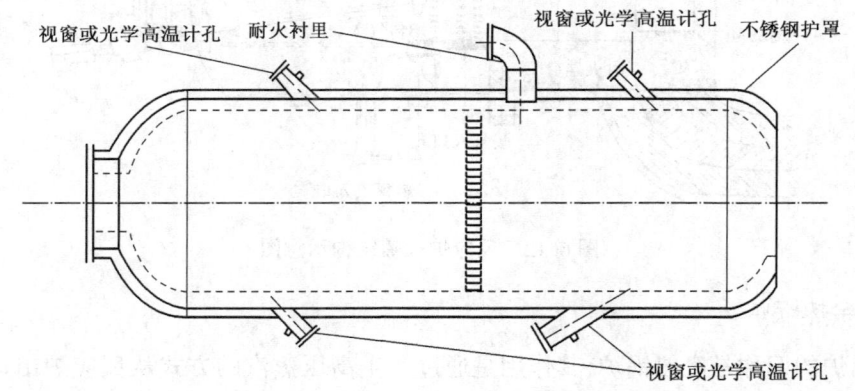

图 6.10 反应炉结构示意图

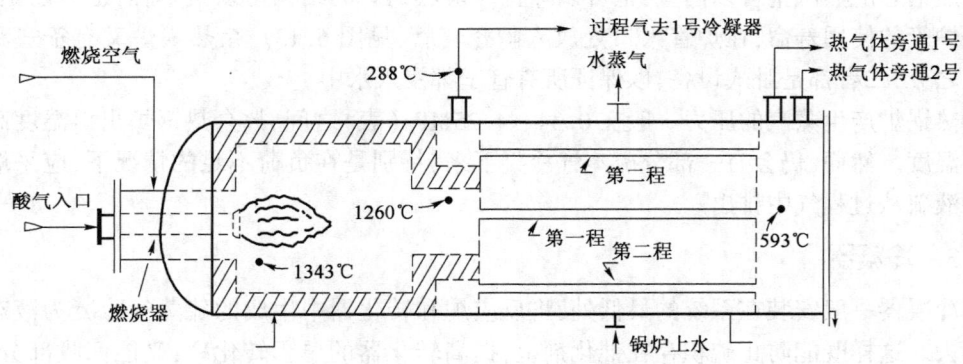

图 6.11 典型的反应炉和余热锅炉

反应炉的作用有两个：一是将进料气中的1/3体积的H_2S转化成SO_2，并保持系统中H_2S和SO_2的比例维持在2:1；二是使原料气中的烃类、氨转化成CO_2、N_2等惰性组分。

反应炉的操作温度按工艺条件不同而有很大的变化，反应炉的温度必须在927℃以上，理想的反应温度为1250℃（直流法），但应避免大于1600℃。大致火焰温度范围在980～1540℃，在这个温度范围内，能保证良好燃烧的条件，燃烧除了生成SO_2、S外，重烃燃烧生成CO_2，还发生副反应生成CS_2、COS，高温下生成SO_3。反应炉的温度与H_2S的含量有关。

过程气在反应炉内的停留时间也与酸气中H_2S的含量有关，至少应为0.5s以上，高温下克劳斯反应通常在1s内即可完成。贫酸气通常比富酸气的停留时间长，通常为1～2.5s。

火嘴是反应炉的重要组成部分，其功能是使进料和空气有效的混合，提供杂质和H_2S完全燃烧的稳定火焰，对维持反应炉的正常运转有重要作用。根据酸气压力，用于克劳斯装置的火嘴大致可分为低压涡流火嘴、强制混合火嘴和预混合火嘴等3种类型。图6.12是工业上常用的预混合火嘴的结构，混合室实质上是一根前部和后部分别按不同排列方式钻了孔的钢管。

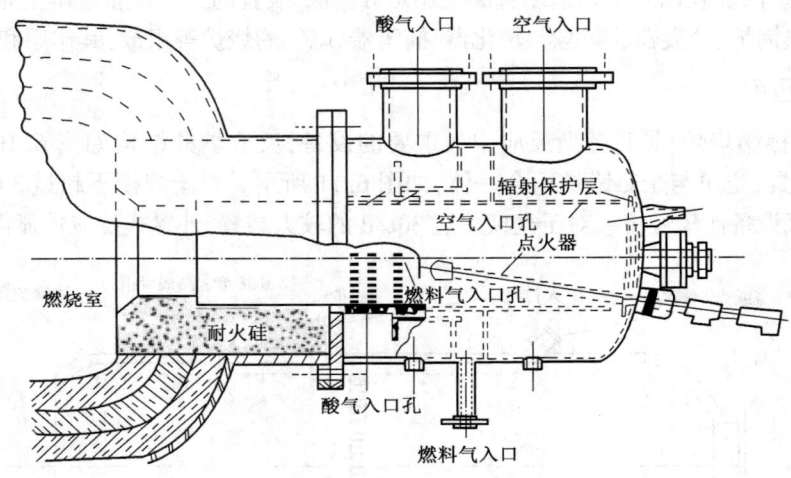

图6.12 反应炉火嘴结构示意图

6.2.4.2 余热锅炉

余热锅炉的旧称是废热锅炉，其作用是通过产生高压蒸汽的方式从反应炉出口的高温气体中回收热量，回收了热量的过程气的温度会下降至下游设备所要求的温度。

余热锅炉的蒸汽室可以内置，也可以外置。余热锅炉的结构可以是单程，也可以是双程。为延长炉管的使用寿命，在炉管入口处放入陶瓷套管，见图6.13。余热锅炉又有釜式和自然循环式之分，二者都是卧式设备，以保证所有管子都浸入水中。

余热锅炉产生蒸汽的压力一般在0.34～4.25MPa（表）之间，故余热锅炉出口温度高于硫的露点温度。然而，仍会有一部分硫蒸气冷凝下来，特别是在负荷不足的情况下，应采取措施将这些液硫从过程气中排出。

6.2.4.3 冷凝器

硫冷凝器一般安装在系统的最低处，将反应炉和转化器中生成的硫蒸气冷凝为液态硫而分离除去。这样既能防止硫积存在催化剂上，提高转化器的单程转化率；又能回收部分热量，过程气同时得到冷却。典型的结构如图6.14所示。硫冷凝器可以是单程或多程，可以是自然循环式或釜式,推荐采用卧式管壳式冷凝器,过程气走管程而冷却介质走壳程,管程中过程气的质量流量为 15~30kg/m²,流量低于 15kg/m² 时就会有形成硫雾沫的潜在危险,超过 30kg/m² 时,已冷凝于管壁上的液硫也会被过程气夹带入转化器,同样不利于提高转化率。管程内流速的设计还应考虑管程压降,通常为 2~4kPa。

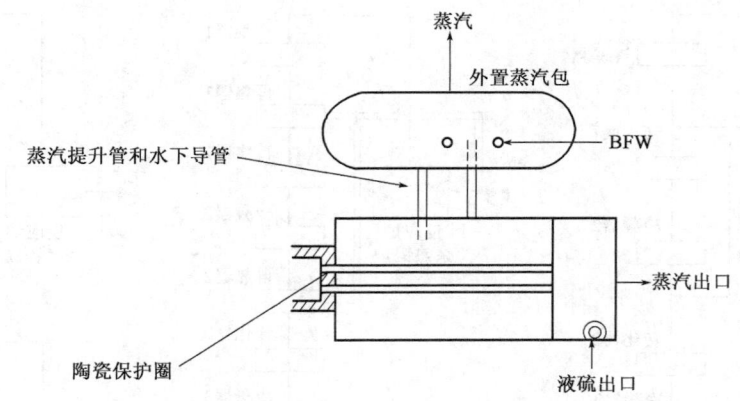

图 6.13 余热锅炉的结构示意图

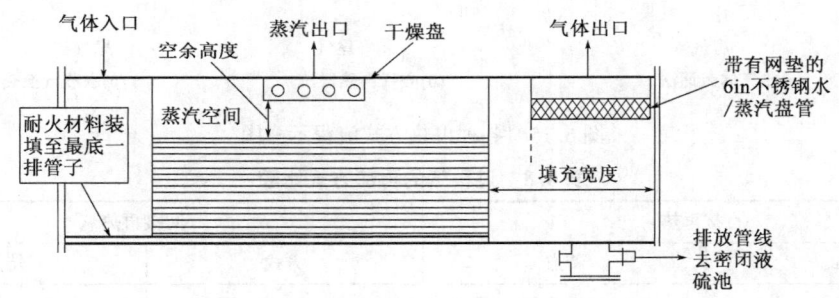

图 6.14 冷凝器的结构示意图

冷凝器容易被固体硫磺堵塞,由于冷凝器在系统的最低处,因此设计中要向出口有一定的角度的倾斜。这样可以保证液硫都排入液—气分离室。为了便于清洗和检查,冷凝器应在前后端设计观察口和人孔。在设计时应保证冷凝器的后部有足够的分离空间,并在过程气出口处设置金属网状填料以加强雾沫的分离。气液分离段可以与冷凝器组合为一体,也可以是一个单独容器。

硫蒸气在进入一级转化器前冷凝(直流法),然后在每级转化器后冷凝,从而提高转化率。除最后一级冷凝器外,其他硫冷凝器的设计温度在 166~182℃,因为在该温度范围内,冷凝下来的液硫黏度很低,过程气一侧的壁温要高于亚硫酸和硫酸的露点。最后一个冷凝器的温度可低至 126℃,这主要取决于冷却介质,应避免过程气与冷却介质之间的温差太大,这对最后一级硫冷凝器尤为重要,最后一级冷凝器通常用来预热锅炉给水。

6.2.4.4 再热器

再热器的作用是将冷凝分离出液态硫后的过程气加热到进入转化器所必需的温度,过程气进入转化器的温度可按下述要求确定:(1)对一级转化器而言,温度应高到足以使 COS 和 CS_2 充分水解生成 H_2S 和 CO_2;(2)比预计的出口硫露点高 14~17℃;(3)尽可能低,以使 H_2S 转化率最高,同时反应速度令人满意。

在选择工艺流程时,必须认真考虑过程气再热方式,常用的再热方式有直接再热法和间热再热法。直接再热法包括直接明火燃烧法、热气体旁通法(高温掺和法)、酸气再热器法和燃料气再热器法;间接再热法是指水蒸气换热法。常见再热方式流程如图6.15所示。各种再热方式的特点见表6.8。

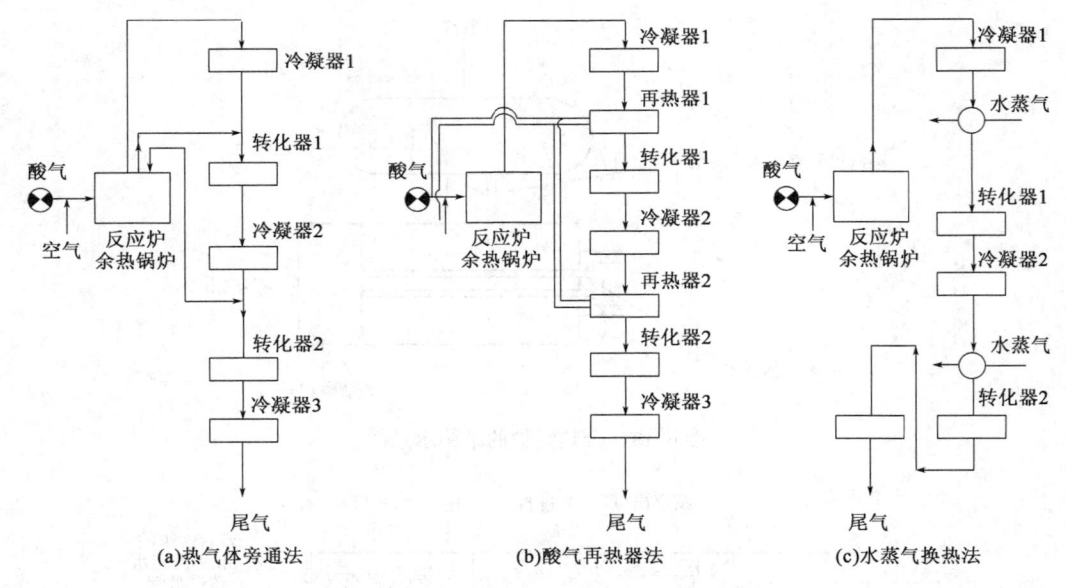

图6.15 各种再热方式流程示意图

表6.8 过程气的再热方式比较

直接再热		间接再热	
方式	特点	方式	特点
①热气体旁通 ②直接加热法	设备投资及操作成本较低,但对转化率有影响	①蒸汽加热器 ②电加热器 ③热油换热器 ④燃气加热器 ⑤气/气换热器	设备投资及操作成本较高,但(气/气换热器除外)操作的可靠性与灵活性也较高,有利于提高转化率

注:气/气换热器的效率甚低,设备较庞大,操作弹性受到很大限制,装置负荷变化较大时不宜使用。

  直接明火燃烧法的在线燃烧器通常使用的是一部分酸气,有时候也使用燃料气,并将燃烧产物与硫磺冷凝器出口处的过程气混合。直接明火燃烧法在不同规模的装置上均能适用。这种方式可将过程气加热到任何想要达到的温度,压降较小。燃烧器通常由炉头、炉身组成,过程气在炉身内停留 $0.1 \sim 0.3s$。燃烧器出口气中的 H_2S 与 SO_2 的比值通常保持在 2:1 至 3:1。因为少量的氧气就能使催化剂加速硫酸盐化,故必须采取预防措施以免氧气从在线燃烧器进入过程气,使催化剂中毒。如果直接明火燃烧使用的是燃气,可能会产生烟炱,造成催化剂失活,应使用混合良好、高强度、能在亚化学量燃烧时不产生烟炱能力的燃料气和在线燃烧器。

  热气体旁通法也叫高温掺和法,该方法具有设备简单、投资和操作成本均低的特点,但高温气流中含有大量的硫蒸气,后者未经冷凝分离而进入催化反应段,所以对总转化率的提高不利,而且掺和管和掺和阀对材质的要求严格,制作较为困难。同时,掺和工艺操作灵活性差,通常操作弹性不超过 30% ,故这种方式仅适合调节中小型装置,一般加至一级转化器和二级转化器前,三级采用间接加热法。

间接加热法是在各级转化器前设置一个换热器,此法成本最高,而且压降最大。此外,转化器进口温度,还受热媒体温度的限制,不适合于一级转化器。但是,间接加热法的总硫收率最高,而且,催化剂因硫酸盐化和碳沉积失活的可能性也小。

综上所述,采用不同的再热方法影响着总硫收率,各种再热方法按总硫收率依次递减的顺序为间接再热法、直接再热法。间接再热法一般不适合一级再热器,直接再热法适合各级再热器。

最近意大利 NIGI 公司开发了一种新型的再热系统,其基本思路是取消了再热炉,而在转化器的上部放置一种特殊的氧化催化剂,下部仍为常规的克劳斯催化剂。出冷凝器的过程气在进入转化器前配入适当的空气。如此,过程气在转化器上部的氧化催化剂上发生含硫化合物的催化氧化反应生成单质硫,同时释放出热量使过程气升温。此再热方式不仅节省了设备投资和操作成本,也提高了 COS 和 CS_2 等有机硫化物的转化效率。NIGI 公司将此工艺命名为 ClauSini。

6.2.4.5 转化器

转化器的作用是使过程气中的 H_2S 和 SO_2 在其催化剂床层上继续反应生成单质硫,同时也使过程气中的 COS 和 CS_2 等有机硫在一级转化器上尽可能地水解为 H_2S 和 CO_2。

在催化转化器中进行的 Claus 反应为放热反应,低温有利于反应平衡。然而,COS 和 CS_2 只有在较高温度下才能水解的更完全,见图 6.16。因此,一级转化器通常都在足够高的温度下操作,才能水解完全。二级和三级催化转换器操作温度只需高到可以得到满意的反应速度并且避免液硫冷凝即可。一般情况下,一级转化器的入口温度为 232~249℃;二级入口温度 199~221℃;三级入口温度 188~210℃。因为 Claus 反应和有机硫水解反应均为放热反应,因此转化器床层都会有温升现象:一级转化器温升一般为 44~100℃;二级转化器为 14~33℃;三级转化器为 3~8℃,因为有热损失,三级转化器测出的温度经常显示出有一个很小的温降。

产量低于 100t/d 的克劳斯装置的所有催化剂床层经常组合安装在一个卧式转化器中,中间用隔板隔开,而大型装置的转化器通常是独立的。有时也使用立式转化器,但对于规模小于 800t/d 的装置来讲,这种做法不经济。转化器一

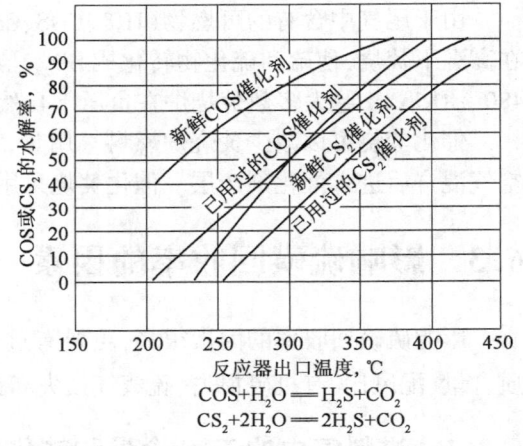

图 6.16 COS 和 CS_2 在转化器中的水解

$$COS + H_2O \rightleftharpoons H_2S + CO_2$$
$$CS_2 + 2H_2O \rightleftharpoons 2H_2S + CO_2$$

般不需要耐火材料衬里,除非需要就地再生催化剂,在这种情况下钢栅层的设计必须保证能承受足够高的温度。如果内部不使用耐火层,则推荐在外部使用至少 75mm 厚的绝热层;如果有耐火衬里,那么外部绝热层厚度可减少 25~50mm。绝大多数的转化器都在从底部到高于催化剂床层以上 150mm 之间加耐火衬里,以防止高温带来的损害。催化剂床层底部的出口管道应与转化器底部齐平。

工业上使用的转化器过程气进口在顶部,出口在底部。催化剂置于铺有瓷球的栅板上。在过程气进口处设置有导向板以防止气体与催化剂床层直接接触,并防止在床层中形成"死区"而影响转化效果。催化剂顶部也铺有瓷球以进一步改善气体在床层中的分布。转化器的

结构示意图如图 6.17 所示。

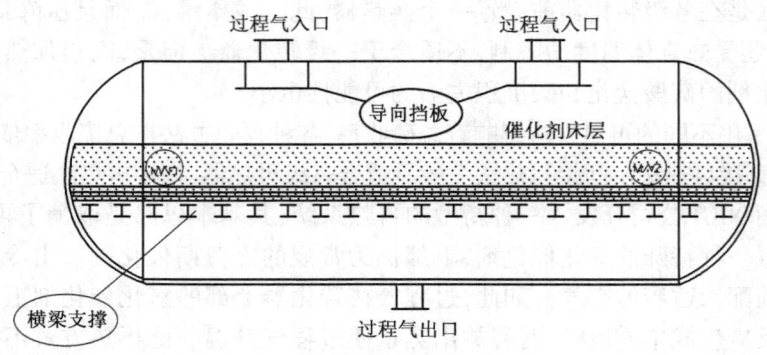

图 6.17 转化器结构示意图

6.2.4.6 捕集器

捕集器的作用是从末级冷凝器的出口气中回收液硫和雾硫。工业装置常用的捕集器有泡罩塔型、波纹板型和金属丝网型。近年来,多采用金属丝网型。当气速为 1.5~4.1m/s 时,平均捕集效率可达 97% 以上。

6.2.4.7 尾气灼烧炉

H_2S 的毒性大,不允许直接排放,故克劳斯装置的尾气即使已经经过处理也必须焚烧后将其中的 H_2S 转化成 SO_2 再排放。尾气焚烧有热焚烧和催化焚烧两类,目前热焚烧比较普遍。

由于尾气中含有的可燃物(H_2S、COS、CS_2、H_2、S)含量太低,一般总量不超过 3%,故必须在高温下焚烧,使硫和硫化物转化成 SO_2。热焚烧是在氧过量的情况下进行的,焚烧温度达到 480~815℃。绝大多数焚烧炉在负压下自然引风操作。

催化焚烧可以减少焚烧炉燃料气用量,即先将尾气加热到 316~427℃,然后与一定量的空气混合后进入催化剂床层。催化焚烧采用强制通风,在正压下操作。

6.3 影响硫磺回收率的因素

影响硫磺回收率的因素很多,主要有进料气中 H_2S 含量、转化级数、操作温度、酸气中杂质含量、配风比、有机硫损失、硫蒸气损失和夹带硫损失,下面分别加以介绍。

6.3.1 进料气中的 H_2S 含量和转化级数

进料气中的 H_2S 高,转化级数越多,硫磺回收率越高,其大致关系可见表 6.9。因此,为了提高进料气中的 H_2S 含量,在脱硫脱碳装置可以采用选择性脱硫的方式来降低其中的 CO_2 含量,这对提高克劳斯法装置的硫磺回收率十分有利。

表 6.9 进料气中的 H_2S 含量、转化级数和硫磺回收率的关系

酸气中的 H_2S 体积分数,%	硫磺回收率,%		
	两级转化	三级转化	四级转化
20	92.7	93.8	95.0
30	93.1	94.4	95.7

续表

酸气中的 H_2S 体积分数,%	硫磺回收率,%		
	两级转化	三级转化	四级转化
40	93.5	94.8	96.1
50	93.9	95.3	96.5
60	94.4	95.7	96.7
70	94.7	96.1	96.8
80	95.0	96.4	97.0
90	95.3	96.6	97.1

对于克劳斯反应来讲,一般情况下一级转化器的转化率约为68%,二级转化器的转化率约为24%,三级转化器的转化率约为3%。在选择转化级数时,除考虑硫磺回收率外,更要考虑尾气排放标准或后续尾气处理工艺,同时考虑经济技术的可行性。

6.3.2 操作温度

H_2S 和 SO_2 反应是一个放热可逆反应,受化学平衡的限制,尾气中不可避免的有 H_2S 和 SO_2。通常克劳斯装置采用二级或三级催化,一级转化器受到过程气硫露点的限制,并考虑 COS 和 CS_2 的水解反应,温度不能太低(232~249℃),出口温度在300℃以上,不能获得较高的转化率。以后的各级转化器由于逐级除硫,过程气的硫露点降低,可以在较低温度下操作,可达到较高的转化率。末级转化器的出口温度是影响化学平衡硫磺回收的关键,如果催化剂的活性足够高,每降低11℃,硫磺回收率可增加0.5%。当然,温度不能低于露点温度(MCRC除外)。过程气的硫露点可以根据气流中硫含量(在相应压力和温度下每立方米过程气中硫元素的质量)由表 6.10 查出。

表6.10 饱和硫蒸气中硫含量与温度的关系

温度,℃	120	140	160	180	200	220	240	260	280	300
硫含量,g/m^3	0.3	1.0	2.9	7.5	17.2	35.7	68.3	122	206	331

6.3.3 酸气中的杂质含量

从天然气脱硫脱碳装置出来的酸气中的杂质有 CO_2、CH_4 等烃类、饱和水蒸气、醇胺蒸气等,它们不仅会降低平衡转化率,而且使克劳斯装置难以操作。

6.3.3.1 CO_2

进料气中一般都含有 CO_2,CO_2 不但会降低 H_2S 含量,还会在反应炉内与 H_2S 反应生成 COS、CS_2,导致硫磺回收率下降。当进料气中的 CO_2 含量从3.5%增加至43.5%时,尾气中排放的硫损失将增加52.2%。

6.3.3.2 烃类和其他有机化合物

烃类和其他有机化合物的主要影响是增加反应炉的温度和锅炉的热负荷,也增加空气的需要量。当空气量不足时,相对分子质量较大的烃类和醇胺类脱酸气溶剂将在高温下与 H_2S 反应生成碳粉末或焦油状物质,严重影响催化剂活性。此外,过多的烃类增加了反应炉内 COS

和 CS_2 的生产量,影响总转化率(C_3 对生成 COS 和 CS_2 有促进作用),故一般要求原料气中的烃含量(以 CH_4 计)不大于 2%。

6.3.3.3 水蒸气

水蒸气是惰性组分,同时又是克劳斯反应产物。它的存在会抑制克劳斯反应,降低反应物的分压从而降低转化率。过程气温度、水蒸气体积分数与转化率的关系见表 6.11。

表 6.11 过程气温度、水含量和转化率的关系

过程气温度,℃	转化率,%		
	水蒸气体积分数为 24%	水蒸气体积分数为 28%	水蒸气体积分数为 32%
175	84	83	81
200	75	73	70
225	63	60	56
250	50	45	41

6.3.3.4 醇胺

当反应炉内温度不高或空气量不足时,进料中的醇胺不能完全转化为 N_2 和 H_2O,而转化成硫氢化铵和多硫化铵。这两种物质呈晶体状,会堵塞冷凝器的管程,增加系统压降,严重时会导致停产。

6.3.4 配风比

配风比是指进反应炉的空气与酸气的体积比。根据酸气中的 H_2S、CH_4 及其他可燃组分的含量(烃类可按照耗氧量折合成 CH_4),计算并按照化学计量配给空气,若用直流法,由化学反应方程式可推得:

$$配风比 = \left(y_{H_2S} \times \frac{1}{2} + y_{CH_4} \times 2 + y_{C_2H_6} \times \frac{7}{2} + \cdots \right) \times \frac{1}{y_{O_2}} \quad (6.7)$$

式中 $y_{H_2S}, y_{CH_4}, y_{C_2H_6}$——酸气中 H_2S、CH_4、C_2H_6 的体积分数;

y_{O_2}——空气中 O_2 的体积分数。

在克劳斯操作中要控制合适的配风比,保证进入各级转化器的过程气中的 H_2S 和 SO_2 的物质的量比为 2,以达到最高的转化率,比值大于或小于 2 均会使硫收率降低。若 H_2S 和 SO_2 的比值偏高,则化学平衡硫损失将剧烈增加。由图 6.18 可知,空气不足比空气过剩对化学平衡硫损失的影响更大,同时也说明两级转化的克劳斯装置要求配风比控制在 ±2%;三级转化的克劳斯装置要求配风比控制在 ±1%,这样才能获得较高的转化率。

现在大多数克劳斯装置采用紫外吸收光谱和气相色谱等在线分析仪连续分析装置尾气中的 H_2S 与 SO_2 的比值,根据它们的输出信息自动调节配风比,由于调节及时,可提高装置的硫收率。

6.3.5 有机硫损失

酸气中含有一些 COS 和 CS_2,同时反应炉中副反应也会生成一些,二者十分稳定,可以通过各级转化器,最后随尾气排出装置,造成有机硫损失。

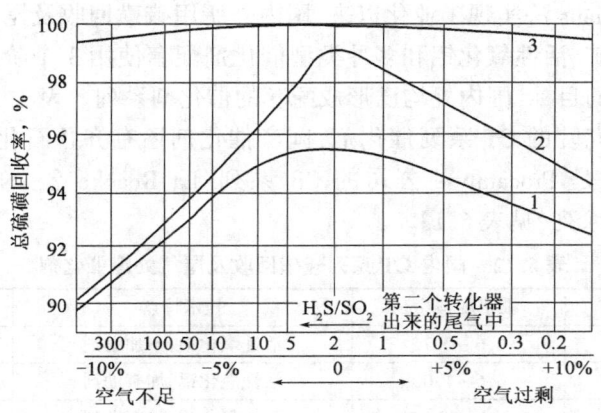

图 6.18 配风比对硫磺回收率和过程气 H_2S/SO_2 物质的量比的影响
1—两级转化克劳斯法；2—两级转化克劳斯法 + 低温克劳斯法；
3—两级转化克劳斯法 + SCOT 法

当有机硫含量过大时应采取一定措施,否则会影响装置的硫磺回收率。实验证明,在一般的克劳斯反应催化剂作用下,COS 和 CS_2 在371℃左右发生水解反应,反应很迅速,基本上可以达到化学平衡：

$$COS + H_2O \rightleftharpoons H_2S + CO_2 \tag{6.8}$$

$$CS_2 + 2H_2O \rightleftharpoons 2H_2S + CO_2 \tag{6.9}$$

为了提高装置的硫磺回收率,在设计时应考虑使第一级转化器在371℃或稍低的温度下操作,并加入能加速 COS 和 CS_2 水解的催化剂促使它们转化为 H_2S。采用高的反应温度会使一级转化器中克劳斯反应效果变差,为了弥补损失,需要考虑增加转化器级数。在分流法工艺中,进反应炉酸气中的 H_2S 全部变成 SO_2,没有 COS 和 CS_2 生成,因此,在设计一级转化器操作条件时可以不考虑水解问题。

总体说来,酸气中较低的烃含量和 CO_2 浓度、较高的燃烧温度及适当的停留时间有助于降低其出口气中有机硫的浓度,关于炉壁材料的影响还不清楚但值得注意。在正常情况下,尾气中有机硫所导致的硫损失不应高于0.5%。

6.3.6 硫蒸气损失和夹带硫损失

末级冷凝器的温度和捕集器的操作好坏是决定硫损失和夹带损失的关键,在保证液态硫具有良好流动性的前提下,末级冷凝器的温度尽可能低,以降低硫蒸气造成的损失。

末级冷凝器后安装的液态硫捕集器,用于分离尾气中夹带的液态硫雾滴,以减少夹带硫损失,并防止液态硫被带入灼烧炉或下一单元。捕集器为立式容器,内部填充不锈钢或拉西环。

6.4 硫磺回收催化剂

硫磺回收装置与脱硫装置是配套的,如果硫磺回收装置不能正常运转,会造成含硫气体大量排放,引起大气污染,甚至迫使脱硫装置停止运行。因此,要求硫磺回收装置能长期稳定运转并有较高的硫磺回收率。为此,除了正确地设计和选用设备外,正确选择和使用硫磺回收催化剂非常关键。

从 1938 年改良 Claus 法实现工业化以来,国内外所用硫磺回收及尾气处理催化剂的发展大致经历了天然铝土矿、活性氧化铝和多种类型催化剂配套使用 3 个阶段。围绕着提高总硫磺回收率和节能降排的目标,国内外均已形成配套的催化剂系列。表 6.12 为中国石油西南油气田分公司天然气研究院的 CT 系列催化剂,国产催化剂还有齐鲁石化公司研究院的 LS 系列。国外有代表性的是 Procatalyse 公司的 CR 系列、La Roache 公司的 S 系列和 Catalysts Chemical 公司的 CSR 系列,见表 6.13。

表 6.12 国内 CT 系列硫磺回收及尾气处理催化剂

牌号	形状	堆密度,g/mL	技术特点	应用范围
CT6-2(B)	球形	0.6~0.76	活性氧化铝,不加助剂	常规 Claus 反应
CT6-4	球形	0.6~1.00	活性氧化铝,加有助剂	低温 Claus 反应
CT6-4(B)	球形	0.75~0.85	活性氧化铝,加有助剂	漏氧保护
CT6-6	球形	<0.90	活性氧化铝,加有助剂	催化氧化反应
CT6-5(B)	球形	0.80~1.00	活性氧化铝,加有助剂	尾气加氢
CT6-7	球形	0.65~0.75	活性氧化铝,加有助剂	有机硫水解
CT6-8	柱状	0.80~1.00	钛基催化剂	高效有机硫水解

表 6.13 国外 Claus 法硫磺回收催化剂一览表

厂家	牌号	形状	堆密度,g/mL	主要组分	助催化剂	特点
Procatalyse	CR	球形	0.67	Al_2O_3		高孔容
	CR-3S	球形	0.68	Al_2O_3		大孔最佳比
	CRS-21	球形	0.71	Al_2O_3	TiO_2	有机硫转化率高
	CRS-31	柱状	0.95	TiO_2		有机硫转化率高,抗硫酸盐化
La Roche	S-100	球形	0.72	Al_2O_3		高活性
	S-400	球形	0.67	Al_2O_3		高活性,大孔多
	DD-431	球形	0.67	Al_2O_3		大孔多、高表面积
	S-201	球形	0.72	Al_2O_3		高孔容
	S-501	球形	0.83	Al_2O_3	有	抗硫酸盐化
	S-701	三叶草条		TiO_2		有机硫转化率高
	S-731	柱状	0.95	TiO_2		有机硫转化率高,抗硫酸盐化
	S-2001	球形	0.67	Al_2O_3		高孔容、低压降
Catalysts Chemical	CSR-2	球形	0.84	Al_2O_3		高活性、低压降
	CSR-3	球形	0.87	Al_2O_3		有机硫转化率高
	CSR-7	球形	0.80	Al_2O_3		抗硫酸盐化

对硫磺回收催化剂的要求是:催化活性高,有大的比表面积,抗失活和抗老化能力强,机械强度高及热稳定性好,对气流的阻力低以及价格合理。

6.4.1 催化剂类型

6.4.1.1 铝基催化剂

铝基催化剂是高纯度的活性氧化铝(Al_2O_3)和加有添加剂的活性氧化铝,是工业上使用最广泛的克劳斯催化剂。早期采用的克劳斯催化剂是天然铝土矿,现已被国内外淘汰,为活性氧化铝所取代。活性氧化铝催化剂的孔径分布要求是小孔少(小于3nm),中孔(3~75nm)和大孔(大于75nm)多,因为小孔内易产生硫的凝结,而中孔提供了大表面积和反应活性,大孔有助于反应物的进入,特别是硫蒸气和水汽的逸出。

活性氧化铝催化剂的缺点是易发生硫酸盐化反应和对有机硫的水解反应活性低,在催化剂的活性中心上发生如下反应,使得催化剂的活性降低:

$$Al_2O_3 + 3SO_2 + \frac{3}{2}O_2 \Longleftrightarrow Al_2(SO_4)_3 \tag{6.10}$$

$$Al_2O_3 + 3SO_3 \Longleftrightarrow Al_2(SO_4)_3 \tag{6.11}$$

所以,活性氧化铝催化剂常用于一级转化器的上部和二级转化器。

在氧化铝催化剂中加入1%~8%的钛、碱土金属氧化物氧化钠、铁和硅的氧化物就成为添加助剂的活性氧化铝催化剂,这些助剂可改进催化剂的抗硫酸盐化能力,增强克劳斯反应和有机硫水解能力。

6.4.1.2 氧化钛催化剂

与铝基催化剂相比,氧化钛催化剂具有高的克劳斯活性,特别是水解有机硫的能力;其次,在工况下氧化钛表面上的硫酸盐是不稳定的,可能被H_2S还原或被水解,故可维持高的活性;此外,氧化钛催化剂的水热熔结在运行的几个小时内基本定型,而铝基催化剂则要延续很长时间。

由于氧化钛催化剂价格高,常用于一级转化器的下段,使有机硫转化率达95%以上;此外,它也可作为尾气中H_2S直接氧化的催化剂。

催化剂按照功能还可分为低温Claus催化剂、漏氧保护催化剂、负载型水解有机硫催化剂、选择性催化氧化剂和加氢还原催化剂,它们各自的特点如下:

低温(亚露点)Claus催化剂的特点是要求催化剂的孔隙结构上具有高含量的大孔体积或大孔孔隙率,这样有利于固态硫的吸附和液态硫的流出。对于低温催化剂而言,由于催化剂床层在操作过程中需要周期性的在反应和再生这两个阶段切换,因而对压碎强度和磨耗率也有严格要求。

硫酸盐化是氧化铝催化剂活性下降的主要原因。催化剂硫酸盐化后的影响主要反映在两个方面:一是Claus反应的转化率下降,对操作温度较低的二级和三级转化器此影响尤其严重;二是由于硫酸盐对CS_2转化是重要限制因素,因而影响催化剂对CS_2的转化效率。当前国内外常用的漏氧保护催化剂,如AM和CT6-4B等都属于负载型活性氧化铝,负载的活性金属化合物比活性氧化铝更容易发生硫酸盐化反应。同时,生成的硫酸盐也能容易地为过程气中的H_2S所还原。

负载型水解有机硫催化剂是指在具有特殊孔结构及表面性质的活性氧化铝上浸渍一定量的活性金属氧化物。如法国Procatalyse公司生产的CRS-21水解有机硫催化剂就是以TiO_2为助剂的铝基催化剂,其中活性氧化铝的质量分数为90%以上,TiO_2的质量分数约5%,比表面积为240m^2/g。此外,齐鲁石化公司研究院研制的LS-821也是一种负载型水解有机硫催化剂。在武汉石油化工厂规模为2000t/d的直流法装置上进行的工业试验表明,在一级转化器下部装填LS-821催化剂后,与全部使用常规Claus催化剂LS-811相比,在同样条件下一级反应器硫转化率由74%提高至80%;COS水解率由92%提高至接近100%;装置的总硫转化率则由94.6%提高至95.8%。中国石油西南油气田分公司天然气研究院研制的负载型水解有机硫催化剂CT6-7是一种双功能催化剂,不仅具有良好的有机硫水解效率,也具有相当高的漏氧保护能力。

选择性催化氧化催化剂能选择性地直接氧化H_2S为单质硫,即使在有过量空气存在时,SO_2的生成量也很少。催化剂对过程气中水分含量不敏感,对Claus反应的逆反应没有催化活性,不发生生成COS或CS_2的副反应,有良好的热稳定性、化学稳定性和机械强度的特点。

6.4.2 硫磺回收催化剂的失活与防治

硫磺回收催化剂在使用前,未经加热处理时比表面积达不到$20m^2/g$,经过400~500℃加热脱水后比表面积增大,孔隙率增高,此过程称为催化剂的活化。在硫磺回收催化剂表面,特别是微孔隙内部表面,分布着大量的表面活性中心,反应物(H_2S和SO_2)被吸附在表面活性中心进行反应,生成的硫蒸气从表面活性中心脱附并扩散到过程气中,因此,催化剂比表面积越大,表面活性中心越多,催化剂的活性就越高。硫磺回收催化剂在使用过程中出现活性缓慢降低的现象叫催化剂的失活,主要原因是孔隙被堵塞或表面活性中心损失。催化剂失活后会出现硫磺回收率降低,床层温升下降的现象。

引起催化剂活性衰退的因素有两类:一类是催化剂内部结构变化,它使催化剂活性缓慢降低且不能再生;另一类是外部因素,其作用迅速,但有时可以防止,且采取一定措施后催化剂活性可部分或全部恢复。

6.4.2.1 催化剂内部结构变化引起的活性衰退

催化剂在使用过程中,由于内部结构变化,引起比表面积逐渐变小的过程,称为老化过程。这种活性降低用一般方法是难以恢复的。老化过程可分为热老化和水热老化,温度高和有液态水存在会引起热老化和水热老化。在500℃以下老化过程进行得很缓慢。对活性氧化铝催化剂,在比表面积降到$123m^2/g$以前通常可以保持操作必需的活性。若催化剂床层温度超过550℃,催化剂组分发生相变化,逐渐生成高温氧化铝,比表面积急剧下降,多孔氧化铝孔道开始倒塌,使催化剂永久性地失去活性,操作中应特别注意。

6.4.2.2 外部因素引起的活性衰退

影响催化剂活性衰退的外部因素主要有三个:硫沉积、含碳物质沉积和硫酸盐。它们造成的催化剂活性降低是暂时的,可以恢复。恢复催化剂活性的过程叫催化剂的再生。

1. 硫沉积及除硫措施

硫磺回收催化剂在使用过程中,表面活性中心会被硫覆盖,硫的沉积可能是在冷凝和吸附两种作用下发生的。当转化器操作温度低于过程气硫露点时,硫蒸气冷凝沉积在催化剂上,堵塞催化剂颗粒的微孔隙,甚至堵塞催化剂颗粒之间的孔隙,不仅影响催化剂的活性,同时引起催化剂床层压降增加,必须立即采取除硫措施。即使转化器操作温度高于过程气硫露点(通常至少高10℃),但由于催化剂比表面积大,并具有微孔结构,因此硫蒸气会由于吸附作用和毛细管凝聚作用而被吸附在表面活性中心上,导致催化剂活性降低。为使催化剂活性恢复,一般采用提高床层温度的方法,使被吸附的硫脱附并挥发到过程气中。

除硫的具体操作为:(1)在装置运转过程中除硫。在装置正常操作的情况下,可定期地提高转化器的操作温度,从第一级转化器开始,顺次将床层入口温度升高15~30℃,维持36~

48h，可吹出部分沉积的硫，使催化剂恢复到高活性。(2)在停工时除硫。在装置停工前必须清除装置内部和催化剂内部沉积的硫。通常第一步是把转化器入口温度提高15~30℃，维持36~48h；第二步将酸气切换成燃料气，按化学计量燃烧，并向反应炉中喷入水蒸气，防止反应炉耐火材料损坏和生成碳；接着让燃烧尾气在315~370℃下流经各级转化器催化剂床层，当冷凝器中无液态硫流出以后，继续吹扫12~24h，然后降低吹扫温度，当低于硫燃烧温度(180~208℃)时，通入少量空气，并控制空气流量，使进入转化器的气流中含氧量低于1%，密切监视床层温度和进出口气体的温差(温差上升，表明有硫磺燃烧，应立即降低含氧量)；逐渐增加空气量，减少燃料气量，使装置冷却至环境温度，也可以在惰性气体保护下降温。如果有350℃以上的过热水蒸气，也可用水蒸气吹扫除硫，但除硫后仍要用惰性气体将水蒸气置换掉，以防止水分在系统中凝结而造成设备腐蚀。如果短期停工，只需把床层入口温度提高到15~30℃，维持36~48h，等待运转。

2. 含碳物质沉积及烧炭操作

在直流法反应炉中的强还原性气氛下或在分流法中炉温不够高时，酸气中含有的烃类有时不能完全燃烧而生成焦炭和焦油状含碳物质，它们容易被催化剂吸附并沉积在一级转化器床层顶部。焦炭是由于烃类不完全燃烧生成的，若沉积的焦炭量太大，并延伸到整个床层，会增加床层压降，影响硫磺的质量。焦炭在催化剂上吸附不牢，可以去除。焦油是烃—硫聚合物，由过程气中夹带的重烃或有机溶剂等在高温下和硫反应生成，焦油沉积在催化剂表面能堵塞催化剂颗粒表面的微孔，降低催化剂活性，当催化剂表面沉积1%~2%(质量分数)的焦油时，会完全丧失活性。

催化剂中沉积的焦油量少时，一般可只更换床层顶部的催化剂；若焦油沉积延伸到整个床层，则要求更换全部催化剂，或者采用烧炭措施。在烧炭前要按除硫步骤进行除硫。烧炭操作步骤如下：

除硫完毕后，逐渐用燃料气切换酸气，按化学计量燃烧，逐渐升温到450~500℃，然后调节进反应炉的空气量，使转化器的气流中含氧量不超过1%，并注意观察系统中各部位温度的变化，切勿超过550℃。为了保护反应炉的耐火材料并控制炭的生成，应向反应炉内喷入适量水蒸气。根据转化器进出口气流中O_2和CO_2的含量可以判断烧炭效果，当进出口气流中O_2和CO_2含量不变时，停止烧炭，降温后切换成酸气或停工。烧炭时容易使催化剂局部超温，加速催化剂老化，虽然烧炭使催化剂活性有所提高，但其比表面积减小较大。一般情况下应严格控制酸气中烃的含量，改善燃烧条件，以防止积炭，除非必须不推荐烧炭。

3. 硫酸盐化及还原操作

在操作过程中由于催化剂和过程气中二氧化硫、三氧化硫和氧气的作用，催化剂中的氧化铝和氧化铁会转化成硫酸盐，占据催化剂的表面活性中心，降低催化剂的活性。

催化剂表面硫酸盐化可以按几种方式发生，在装置正常操作期间，二氧化硫化学吸附在氧化铝表面上的氧或氢氧基上，生成硫酸盐，但数量不多。如果过程气中有三氧化硫或氧气存在，即使只有微量，也会加速催化剂的硫酸盐化。操作过程中，催化剂表面生成的硫酸盐量并不是无限增加，因为生成的硫酸盐能与过程气中硫化氢反应，重新生成氧化铝。

当生成速率与还原速率相等时，硫酸盐的量不再增加，达到一种平衡状态。改变条件，如提高H_2S体积分数和床层温度，可促使硫酸铝重新转化为氧化铝。因此，硫酸盐的还原操作是：将一级转化器入口温度提高到340~370℃，二级转化器入口温度提高到比一般操作温度高30℃,维持12~24h,除去催化剂表面吸附的硫;然后调节过程气中 H_2S 和 SO_2 的物质的量比为2.5甚至更高,维持24~36h,再将温度及 H_2S 和 SO_2 的比值恢复到正常操作条件,即可观察到催化剂活性恢复。但是,此过程将引起 H_2S 转化率下降,尾气中 H_2S 和 SO_2 含量升高引起污染。为此,要避免催化剂的硫酸盐化并使用抗硫酸盐化的催化剂。

除此之外,磨耗和上游夹带来的固体机械杂质也是引起催化剂活性衰退的外部因素,应尽量避免。

6.5 液态硫处理与硫磺成型

克劳斯装置生产的产品硫磺可以以液态(138℃)或固态硫(常温)形式储存与装运。液态硫可以在不锈钢、水泥制成的罐、槽、槽车中存储,保持在130~140℃运输;固态硫可以成型为片状、粒状和块状进行存储和运输。

6.5.1 液硫脱气

6.5.1.1 H_2S 在液硫中的溶解度

Claus装置生产的液硫中一般均溶解有少量 H_2S。为了保证安全地加工或运输,必须先从液硫中脱除溶解于其中的 H_2S,此工艺过程称为液硫脱气。H_2S 溶解于液硫时不仅有物理溶解,也会生成多硫化氢(H_2S_x,x 通常为2~8),溶解的 H_2S 和多硫化氢之和叫总硫化氢。H_2S 在液硫中的溶解度实际是随温度升高而略有降低;但由于多硫化氢的生成量随温度升高而增加甚快,故总硫化氢溶解量将随温度升高而增加,见表6.14。生成的多硫化氢在低温下分解缓慢,但是搅动可以加速分解。

表6.14 H_2S 和 H_2S_x 在液硫中的溶解度(H_2S 分压为0.1MPa)

温度,K	总硫化氢质量分数,%	H_2S 的质量分数,%	以 H_2S_x 存在的质量分数,%
400	0.056	0.0450	0.011
410	0.062	0.0439	0.018
420	0.079	0.0428	0.036
425	0.096	0.0423	0.054
428	0.108	0.0421	0.066
430	0.114	0.0418	0.072
440	0.131	0.0409	0.090
450	0.141	0.0402	0.101
460	0.150	0.0394	0.111
470	0.157	0.0386	0.118
490	0.169	0.0372	0.132
510	0.175	0.0360	0.139
540	0.185	0.0345	0.151
580	0.187	0.0327	0.154

硫磺回收装置的液态硫是从各级冷凝器中分离出的,由于温度和 H_2S 的分压不同,各部位得到的液态硫中 H_2S 含量也不同,如表 6.15 所示,液态硫的温度越低,H_2S 含量也越低。克劳斯装置生产液硫的温度一般为 138～154℃,但是在运输中,液硫的温度可降至 127℃,在这种情况下,H_2S 就会从液硫中逸出并聚集在上部的空间里。空间里的 H_2S 不仅污染环境、腐蚀设备、威胁操作人员健康,而且有引发火灾和爆炸的危险。

表 6.15 液态硫中的 H_2S 含量

冷凝器	一级	二级	三级	四级	五级
液态硫中 H_2S 含量,$\mu g/g$	500～700	1802～80	70～110	10～30	5～10

6.5.1.2 脱 H_2S 工艺

通常,脱气前的液硫中含有 250～300$\mu g/g$ 的 H_2S,脱气处理后液硫中的 H_2S 需降到 10$\mu g/g$ 以下。

脱除物理溶解于液硫中的 H_2S 比较容易,而下式所示从多硫化氢中脱除 H_2S 就比较困难。

$$H_2S_x \longrightarrow H_2S + S_{x-1} \tag{6.12}$$

为解决上述困难,脱气工艺通常按以下基本原理进行设计与操作:(1)利用碱性的催化剂来加速多硫化氢的分解,最常用的是氨及其衍生物;(2)使液硫的温度降至 149℃ 以下进行脱气操作,从而有利于多硫化氢的分解,并在脱气过程中必须让液硫在脱气池内有足够的停留时间;(3)通过喷洒和/或搅动等机械措施将溶解的 H_2S 驱赶出来,且这些措施也能促进多硫化氢的分解而释放出 H_2S;(4)向液硫中通入(H_2S 含量极低或不含硫的)气体进行汽提,适用的汽提气体包括:Claus 装置自身的尾气、燃料气、氮和空气等。

目前工业上应用较多的液硫脱气工艺主要可分为两类:循环喷洒法和汽提法。

1. 循环喷洒法

循环喷洒法较适用于大型硫磺回收装置,其工艺原理如图 6.19 所示。储槽中液硫达到一定液位后液硫泵 A 自动启动,液硫从储罐通过喷嘴喷洒到脱气池中。由于降温和搅动作用,大量 H_2S 从液硫中释放出来,从而使其含量降到 100$\mu g/g$ 左右。储槽中液硫降至低液位时 A 泵自动停止,而脱气池中液硫达到一定高度后液硫泵 B 自动启动,使液硫在池内循环喷洒;并

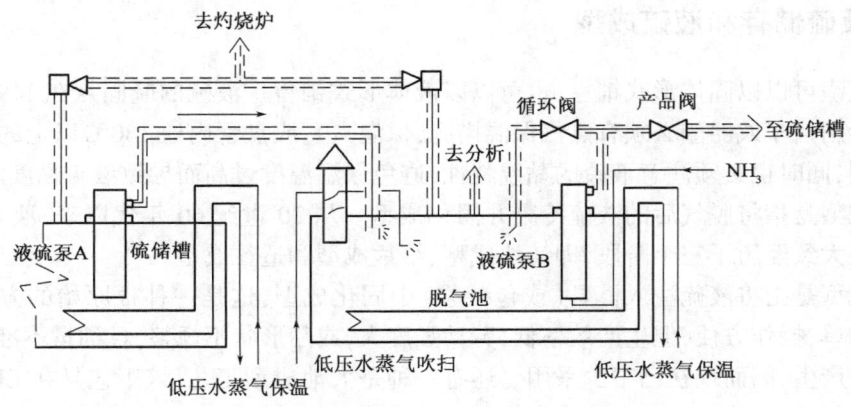

图 6.19 液态硫循环喷洒法脱气工艺流程

在 B 泵入口处注入少量氨进一步改善脱气效果。脱气过程完成后关闭循环阀,打开产品阀让液硫进入脱气后液硫的储槽。只要控制好循环条件与氨注入量(约为 1kg 液硫 100mg 氨),通常可使液硫中的 H_2S 含量降至 $5\mu g/g$ 以下。

在脱气期间,脱气池上部空间中 H_2S 含量增加,为防止其达到可燃极限,要不断地用水蒸气吹扫,并用泵抽出至灼烧炉内灼烧,也可通过烟囱排至大气。

循环喷洒法得到的液态硫中 H_2S 含量低,操作稳定。其缺点是间歇式操作,设备投资高,喷嘴结构复杂,单个喷嘴生产能力低,需用多台液硫泵循环喷洒。所以其适合于大型硫磺回收装置。

2. 汽提法

汽提法也是硫磺回收装置用于液态硫脱气的主要方法,适用于小型硫磺回收装置,且有多种不同的工艺形式。汽提法是利用冷凝器产生的水蒸气进行汽提,按水蒸气与液态硫接触方式不同,可分为喷射式水蒸气汽提法和从旋风式水蒸气汽提法,如图 6.20 所示。

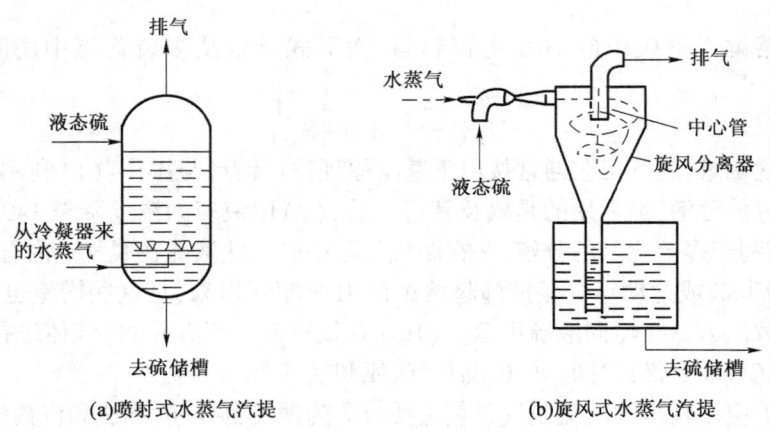

图 6.20　水蒸气汽提法液态硫脱气

由图 6.20 可以看出,此类方法的优点是设备简单,操作连续,投资和操作费用均低于循环喷洒法。通常脱气后液硫中的 H_2S 含量可降到 $10\mu g/g$ 以下。脱气池产生的废气用蒸汽喷射器抽出,送到尾气灼烧炉处理;有时也可以送到 Claus 装置的反应炉或还原—吸收型尾气处理装置的亚当量反应炉。

6.5.2　液硫储存和液硫成型

产品硫磺可以以固体形式销售,也可以以液体形式销售。液硫的凝固点在 119℃,因此储存液硫的专用槽车或船舶必须有蒸汽保温措施,保温夹套或盘管内通 130℃ 以上的蒸汽,以防止液流凝固,同时也必须注意液硫的黏温特性,避免保温温度过高而导致液硫黏度急剧上升。

液硫成型是指将脱气后的液硫冷凝并固化成型。从 20 世纪 60 年代以来,液硫成型的工艺技术发展大致经历了三个阶段,即铸块成型、结片成型和造粒成型。

铸块成型是指将液硫注入模具(或包装袋)中固化成型,这是一种很原始的方法,此工艺成型设备简单,操作方便,但生产效率低,劳动强度大,成品形状不规整,且称量不准确,机械破碎时有粉尘产生,因而现在已很少采用。还有一种是大池成型工艺,该工艺是在 Claus 装置附近建设一个储存池,将脱气后的液硫直接注入池中冷凝成型,销售时用挖掘机将固体挖掘取出装车。下面介绍几种常见的液硫成型工艺。

6.5.2.1 转鼓结片工艺

四川石油设计院于20世纪60年代开发了转鼓结片工艺,如图6.21所示,在国内天然气净化厂及炼油厂的中小型硫磺回收装置中得到相当广泛的应用。

液硫经液硫泵输送到分布管均匀分布旋转的转鼓上面,在转鼓内壁以水将其冷却至65℃左右凝固以刮刀将其剥离,硫磺片厚约4mm。冷却可用夹套或内壁喷水的方式,为防止结垢,要注意水质。硫片的厚度决定于转鼓进入硫储槽的深度、转数及冷却水温度。该工艺设备简单、操作方便,但筒形转鼓由于热胀冷缩容易变形,固态硫硬度较差易破碎,处理量小,有少量粉尘产生。

6.5.2.2 带式结片工艺

带式结片工艺国外称为Slating,此类工艺是在旋转的长带上铺撒一层液硫,带下用水间接冷却至65℃,让硫磺凝固,在其离开旋转带液硫时以刮刀破碎之,如图6.22所示。瑞典Sandvik公司的带式结片工艺使用不锈钢带,加拿大Vmnard&Ellithorpe公司则使用橡胶带。

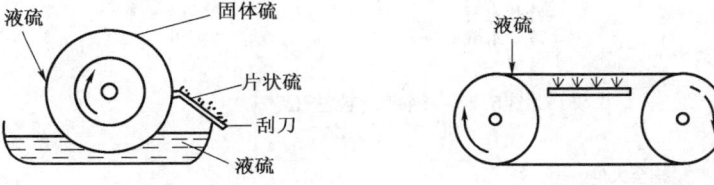

图6.21 转鼓结片工艺　　　　图6.22 带式结片工艺流程

我国卧龙河引进装置即采用Sandvik带式成型工艺,带宽1.5m(有效冷却宽度1.35m)、带长70.5m(有效冷却长度69m),通过调节结片机转速使产品硫磺厚度为4mm,每片20~30mm,单套生产能力为20t/h。

此类工艺对产量的适应性较大,在已建装置中至今仍是主要的成型工艺之一;但所得产品硫磺在输送及储存过程中产生硫磺粉尘多,难以满足严格的安全及环保要求。

6.5.2.3 钢带造粒工艺

Sandvik公司在其带式成型工艺的基础上开发出Sandvik Rotoform工艺生产半球形硫磺产品,我国南京炼油厂、胜利炼油厂及安庆炼油厂等均引进了此类设备,国内南京三普(Sunup)公司也开发了类似的生产工艺。如图6.23所示,此类工艺的主要特点是液硫通过一个造粒机在钢带上形成一个个半球状颗粒冷却成型,由于冷却时液硫的收缩故在颗粒顶部常产生一些小洞。为使半球状硫磺易于剥离,钢带上敷有脱膜剂。

产品粒度2~6mm,含水小于0.5%,脆度小于1.0%,堆密度宽松时为1080kg/m^3,紧密时1290kg/m^3,休止角小于30°。装置单机生产能力6t/h,在硫磺产量大时需多套联机运行,投资较高且占地较多。此类工艺需严格控制运行条件(如硫磺温度、水温及脱膜剂的应用),如条件不当则硫磺轮廓将变平甚至成条状,产品不规整且易碎。此外,产品颗粒的球面与底面相交处的边缘也易折断而产生粉尘,半球形颗粒的流动性也不如球形颗粒。

6.5.2.4 滚筒造粒工艺

滚筒造粒工艺也称回转造粒工艺或造粗粒工艺,其特点为喷入种粒(硫磺微粒)至造粒器内不断运动,逐层粘上熔融的液硫并冷却凝固直至达到所要求的尺寸,图6.24为滚筒造粒工艺流程示意图。

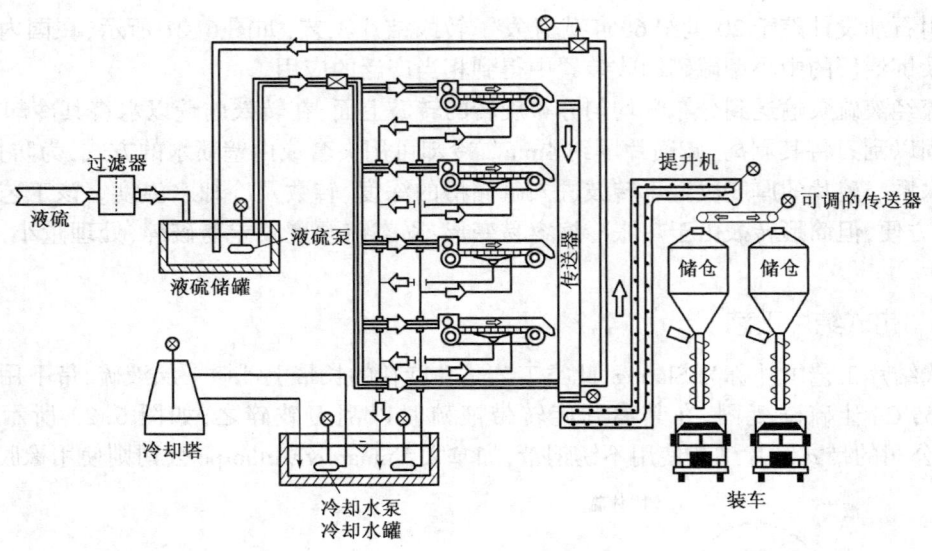

图 6.23 钢带造粒法工艺

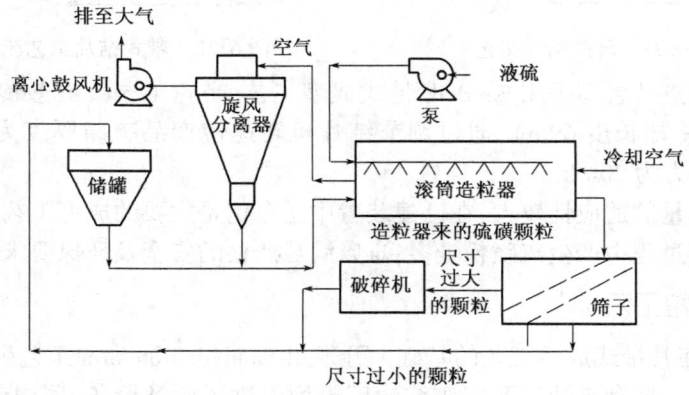

图 6.24 滚筒造粒工艺

加拿大 Enersul 公司（原 Procor 公司）开发了 Enersul GX（原称 Procor GD 工艺）和 PEC Pezbnatic 等工艺。

滚筒造粒工艺由于液硫在种粒上一层一层地涂抹与融合，因而消除了收缩的影响，从而可产出坚硬且无空洞及构造缺陷的硫磺产品。液硫的热量依靠喷入水滴的蒸发而除去，废气以空气吹出。此法对工艺水的质量要求高，如 Cl^- 含量应低于 $2.5g/t$。

滚筒造粒产品的堆密度较高，宽松时为 $1220kg/m^3$，紧密时 $1320kg/m^3$，直径 $1\sim6mm$，含水小于 0.5%，脆度小于 1.0%，休止角为 $27°$。

滚筒造粒工艺每列生产线的最高能力可达 $1000t/d$，占地少，故适用于产量大的情况。

6.5.2.5 空气造粒工艺

如图 6.25 所示，空气造粒工艺的生产过程是将恒温（约 30℃）的空气鼓入文丘里锥形槽，在喉部用喷嘴送入液态硫,在高速气流中形成雾状硫,在喉管内包结在小颗粒上生成粒状硫,从侧管引出粒状硫,经筛选后即得产品。将不合格的小颗粒与部分合格颗粒一起循环加入锥形槽扩大部分,气流经旋风分离器分出粉尘硫,后者返回硫储槽,气液速率要足以维持硫颗粒呈强烈硫化状态。

床温保持82℃,温度过低小颗粒增多,温度过高则颗粒结块,为此进入的空气必须恒温,一部分成品循环有利于提高成品率,处理量可达10t/h以上。该工艺设备复杂,操作条件需严格控制,无粉尘,生成的硫磺颗粒强度好,不含水分,不需干燥。适于大批量生产,但是一次性设备投资太大,因需要空气冷却,能耗相当高。

6.5.2.6 水造粒工艺

如图6.26所示,液态硫从顶部保温储槽底部的特别喷嘴喷入不锈钢制的成型槽内,沿槽壁送入呈涡流状的含有表面活性剂的冷却水中,粒状硫和冷却水一起从底部流出,经过筛(同时脱水)干燥即得成品。

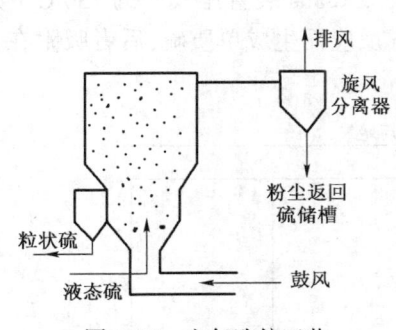

图6.25 空气造粒工艺

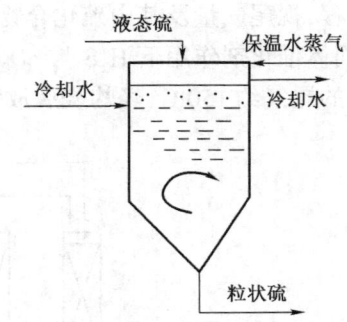

图6.26 水造粒工艺

冷却水应保持一定的温度,随硫颗粒一起流出的水经降温后循环使用。表面活性剂可用15%的硅酮甲苯溶液,并用氨调节冷却水的pH值,用量极少。该工艺设备单套处理量为1~6t/h,每月换一次水,水中约有相当于总处理量0.1%的硫。为了避免造成污染,可以用高压釜处理回收,但经济上不划算。该工艺设备复杂,脱水粒状硫含水4%~5%,必须有干燥设备,从而增加成型费用,粒状硫的优点是基本上无粉尘。水造粒工艺生产的产品硫磺脆度较大。

6.6 尾气处理及硫磺回收新技术

传统的改良克劳斯法存在以下三个问题:一是收率较低,由于反应平衡条件的限制,尾气中尚有H_2S、SO_2、COS、CS_2和硫蒸气等含硫化合物,导致硫收率低,一般不高于95%;二是空气中的N_2过多,稀释了过程气,也不利于节能;三是H_2S和SO_2的比例需要严格控制在2:1,稍有偏差就会降低硫收率,导致过程控制困难。20世纪70年代以来,对克劳斯工艺进行了一系列改进,综合起来基本上沿着两个思路进行:一是着眼于工艺本身的改进以提高硫磺回收率;二是发展尾气处理技术。在发展的过程中二者相互渗透,尾气处理技术的发展经历了三个阶段:一是尾气灼烧排放阶段;二是各种技术蓬勃发展阶段;三是工艺技术完善和逐步定型阶段。

6.6.1 低温克劳斯工艺

低温克劳斯工艺也称亚露点工艺,该工艺将硫磺回收与尾气处理一体化,把最后一级或两级转化器置于低温下操作。它可以继续使用固体催化剂,也可以使用液体催化剂,代表的工艺有 Sulfreen 工艺和冷床吸附(CBA)工艺。这两种工艺的主要区别在于再生系统,Sulfreen 工艺一般设置单独的再生系统,而 CBA 工艺则利用 Claus 装置一级转化器的出口气体作为再生气,故 CBA 工艺又可视为 Claus 装置的一个组成部分。

这类工艺的特点是设备较简单,操作方便,与二级转化相配套的装置总硫收率可达到 99% 以上,对处理量为 5~2200t/d 范围内的 Claus 装置皆可使用。

6.6.1.1 Sulfreen 工艺

Sulfreen 工艺原理流程如图 6.27 所示,流程中的 3 个(吸附)反应器分别处于吸附(反应)、再生和冷却 3 个不同阶段,由控制仪表按设置的周期自动切换。也可以采用 2 个(吸附)反应器的流程,视尾气量及其中硫化合物的含量而定。Claus 装置尾气于约 130℃ 下进入吸附反应器,在固体催化剂作用下 H_2S 与 SO_2 进行 Claus 反应而生成单质硫,后者吸附在催化剂表面。处理后的尾气约 150℃,经灼烧后放空。

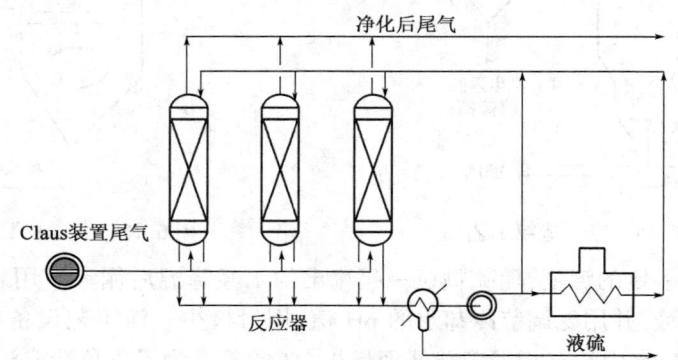

图 6.27 Sulfreen 工艺原理流程

6.6.1.2 CBA 工艺

CBA 工艺的原理流程如图 6.28 所示,图中横线以上部分是一个二级转化 Claus 装置。工

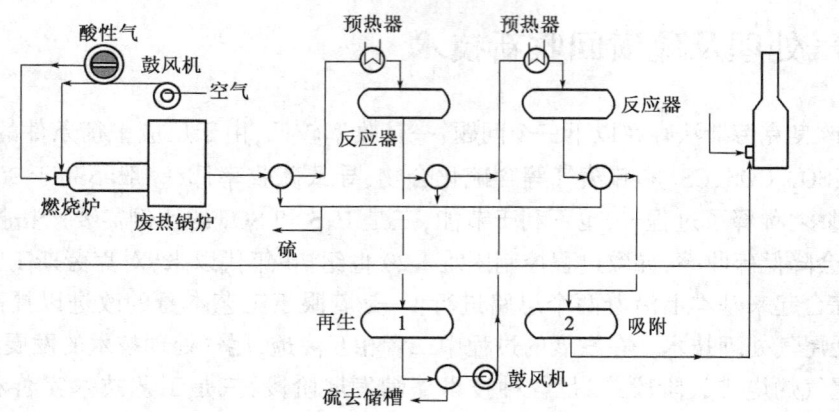

图 6.28 CBA 工艺原理流程

艺的特点是让克劳斯催化转化器处于较"冷"的温度下,反应并生成硫,硫吸附在催化剂上,然后切换至较高的温度下运行将硫脱附逸出,从而使催化剂床层再生。流程中设置了两个 CBA 吸附反应器,在运转状态下,一个反应器进行吸附反应,另一个则进行再生或冷却。

应该指出的是,低温克劳斯工艺通常均不能使有机硫转化,故必须在克劳斯装置内控制其生成并使其在一级转化器内有效转化,否则低温克劳斯工艺也无法达到所要求的高收率。

6.6.2 超级克劳斯工艺

超级克劳斯(Super Claus)工艺是把常规克劳斯工艺和直接氧化法结合在一起的工艺,原理流程如图 6.29 所示。此工艺包括 Super Claus - 99 和 Super Claus - 99.5 两种类型,前者收率为 99% 左右,后者总硫收率可达 99.5%。

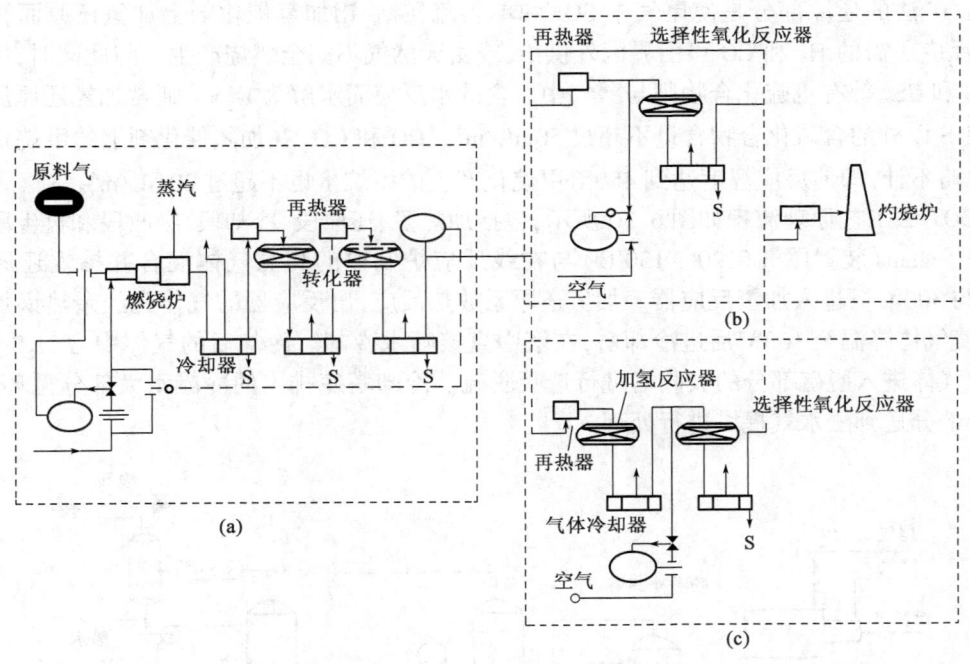

图 6.29 Super Claus 工艺原理流程

该工艺的特点是采用化学计量空气的 95%,结果反应炉出口气体中 H_2S 与 SO_2 物质的量比大于 2:1;在转化器中采用新型催化剂 SiO_2,这种催化剂能选择性的氧化 H_2S 成为单质 S,即使 O_2 过量,SO_2 的生成率也很低。

图 6.29(a)是常规的 Claus 流程,(b)为 Super Claus - 99 流程,它在二级转化器之前的部分与常规的 Claus 法相同,但在三级转化器中采用选择性氧化转化器,通常离开第二级转化器的过程气中含有 0.8% ~ 3.0% 的 H_2S,而 SO_2 浓度极低。这部分 H_2S 在催化氧化反应器中直接氧化为硫,总硫收率达到 99%,由于过程气中的 SO_2、COS、CS_2 不能转化,故总硫收率不能进一步提高。空气流量依靠酸气流量控制仪和第二级转化器出口的 H_2S 分析仪来调节。

图 6.29(c)所示则为 Super Claus - 99.5 流程,它与 Super Claus - 99 的区别是在选择转化器前增加一个加氢转化器,将 SO_2、COS、CS_2 全部转化成 H_2S,然后再进行催化氧化。

如前所述,H_2S 与 SO_2 反应是可逆反应,其转化率受到热力学平衡限制,故二者的物质的量比在反应时应严格限制,但 H_2S 的直接氧化反应是不可逆反应,所以对反应配比的控制不是很严格。

应该指出的是,由于 H_2S 直接氧化所产生的热量是 H_2S 与 SO_2 反应热的几倍,为防止催化剂床层超温失活,其进料的 H_2S 浓度应严格控制,一般不超过 1.5%。

6.6.3 斯科特法

斯科特(SCOT)法属于还原吸收法,还原吸收法是先把尾气中含硫化合物全部还原为 H_2S,然后再将其脱除,最终以酸气或单质硫的形式回收。代表性工艺主要有 SCOT 法和比文(Beavon)法两种,两者的(加氢)还原部分是相同的,仅吸收(选吸脱硫)部分有区别。SCOT 法采用 DIPA 或 MDEA 选择性脱硫工艺,而 Beavon 法则采用属于氧化—还原法类型的蒽醌法脱硫工艺。

SCOT 法的还原部分是使尾气中 SO_2 和单质硫在钴/钼加氢催化剂上加氢还原而转化为 H_2S。反应所需的 H_2 和 CO 可由界区外供给,或由天然气不完全燃烧产生。与此同时,尾气中的 COS 和 CS_2 等有机硫化合物则与酸气中所含的水反应而水解为 H_2S。通常加氢还原后尾气中除 H_2S 以外的含硫化合物含量不超过 $50mL/m^3$。CO 和 CO_2 在加氢催化剂上的甲烷化反应可以忽略不计,即使反应温度达到 450℃ 甲烷化产生的甲烷量也不超过 $20mL/m^3$。

SCOT 法工艺原理流程如图 6.30 所示,包括加热段、还原段、冷却段、吸收段和再生段等五个阶段。Claus 装置尾气(120～130℃)与在线反应炉制取的高温气体混合并掺入还原气体后,在约 300℃ 下进入加氢反应器。加氢还原系放热反应,出反应器的气体先经余热锅炉回收热量,使气体降温至 160℃ 后进冷却塔,在塔中直接喷水冷却。冷却后的气体中含 H_2S 1% ～3%,此气体进入脱硫部分的吸收塔进行选吸脱硫。冷却塔底排出的冷凝水大部分循环使用,抽出小部分送到酸水气提塔进行处理。

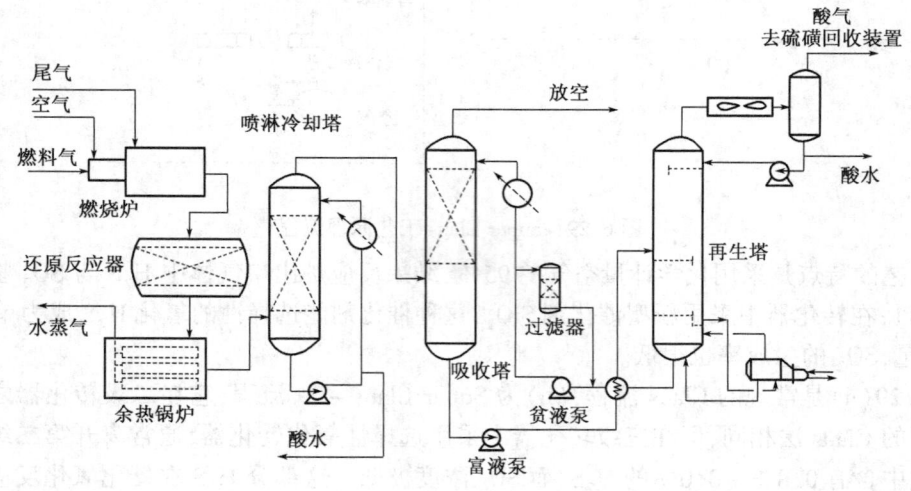

图 6.30 SCOT 法工艺原理流程

常用于 SCOT 还原反应的催化剂有两种,壳牌公司生产的"壳牌-534"和荷兰凯梯尔生产的"124-3P",两种催化剂均由氧化钴、氧化钼和氧化铝组成,性能相似,都具有高活性、良好的稳定性和一定的机械强度。工厂常称之为钴钼催化剂。

在 SCOT 吸收塔中，DIPA 或 MDEA 基本上可将进吸收塔气流中的 H_2S 完全吸收，使出塔尾气 H_2S 质量浓度小于 300mg/L，但通常也有 20%～30% 的 CO_2 被其吸收，此再生后酸气返回克劳斯装置时，这部分 CO_2 就会循环积累于系统中，这就会稀释 H_2S，增加了回收装置的处理负荷，最终影响了硫磺回收率。因此，对于 CO_2 与 H_2S 比值高的原料天然气，SCOT 尾气处理工艺未必适用，需权衡后再作决定。

6.6.4 富氧克劳斯工艺

传统的克劳斯工艺以不计费用的空气作为 H_2S 氧化为硫的氧化剂，但它带入了大量的惰性气体 N_2，大量 N_2 自始至终存在于过程气中，不断地被加热和冷却，降低了装置的效率，也不利于节能。20 世纪 80 年代开发出富氧克劳斯工艺，当原料气中 H_2S 含量低时，可采用富氧空气或氧气代替空气，从而提高装置效率，扩大装置的处理能力。

富氧克劳斯工艺延伸了对 H_2S 含量的适用范围，由于使用富氧空气提高了炉温，使直流法克劳斯工艺可接受进料气中 H_2S 的浓度的下限也相应地下移，如图 6.31 所示。

从理论上来讲，不同浓度的富氧空气和纯氧均可用于氧基硫磺回收工艺，但因受反应炉耐火材料的限制，炉温一般不应超过 1550℃，而且火嘴能适应的温度和余热锅炉负荷也有一定限制，故如不采取措施，富氧空气中氧含量只能提高至 28%～30%。

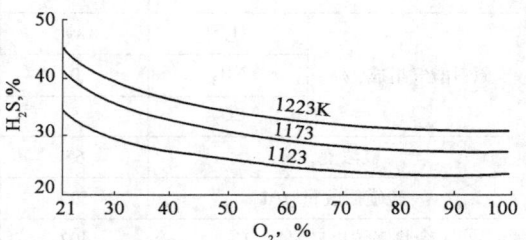

图 6.31 富氧条件下直流工艺的 H_2S 浓度下限

目前，根据富氧空气中氧含量不同，又可把采用富氧空气的硫磺回收工艺分为低（氧含量 < 28%）、中（氧含量 28%～45%）、高（氧含量 > 45%）富氧技术三种。当进料气中不含 NH_3，采用低富氧技术时，硫磺回收装置的生产能力约可提高 20%～25%；采用中富氧技术（进料气中含 H_2S 较多）时，生产能力约可提高 75%；采用高富氧技术（进料气中含 H_2S 较多）时，生产能力约可提高 150%。

对于富氧克劳斯装置，尤其是低氧克劳斯，除供风系统需要改造外，其余的与常规克劳斯相同。当需要增加已建克劳斯装置能力，特别是在无法新建克劳斯装置的情况下，采用富氧克劳斯法改造现有装置以提高其处理量，已成为优先考虑的方案。

目前，已工业化的富氧克劳斯工艺有 COPE 法（Claus oxygen-based process expansion，意为富氧克劳斯扩能工艺）、SURE 工艺（sulphur recovery）和 No–TICE 法（no tie in Claus expansion，意为无约束的克劳斯扩能工艺）。

6.6.4.1 COPE 法

COPE 法即采用富氧空气的克劳斯法。1985 年初，由美国空气产品与化学品公司设计的 COPE 法最先在 Lake Charles 炼厂两套已建克劳斯装置的改造中应用，其主要目的是提高装置处理量和降低改造投资。这两套装置改造后的原理流程如图 6.32 所示。表 6.16 给出了 COPE 法工艺装置的有关数据。COPE 法采用了一种特殊设计的高效率、高能量混合火嘴，保证了气体混合充分和火嘴火焰平稳，并且用循环鼓风机将一级硫冷凝器出口的一部分过程气返回反应炉以调节炉温。

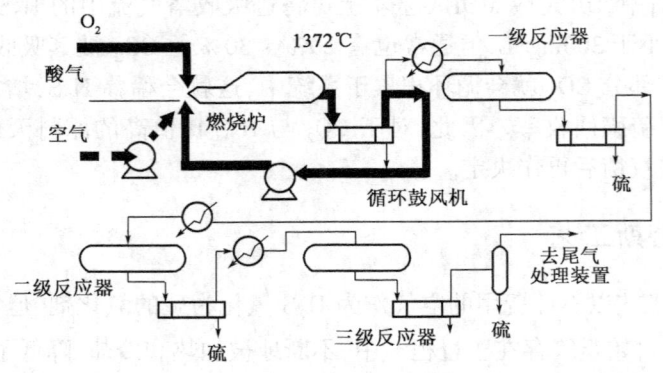

图 6.32 COPE 法原理流程

表 6.16 COPE 法工艺装置的操作数据

酸气成分及处理量		Lake Charles 工厂			Champlin 工厂	
		COPE	COPE	空气	COPE	空气
原料酸气组成,%	H_2S	89	89	89	73	68
	NH_3	0	0	0	6	7
	CO_2	5	5	5	7	9
氧浓度,%		65	54	21	29	21
硫磺回收量,t/d		199	196	108	81	66
余热锅炉出口温度,℃		407	405	360	—	—
反应炉温度,℃		1410	1379	1301	1399	1243
反应炉压力,kPa		60	66	66	52	54

6.6.4.2 SURE 工艺

SURE 工艺又叫两级燃烧炉工艺,它的特点是不采用过程气循环,而采用设置两级反应炉来控制炉温,原理流程如图 6.33 所示。使用 Pyretron 专用火嘴,有效控制原料酸气、氧、空气等的流量,也应用于处理贫酸气。该工艺全部酸气先进入第一级反应炉,回收约 70% 的硫(以

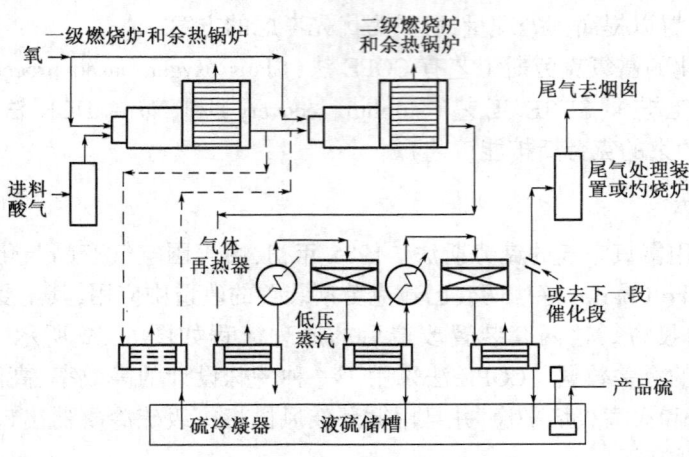

图 6.33 SURE 工艺原理流程

潜硫量计)。出一级冷凝器的过程气进入第二级反应炉,回收约15%的硫(以潜硫量计),然后过程气进入下游催化转化部分。

6.6.5 尾气灼烧

由于各国对 H_2S 比对 SO_2 有更严格的大气排放标准,克劳斯尾气除需提高总硫回收率外,还需灼烧残存的 H_2S 使之转化成 SO_2 后由烟囱排入大气。尾气灼烧方式有两种:热灼烧和催化灼烧。

热灼烧在克劳斯装置中应用广泛,它是在有过量空气存在下,用燃料气把尾气加热到一定温度使其中的含硫化合物都转化为 SO_2。一般热灼烧在灼烧炉中进行,温度为 540~600℃,低于 540℃时 H_2 和 H_2S 往往不能灼烧完全,而且会增加燃料的消耗量,燃烧过程中还需考虑足够的停留时间。由于尾气量大且 H_2S 含量少,需要外加的燃料气和放出的显热都相当可观,应注意回收余热。灼烧之后的尾气用烟囱排入大气,烟囱高度由大气排放标准和排放 SO_2 的量共同决定。简易灼烧炉和能量回收型灼烧炉如图 6.34 所示。

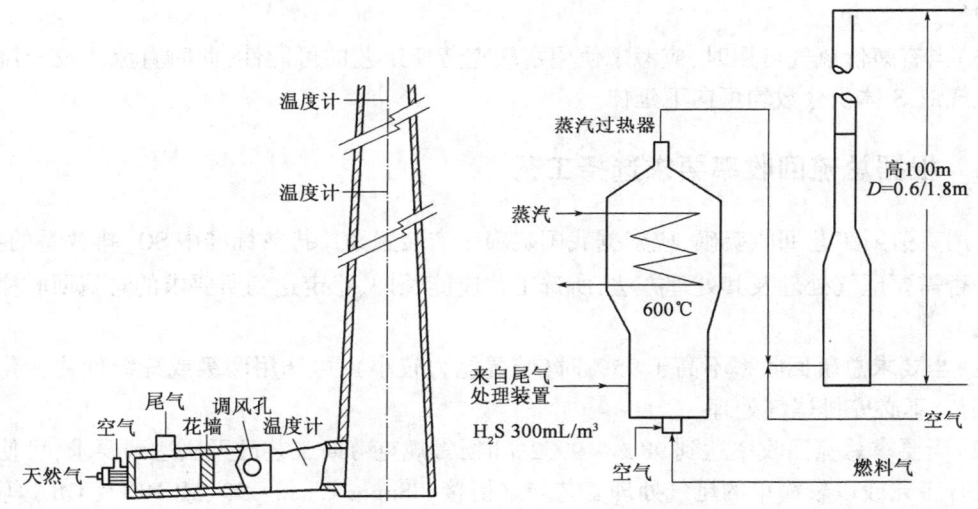

图 6.34 简易灼烧炉和能量回收型灼烧炉

催化灼烧是在催化剂存在下,以较低的灼烧温度使尾气中的 H_2S 转化为 SO_2,使尾气中 H_2 和 CO 充分燃烧,节省大量燃料。催化灼烧采用强制通风,在正压下操作,以便于控制空气量。

使用性能良好的催化剂时,灼烧温度一般不超过 400℃,但尾气中的 H_2S 的浓度可降低到 $5mL/m^3$ 以下,甚至达到 $1mL/m^3$。催化剂品种较多,通常以 SO_2、Al_2O_3 为载体,浸渍铁、钴、钼等金属的氧化物。

尾气处理显然优点众多,但一次性投资和操作费用均高,随着时间的推移,它有可能被其他方法所代替,如超级克劳斯法、低温克劳斯法等。

6.7 硫磺回收工艺选择

当天然气脱硫选用醇胺法或砜胺法等工艺时,所产生的含 H_2S 酸气需安排后续装置处理以回收硫磺,通常大多采用克劳斯工艺;当酸气 H_2S 含量很低时,也可以用直接转化法处理。目前,环境保护日趋严格,常规克劳斯工艺的硫磺回收率已不能满足尾气 SO_2 排放指标的要求,还需考虑尾气处理问题。

根据国内外克劳斯工艺及尾气处理工艺的发展情况与积累的经验,硫磺回收工艺及尾气处理工艺可根据以下原则进行选择。

6.7.1 根据酸气 H_2S 体积分数选择工艺

(1)酸气 H_2S 体积分数不小于50%时应使用直流法克劳斯工艺。

(2)酸气 H_2S 体积分数在15%~30%之间时应使用分流法克劳斯工艺(1/3酸气入反应炉)。

(3)酸气 H_2S 体积分数在30%~50%之间时可使用非常规分流法克劳斯工艺(酸气入反应炉量大于1/3)。

(4)酸气 H_2S 体积分数小于5%时可采用直接氧化法,潜硫量不大时也可采用直接氧化法处理酸气。

(5)当有廉价氧气可用时,应考虑使用富氧克劳斯工艺的可能性,此时直流法及分流法处理的酸气 H_2S 体积分数均可向下延伸。

6.7.2 根据总硫回收率要求选择工艺

采用克劳斯工艺回收硫磺,应依据我国硫磺生产装置 SO_2 排放标准中 SO_2 排放量的要求,确定是否需要尾气处理及其处理方法,所选工艺应能长期、稳定达到所要求的总硫回收率并留有余地。

(1)当要求总硫回收率不高于95%时(装置能力较小),可选用两级或三级催化转化的克劳斯工艺,不必安排尾气处理。

(2)当要求总硫回收率达到98%~99.2%时,常规克劳斯工艺已无法达到要求,可使用克劳斯组合工艺或以较简单的尾气处理工艺与之衔接。Super Claus – 99、MCRC 及 CBA 等几种克劳斯组合工艺以及 Sull – ren、Clauspol 1500 等"独立"的尾气处理工艺均可达到总硫回收率98%~99.2%的要求,且均有成熟的工业经验。"独立"的尾气处理装置将需要较高的投资。

几种克劳斯组合工艺中,MCRC、CBA 均存在切换操作,属于非稳态运行,在切换过程中存在总硫回收率低于预期值的阶段;然而,Super Claus – 99 则是稳态运行,不存在上述问题;再者,Super Claus – 99 的投资费用也略低于其他几种工艺。

根据上述情况,在要求总硫回收率达到98%~99.2%时,以上几种克劳斯组合工艺均可使用,但 Super Claus – 99 可列为首选工艺。事实上,Super Claus – 99 工艺在国外也是发展最快、应用最多的克劳斯组合工艺。

(3)当要求总硫回收率在95%~98%之间时,尤其是小于97%时,一般来说采用增加克劳斯催化转化级数的办法是可以满足要求的。

然而,采用如 Super Claus – 99 或其他克劳斯组合工艺较三级或四级催化转化的克劳斯装置并不增加多少投资,而对保证总硫回收率却更为有利,不妨采用。

(4) 要求总硫收率在99.2%~99.7%之间时需要采用较复杂的尾气处理工序。一般而言,CBA、MCRC 及 Clauspol 1500 等工艺均难以稳定达到99.2%以上的总硫回收率,Super Claus-99 装置的总硫回收率大多也不高于99.2%。

我国渠县 Super Claus-99 装置及垫江 Clinsulf-SDP 装置的考核数据表明,它们的总硫回收率均达到99.2%以上,两套装置的设计总硫回收率也均为99.2%,但其长期运行性能则尚待观察。

使总硫回收率超过99.2%的关键是有效解决有机硫(COS 及 CS_2)问题。为此,不少工艺增设了加氢水解段,如 Super Claus-99.5、Hyarosulfreen 及 EURO Claus 等,将有机硫转化为 H_2S,从而使总硫回收率达到99.5%或更高。当然,如在克劳斯段能够可靠有效地控制与转化有机硫,也可省去加氢水解段。

Clauspol300 则另辟蹊径,除在克劳斯段加强有机硫的控制和水解外,使用减饱和回路以降低尾气中的硫蒸气含量,使总硫回收率达到99.5%左右。

为了稳妥可靠,当要求总硫收率达到99.5%左右时,宜优先考虑 Super Claus-99.5 工艺。应当指出的是,由于流程中安排了加氢水解工序,故克劳斯段不必像 Super Claus-99 工艺那样在富 H_2S 条件下运行,而应控制过程气中 H_2S 与 SO_2 物质的量比值为2,以减轻选择性氧化段的负荷。此外,Clauspol 300 及 Hydrosulfreen 等也是可以考虑的工艺。

在总硫回收率要求达到或超过99.8%时,此时装置规模相当大(例如大于300t/d),必须使用独立的深度尾气处理工艺。首先应选择国内外均有成熟经验且应用较多的还原吸收工艺(如 SCOT、BSR/MDEA 等);当选吸工序所用溶液与前端天然气脱硫所用溶液相同时,可以考虑采用串级流程以节约投资于能耗。

 **知识拓展**

石油天然气的上、中、下游技术

石油作为矿业资源,从其发现、开采到加工利用,其相关技术,遵循源头—流向—发展的宏观顺序,既存在一定内在联系,又有区别。一般将油气勘探、开采、集输,称作上游领域,而将炼油、加工利用称作下游领域。也有的将油气管道运输、营销方面称作中游领域。不同领域的技术,则相应地称作"上游技术"、"下游技术"或"中游技术"。

本 章 小 结

从脱酸气装置来的酸性原料气不能直接排放大气,一般采用改良克劳斯法进行硫磺回收,将 H_2S 转化为单质硫。根据酸气中 H_2S 的浓度来选取克劳斯法的工艺流程,选取的关键是 H_2S 燃烧所放出的热量能否保持反应炉稳定的燃烧(温度高于927℃)。

影响硫磺收率的因素有酸气中的杂质含量、H_2S 与 SO_2 的物质的量比和有机硫含量。为了提高硫磺收率,延伸出了低温克劳斯法、超级克劳斯法和富氧克劳斯法等工艺,可根据酸气的处理量和性质进行选取。硫磺回收催化剂的活性是硫磺回收的关键,在操作过程中要注意防止催化剂的失活。

习 题

一、填空题

1. 酸气处理的主体工艺是以（　　）为氧源，将 H_2S 转化为（　　）的克劳斯法硫磺回收工艺。
2. 固态硫的熔点约为 120℃，从熔点起液硫的黏度随着温度升高而（　　），大约在（　　）℃时黏度降低至最低值，以后由于短链连接成长链，黏度又开始（　　），到（　　）℃时达到最高值，之后，黏度随着温度的升高而（　　）。
3. 克劳斯法的平衡转化率温度曲线约在（　　）时出现最低点，以此点可将克劳斯反应分为两部分。在火焰反应区，平衡转化率随着温度的升高而（　　）；在催化反应区，平衡转化率随着温度的降低而（　　）。
4. 常用的克劳斯法工艺有（　　）法、（　　）法和（　　）法。各种工艺选择依据是（　　），选择的关键是（　　）。
5. 转化器的作用是（　　）和（　　）。
6. 原料气和过程气中的杂质有（　　）、（　　）、（　　）。这些杂质均使得硫磺收率（　　）。
7. H_2S 在液硫中的溶解度随着温度的降低而（　　），多硫化氢的生成量随着温度的降低而迅速（　　），故按 H_2S 计总的溶解度也随温度的降低而（　　）。
8. 直通法和分流法的共同点是（　　）、（　　）、（　　）。

二、选择题

1. 分流法克劳斯回收工艺中，若炉出口气体中含有硫蒸气，说明（　　）。
   A. 炉温过低　　　　　　　　　　B. 炉温过高
   C. 氧气的配比过多　　　　　　　D. 氧气的配比过少
2. 硫磺回收工艺中，有机硫的水解，一般发生在（　　）。
   A. 一级转化器　　　　　　　　　B. 反应炉
   C. 一级冷凝器　　　　　　　　　D. 一级再热器
3. 酸气中的 H_2S 含量为 80% 时，一般采用（　　）回收工艺。
   A. 直通法　　B. 分流法　　C. 直接氧化法　　D. 硫循环法
4. 酸气中的 H_2S 含量为 20% 时，一般采用（　　）回收工艺。
   A. 直通法　　B. 分流法　　C. 直接氧化法　　D. 硫循环法
5. 硫磺回收新工艺中，可以增加处理量的是（　　）。
   A. 氧基硫磺回收　　B. 超级克劳斯法　　C. 亚露点克劳斯法
6. 氧化钛催化剂一般会装在（　　）上。
   A. 一级转化器的上部　　　　　　B. 一级转化器的下部
   C. 一、二级转化器　　　　　　　D. 加氢转化器

7. 液硫脱 H_2S 的循环喷洒工艺中,没有用到的基本原理是( )。
   A. 碱性催化剂加速　B. 降温　　　　　C. 搅拌　　　　　D. 汽提
8. 能够让硫化氢在反应炉内稳定燃烧,反应炉的温度必须大于( )。
   A. 400K　　　　　B. 700K　　　　　C. 1000K　　　　D. 1200K
9. 过程气中 H_2S 和 SO_2 比例为( )时,H_2S 转化率最高。
   A. 2:1　　　　　B. 3:1　　　　　C. 3:2　　　　　D. 1:2
10. 再热方式对硫收率的影响,排序正确的是( )。
    A. 直接加热 > 间接加热 > 热气体旁通
    B. 间接加热 > 直接加热 > 热气体旁通
    C. 热气体旁通 > 间接加热 > 直接加热
    D. 直接加热 > 热气体旁通 > 间接加热

三、简答题

1. 写出克劳斯法的基本方程、改良克劳斯法方程。
2. 传统的克劳斯法存在哪些问题?
3. 如何提高进料气中的 H_2S 含量?

7 天然气处理安全与防护

1. 熟悉天然气处理过程中的火灾爆炸危险性。
2. 掌握天然气处理过程中的防火防爆措施、灭火原理及具体灭火方法。
3. 熟悉 H_2S、SO_2、工业硫磺、天然气凝液等危险危害性。
4. 掌握 H_2S、SO_2 的监测与防护措施及工业硫磺的安全防护事项。
5. 熟悉天然气凝液回收过程的安全、检修注意事项。
6. 掌握冻伤的预防与治疗方法。

1. 能够在天然气处理过程中采取适宜的防火防爆措施并能根据具体情况选择合适的灭火方法。
2. 能够正确使用 H_2S、SO_2 的监测与防护仪器,并能对中毒人员进行及时准确的抢救和初步护理。
3. 能够在凝液回收过程中进行安全的生产和检修,并能够预防和初步救护冻伤。

2005 年国内某气田天然气处理厂第 6 套脱油脱水装置低温分离器在投产过程中发生爆炸,其爆炸裂片引发干气聚结过滤器连锁爆炸后引发火灾。事故造成 2 人死亡,直接损失近千万元,停止向某重要输气管道供气长达 126h,影响十分严重。

天然气及其处理过程产品都是易燃、易爆物质,在处理过程中,稍有不慎,扩散到空气中,达到天然气的爆炸极限时,接触火源,即发生火灾爆炸事故,甚至造成重大人身伤亡和严重的经济损失。

7.1 火灾、爆炸等危险危害性与防护

7.1.1 天然气的易燃性和易爆性

天然气是指自然生成,以烃类为主的可燃气体。大多数天然气的主要成分是烃类,此外还含有少量非烃类。天然气中的烃类基本上是烷烃,通常以甲烷为主,还有乙烷、丙烷、丁烷、戊烷以及少量的己烷以上烃类(C_{6+})。天然气中的非烃类气体,一般为少量的氮气、氢气、氧气、

二氧化碳、硫化氢、水蒸气以及微量的惰性气体如氦、氩、氙等。甲烷的理化性质及危险危害性见表7.1。

表7.1 甲烷的理化性质及危险危害性

标识	中文名:甲烷(液化/压缩)		英文名:methane	
	分子式:CH_4		相对分子质量:16.05	
理化性质	性状:无色无臭气体		溶解性:微溶于水,溶于乙醇和乙醚	
	熔点:-182.6℃	沸点:-161.5℃	相对密度(水=1):0.415(-164℃)	
	临界温度:-82.1℃	临界压力:4.6MPa	蒸气密度(空气=1):0.55	
	燃烧热:889.5kJ/mol	最小点火能:0.28mJ	蒸气压:100kPa(-161.5℃)	
燃烧爆炸危险性	燃烧性:易燃气体		燃烧分解产物:CO、CO_2、水蒸气	
	闪点:-188℃		聚合危害:不聚合	
	爆炸极限(体积分数):5.3%~15%		稳定性:稳定	
	自燃温度:537℃		禁忌物:五氧化溴、氯气、三氟化氮、液氧、二氟化氧、强氧化剂	
	危险特性:能与空气形成爆炸性混合物,遇热源和明火有燃烧和爆炸危险			
	消防措施:关闭容器阀门,切断气源,消杀火势。若不能立即切断气源,则不允许熄灭正在燃烧的气体,并用水喷淋保护关闭阀门的人员。喷水冷却容器,如有可能应将容器从火场移至空旷处。采用雾状水、泡沫灭火器和二氧化碳灭火器等灭火			
毒性	毒理资料:小鼠吸入 LC_{50}=5%(2h)			
对人体危害	甲烷属"单纯窒息性"气体,无害。高浓度时因缺氧窒息而引起中毒。空气中甲烷浓度达到25%~30%(体积分数)时出现头昏,呼吸加速,运动失调。皮肤接触液化甲烷可造成严重冻伤			
急救	应使吸入气体的患者脱离事故现场至空气新鲜处,平卧、足稍抬起,保暖。当呼吸失调时输氧,如呼吸停止,要先清洁口腔和呼吸道中的黏液及呕吐物,然后立即进行人工呼吸,并送医院急救。液化甲烷与皮肤接触时可用水冲洗,如冻伤可用42℃左右温水浸洗解冻,并送医院救治			
防护	工程防护:生产过程密闭,全面通风 个体防护:呼吸系统防护为高浓度环境中佩戴供气式呼吸器;眼睛与手一般不需要特殊防护,高浓度时可戴安全防护眼镜和防护手套;穿工作服 其他:工作场所禁止吸烟,避免人体长期接触。进入罐内或其他高浓度区作业,须有人监护			
泄漏处理	切断气源,喷雾状水稀释、降温,抽排(室内)或强力通风(室外)。消灭火源,迅速撤离泄漏污染区人员至上风处,并隔离直至气体散尽。应急处理人员应佩戴自给式呼吸器,穿一般消防护服。如有可能,应将容器泄漏气体用排风机送至空旷地方或装设适当喷头烧掉;也可以将漏气的容器移至空旷处,注意通风。漏气容器不能再用,且要经过技术处理以清除可能剩下的气体			
储运	包装标志:易燃气体用钢瓶;液化甲烷用特别绝热的容器 储运条件:储存于阴凉、通风良好的不燃材料结构的库房或大型气柜,远离容易起火的地方。与五氟化溴、氯气、二氧化碳、三氟化氮、液氧、二氟化氧、氧化剂隔离储运。液化甲烷必须在很低温度下装运,这种低温通过液化甲烷的蒸发来保持或用专用甲烷罐车绝热运输			

7.1.1.1 天然气火灾危险性

1. 燃烧性

燃烧是一种化学连锁反应,是天然气在点火源的作用下,在空气或氧气中发生的氧化放热反应。燃烧时由于化学反应比较剧烈,常伴有发热发光现象,即出现火焰。

天然气中各可燃组分的燃烧反应式及放出的热值见表7.2。

表7.2 天然气可燃组分的燃烧热值

组分	放出的热值,kJ/m³	
	高热值	低热值
甲烷	37613.72	33866.00
乙烷	65891.83	60265.84
丙烷	93778.96	86281.83
丁烷	121519.58	112142.94
戊烷	149364.85	138112.88
氢	12069.91	10207.14
一氧化碳	11958.15	—
硫化氢	23730.02	21904.50

每 $1m^3$(或每 $1kg$)天然气燃烧所放出的热量称为天然气的燃烧热值,简称热值(单位是 kJ/m^3 或 kJ/kg)。天然气的热值有两种,计算热值时,天然气、空气和燃烧产物处于相同的基准温度和压力下,燃烧生成的水全部冷凝为液体,此时测定的热值为高热值(或称全热值)。如果燃烧产物中的水保持汽相,这时测定的热值为低热值(或称净热值),通常都指的是低热值。

天然气燃烧没有物态的变化,燃烧速度快,放出热量多,因而产生的火焰温度高,辐射热强,危害性也大。

2. 爆炸性

(1)爆炸极限。天然气与空气以一定比例混合后,形成一种能燃烧或爆炸的混合气体,一遇火源就能发生燃烧,在有限空间内也能发生爆炸。可燃气体与空气的混合物遇明火而引起爆炸时可燃气体浓度的范围称为爆炸极限。在混合物中,当可燃气体的含量减少到不能形成爆炸混合物时的含量,称为可燃气体的爆炸下限。当可燃气体含量一直增加到不能形成爆炸混合物时的含量,称为可燃气体的爆炸上限。一般以天然气在空气中的体积百分数来表示。常见物质的燃烧爆炸参数见表7.3。

表7.3 常见物质的燃烧爆炸参数

名称	爆炸危险度	最大爆炸压力,$10^5 Pa$	爆炸下限,%	爆炸上限,%	蒸气相对密度（空气为1）	闪点,℃	自燃点,℃
甲烷	2.0	7.2	5.0	15.0	0.55	气态	595
乙烷	3.2	—	3.0	12.5	1.04	气态	515
丙烷	3.5	8.6	2.1	9.5	1.56	气态	470
丁烷	4.7	8.6	1.5	8.5	2.05	气态	365

续表

名称	爆炸危险度	最大爆炸压力,10^5Pa	爆炸下限,%	爆炸上限,%	蒸气相对密度（空气为1）	闪点,℃	自燃点,℃
戊烷	4.6	8.7	1.4	7.8	2.49	<-20	285
氢	17.9	7.4	4.0	75.6	0.07	气态	560
一氧化碳	4.9	7.3	12.57	4.0	0.97	气态	605
硫化氢	9.9	5.0	4.3	45.5	1.19	气态	270
城市煤气	6.5	7.0	4.0	30.0	0.5	气态	560
标准汽油	5.4	8.5	1.1	7.0	3.20	<-20	260
柴油	9.8	7.5	0.6	5.0	7.00	—	—

(2) 天然气的爆炸危险性。容器、管道中的天然气泄漏在大气中，其浓度达到爆炸极限范围时，遇火源即将发生燃烧或爆炸；当天然气浓度低于下限时，遇火源不爆炸，但能在火焰外围形成燃烧层；当天然气浓度高于上限时，遇火源不发生爆炸但能发生燃烧。天然气爆炸引起的压力容器爆炸见动态图7.1。

动态图7.1　天然气爆炸引起的压力容器爆炸

当天然气与空气的混合是在燃烧过程中形成的，则为扩散现象的结果，形成平稳的扩散式燃烧，又叫稳定式燃烧，如烧天然气做饭等。如果天然气在燃烧前已与空气混合均匀，达到爆炸极限范围，遇火源则发生爆炸式燃烧，也叫动力燃烧。如天然气管道破损漏气或天然气设施、阀门等损坏漏气，天然气扩散到空间与空气形成爆炸混合气体，遇火源立即以爆炸形式向天然气来气方向燃烧，直至漏气处为止，才会转为稳定形式的燃烧。

(3) 扩散性。由于气体分子间的空隙很大，分子又在不断地运动，一种气体在另一种气体内的运动称为扩散。可燃气体能以任何比例与空气混合，说明气体具有无限的掺混性。天然气中轻的可燃气体逸散在空气中，容易与空气形成爆炸性混合物，顺风飘移，遇火源即爆炸蔓延，如天然气中的氢、甲烷等。

(4) 加热自燃性。天然气加热到一定的温度，即使不与明火接触也能自行着火。发生自燃的最低温度称为自燃点。

(5) 腐蚀、毒害和窒息性。天然气中某些组分，如 H_2S、CO、CO_2 等不仅腐蚀设备，降低设备耐压强度，严重者可导致设备裂隙、漏气，遇火源引起燃烧爆炸事故，而且对人体极为有害。当大量天然气或其生成物扩散到空气或房间里，达到一定浓度，使含氧量减少，严重时也可使人窒息死亡。

7.1.1.2　决定天然气火灾危险性的因素

(1) 爆炸极限。可燃气体的火灾与爆炸危险性的大小，主要取决于爆炸极限。爆炸下限越低和爆炸间距越大的气体，其危险性就越大。例如：氢爆炸极限是4.0%~74.2%，甲烷的爆炸极限5%~15%，两者相比，氢的爆炸下限低，爆炸极限间距比甲烷大7倍，这就意味着氢发生爆炸的机会比甲烷多7倍。因此，氢气的危险性就比甲烷大得多。

爆炸下限较低的可燃气体，如有泄漏，即使量不大，也容易进入爆炸极限范围；爆炸上限较高的气体，如果空气进入容器或管道中，不需要很大的量也能进入爆炸极限范围。

(2) 自燃点。天然气中可燃气体的自燃点除硫化氢(290℃)外，都在400~700℃之间。自燃点越低的可燃气体,受热自燃的危险性越大。

(3)扩散系数。扩散系数越大,气体扩散速度越快,火焰蔓延扩展的危险性就越大。

(4)相对密度。与空气密度相近的可燃气体,容易与空气均匀混合,即容易形成爆炸性混合气体;比空气密度小,容易扩散,能顺风飘动,易使火焰蔓延扩展;比空气密度大,则主要沿着地面扩散,易窜入沟渠、厂房死角处,长期聚集不散,遇火源就会发生燃烧或爆炸。

(5)爆炸威力指数。爆炸威力指数是反映爆炸对容器或建筑物冲击波的一个量,它等于最大爆炸压力与爆炸压力上升速度的乘积。爆炸威力指数越高,爆炸的破坏性越大。

7.1.2 天然气火灾发生的原因

天然气处理过程中存在的导致火灾爆炸的因素主要如下。

7.1.2.1 漏气

天然气处理过程中的生产设备、塔、管线、压力容器、阀门等,在运行时可能因窜气、超压、腐蚀、选材不当和制造缺陷等导致破裂和泄漏,如遇火源即可发生火灾爆炸。为防止火灾和爆炸的发生,首要问题是防止天然气泄漏。

7.1.2.2 火源

(1)静电火花。静电的产生或起电过程是相当复杂的,方式也是多种多样的,如感应起电、介质的极化起电、温差起电、压力起电、吸附起电、电解起电和接触起电等,有时几种起电方式同时存在。接触起电是产生静电电荷的主要方式。在生产过程中,当物体的静电积聚到一定程度,或其电位高于周围介质的击穿场强时,就会发生静电放电现象,即静电能量转变为热能、光能和声能的过程。放电火花的能量大于点燃可燃性气体所需最小点火能量时,便可使可燃气体着火或爆炸。如果所在场所存在天然气与空气形成的爆炸性混合物,即可由静电火花引起火灾爆炸。当带静电的人体接近接地体,或接地体的人体接近带静电物体时,都可能发生放电火花,引发火灾爆炸。

(2)电器设备开关电火花。电气设备高电压火花放电、短时间的弧光放电、接触点上微小火花放电等都是引发火灾爆炸的火源。

(3)点火、熄火和回火。加热炉点火前未彻底吹扫,或因点火工具不可靠以及直接利用炉膛高温引燃燃料气可能引起点火爆炸;紧急停电及燃料气系统波动,可能引起熄火爆炸;硫磺回收装置反应炉(燃烧炉)回火可能引起酸气系统回火爆炸;火炬系统回火可能引起放空系统爆炸。

(4)动火作业。在厂区或装置区有天然气存在的区域进行动火作业时,特别是在对介质为天然气或其凝液的设备、管线进行焊割施工时,当置换不彻底或有关阀门未关死、周围存在有泄漏的天然气,以及其他区域的天然气窜入焊割施工的动火区等,极易引发火灾爆炸。

(5)硫化铁自燃。钢材中的铁元素可与天然气中的H_2S反应生成极易自燃的硫化铁(或硫化亚铁)。硫化铁的自燃属于自热氧化自燃类型,即在常温下发生氧化反应产生的热量,如不及时散发掉,则将聚积起来使堆积的硫化铁温度上升,达到其自燃点以上,就会剧烈燃烧,并引燃周围易燃、易爆物质,发生火灾甚至爆炸事故。

(6)碰撞和摩擦火花。在天然气处理过程中,有时会因金属物体与金属物体之间碰撞摩擦产生火花,导致火灾爆炸。

7.1.3 防火防爆措施

根据燃烧原理,防火防爆的主要措施就是设法消除燃烧爆炸三要素中的任一要素,其方法如下。

7.1.3.1 控制天然气泄漏

防止天然气泄漏和积聚,使其不能达到爆炸极限,这是防止爆炸的首要措施。

(1)将有泄漏危险的装置和设备尽量安装在露天或半露天的厂房中,以利于泄漏的天然气扩散稀释。当必须采用室内厂房时,则厂房建筑应具有良好的自然通风,或加装必要的机械通风设备。

(2)生产设备在投入生产前和定期检修时,应检查其密闭性和耐压程度。所有机泵、管道、阀门、法兰、管件及接头等易漏部位,应经常检查,避免产生"跑、冒、滴、漏"现象。设备流程在运转和运行,可用肥皂液、化学试剂或分析仪器检查其气密情况。

(3)天然气流程的罐、塔、容器和管道等,在检修时(尤其是需动火时),必须用惰性气体(如氮气、蒸汽等)进行充分的置换,并经彻底清洗分析合格。与外部相连的管道,应用盲板隔开。

(4)当长输管线无法用惰性气体进行置换,又需动火时,应严格防止空气进入形成爆炸混合气体,引起管内燃炸。

(5)设备上的一切排气放空管都应伸出室外,并考虑周围建筑物的高度与四邻环境。如果排放的气体污染性大,数量又多,需接受城市环境保护部门的监督。排气放空管不能形成真空或被堵塞。

(6)应注意带压生产设备、塔、容器和管道的密闭性,防止天然气逸出形成爆炸混合气体。对于负压生产设备,应防止空气侵入而使设备内部的天然气达到爆炸极限。

(7)锅炉、加热炉等的燃烧室,由于突然熄火,在燃烧室内会形成可燃性混合气体,此时如果处理不当,就有可能引起爆炸。可采用火焰检测器对燃烧状态进行监测,一旦发生熄火,检测器能迅速检测出来,并自动接通控制装置,立即切断气源。

7.1.3.2 消除点火源

存在有燃烧爆炸混合气体的危险场所,应严格消除可以点燃爆炸性混合气体的各种火源。

1. 明火

(1)爆炸危险场所严禁吸烟和携带火种,并应在明显处设立警示标志。
(2)在具有火灾和爆炸危险性的厂、站、库内,必须使用防爆型电器设施和照明。
(3)在工艺操作过程中,加热天然气时,必须采用热水、水蒸气及其他较安全的加热方法。
(4)对设备、塔、容器及管道进行检修动火时(如气焊、电焊、喷灯、熔炉等),必须严格执行动火制度。
(5)防止因腐蚀作用在管道和设备中产生的硫化铁遭遇空气时自燃,引发天然气燃烧事故。当硫化铁和天然气同时存在时,尽可能使其空间保持微正压状态,或在干燥的硫化铁与空气接触之前将其淋湿。

2. 摩擦和撞击

在生产中,摩擦和撞击往往是造成天然气着火爆炸事故的根源之一。因此,具有爆炸危险性的生产场所应采取严格的措施,使所有设备不产生火花。

（1）机器轴承等转动部分,应润滑良好。机件摩擦部分,应采用有色金属制造的轴瓦,以消除火花。

（2）工具和通风机上的风翼,应用铜的合金制造,或用镀铜的钢板制造。

（3）搬运储存天然气和易燃液体的金属容器时,禁止在地上抛掷或拖拉,并防止铁器相互撞击,以免发生火花。

（4）禁止穿铁钉鞋或不穿防静电工作服进入易燃易爆场所。

3. 电火花

电火花是引发天然气着火爆炸的一个主要火源。因此具有爆炸危险的厂、站、库内的所有电气动力设备和照明装置,必须符合防火防爆的安全要求。

（1）电线要绝缘,并用钢管保护,免受生产过程中产生的蒸汽及气体腐蚀,电线的绝缘材料也应具有耐腐蚀的性能。

（2）具有爆炸危险的场所,应采用防爆式电气设备,如防爆电动机、防爆开关、防爆接线盒、防爆灯具、防爆控制器、防爆电话、防爆仪表及其他防爆电气设备。

（3）电气设备的熔断器必须与额定的容量相适应。

（4）对一切电气设备,都应订有规章制度,并经常检查。

（5）严禁在天然气工艺装置区拖拉电源线和设置临时电源线。

（6）工作结束后,应及时切断电气设备的电源。

4. 静电放电

在油气集输场所,必须严格按照 SY/T 6340—2010《防静电推荐做法》有关要求设置可靠的接地。使用期间应按照 SY/T 5984—2014《油(气)田容器、管道和装卸设施接地装置安全规范》的有关要去定期进行测试检查。接地设置的具体要求如下：

（1）在有爆炸危险的场所,一般不允许采用平皮带传动,用三角皮带较为安全。最安全的方法是安设单独的防爆电动机,电动机和设备之间用轴直接传动或经过减速器传动。

（2）接地泄漏是消除静电常用的主要方法。下列生产设备应有可靠的接地：

①生产或加工天然气的设备、容器和储罐；

②输送天然气的管道以及各种阀门；

③易燃易爆场所通风管道上的金属网过滤器；

④金属管道上的接地电路,因工艺要求被法兰填料的绝缘中断,应该在法兰上设置金属连接片导电；

⑤其他能产生静电的生产设备；

⑥易燃易爆的生产厂房、工艺装置区应采用环形接地网,将各个设备的接地线连接起来。

5. 雷电

如果雷电通过有燃烧爆炸危险性的厂房、仓库和装置区,不仅能引起天然气燃烧,也能引起爆炸。因此,为避免雷电引起的危害,对于易遭受雷击的建筑物、构筑物、露天生产的设备及储存容器,特别是遭受雷击能够引起燃烧爆炸的厂房和仓库,必须安装避雷设备和防雷接地。其做法应按《防止静电、闪电和杂散电流引燃的措施》的有关要求。

下列生产厂房和设备应装设防止直接雷击和感应雷击的避雷设备：

（1）经常散发天然气与空气能形成爆炸混合气体的厂房和仓库；

（2）大型储气罐；

（3）露天高度在15m以上，具有燃烧爆炸危险性的生产设备、装置；

（4）烟囱和水塔；

（5）发电站、配电站和高压输电线路避雷装置的设置，应根据电气设备的避雷规定执行。

7.1.4 天然气火灾的灭火方法

7.1.4.1 灭火原理

可燃物、助燃物和点火能源是燃烧的三个条件，也就是通常所说的燃烧三要素。具备一定数量和浓度的可燃物和助燃物，以及具备一定能量的点火能源，同时存在并且发生相互作用，才是引起燃烧的必要条件。缺少其中任一条件，燃烧便不会发生。所以，所有的防火措施都在于防止这三个条件同时存在，所有的灭火措施都在于消除其中的任一条件。灭火的基本原理可归纳为以下四个方面：冷却、窒息、化学抑制和隔离。

1. 冷却灭火

对一般可燃物来说，能够持续燃烧的条件之一就是它们在火焰或热的作用下达到了各自的着火温度。因此，对一般可燃物火灾，将可燃物冷却到其燃点或闪点以下，燃烧反应就会中止。热容量大的固体或液体，特别是蒸发潜热大的液体，都是可用的冷却物质，最常用的消防水具备蒸发潜热大和价格低廉的特点。为了增大水的表面积，加强冷却作用，可将水喷成雾滴状。

2. 窒息灭火

各种可燃物的燃烧都必须在其最低氧气浓度以上进行，否则燃烧不能持续进行。因此，通过降低燃烧物周围的氧气浓度可以起到灭火的作用。通常使用的二氧化碳、氮气、水蒸气等的灭火机理主要是窒息作用。

3. 化学抑制灭火

化学抑制灭火使用灭火剂与火焰燃烧反应体系的中间体自由基反应，从而使燃烧的链式反应中断，使燃烧不能持续进行。实际应用的钠盐、钾盐干粉灭火剂和卤代烷灭火剂就是基于上述抑制燃烧的原理，前者还附加有阻止热辐射和固体离子对火焰的冷却作用。

4. 隔离灭火

把可燃物与引火源或氧气隔离开来，燃烧反应就会自动中止。火灾中，关闭有关阀门，切断流向着火区的可燃气体和液体通道；打开有关阀门，使已经发生燃烧的容器或受到火势威胁的容器中的液体通过管道导至安全区域，都是隔离灭火的措施。

7.1.4.2 灭火方法

1. 断源灭火

关阀断气，就是控制、切断流向火源处的天然气，使燃烧中止。天然气集输系统中的容器、管道、塔等部位发生火灾时，着火处不断地得到天然气而持续燃烧，当关闭进气阀后，切断了气源，就能从根本上控制火势。设备、管道或塔中剩余的天然气燃尽后，便会自行中止燃烧。使用任何灭火剂扑灭天然气火灾时,都必须首先切断气源,以防止灭火后,气体再泄漏或喷射造成再次着火或爆炸。

关阀断气灭火时,应注意以下几点:

(1)防止因错关阀门而导致意外事故发生。

(2)关阀断气的同时,要不间断地冷却着火部位及受火势威胁临近部位;火灭后,仍需继续冷却一段时间,防止复燃复爆。

(3)当火焰威胁进气阀门而难以接近时,可在落实堵漏措施的前提下,先灭火,后关阀。

(4)关阀断气灭火时,应考虑关阀后是否会造成前一工序中的高温高压设备出现超温超压而发生爆破事故。因此,在关阀断气的同时,应根据具体情况采取相应的断电、停泵、泄压、放空等措施。

2. 灭火剂灭火

扑救天然气火灾,可选择水、干粉、卤代烷、蒸汽、氮气及二氧化碳等灭火剂灭火。利用水枪灭火时,宜以60°~75°的倾斜角射入,用压力大于6×10^5Pa的高速水流喷射火焰,可取得良好的灭火效果。常用灭火器使用方法见视频7.1。

视频7.1 常用灭火器使用方法

3. 堵漏灭火

对气压不大的漏气火灾,采取堵漏灭火时,可用湿棉被、湿麻袋、湿布、湿棉毡或黏土等封住着火口,隔绝空气,使火熄灭。在关闭、补漏时,必须严格执行操作规程和动火规定,并迅速进行,以免造成第二次着火爆炸。

7.1.4.3 灭火注意事项

(1)扑灭含有较高硫化氢的天然气火灾时,消防人员要注意防毒,戴好防毒面具或防护面罩等。

(2)进入现场的人员,严禁穿铁钉鞋和化纤衣服。一般先采取淋湿衣服的措施,以防产生静电火花。操作使用各种消防器材、工具、手电、手抬泵、车辆等严禁产生火花。在危险区内不得敲打金属,防止产生火花,必要时,可使用铜锤、胶皮锤、木槌等不产生火花的工具。

(3)为排除室内天然气需破拆门窗时,应选择侧风向,使用木棍击碎玻璃,以防撞击产生火花引起天然气着火爆炸。

(4)注意观察储气罐(柜)爆炸征兆。当发现储气罐排气阀猛烈排气,并有刺耳哨声、罐体震动厉害、火焰发白时,便是爆炸前奏,应迅速组织全体人员撤离。

(5)充分利用厂、站、库内的灭火设施,组织初期火灾的扑救。

(6)一切非灭火人员应远离现场。

7.1.4.4 泄漏排险措施

(1)天然气泄漏尚未着火时,应迅速关闭进气阀门和落实堵漏措施,杜绝气体外泄。

(2)迅速设置警戒区。警戒区应布置在该地区天然气浓度已超过其爆炸下限30%的范围,并注意风向。

(3)做好灭火战斗准备,防止遇火源发生着火爆炸。

(4)在下列情况,应通知供气站停止供气:

①邻近区域内发生重大火灾,并在继续扩大蔓延。

②已发生爆炸事故,并导致容器或管道损坏,漏气十分严重。
③大量天然气泄漏聚集的场所。
④泄漏处尚未查明,而气体检测仪器测定天然气浓度已达爆炸下限的30%。
⑤室内天然气泄漏时,应立即关闭室内供气阀门,迅速打开门窗,加强通风换气。
⑥禁止一切车辆驶入警戒区内。停留在警戒区内的车辆严禁启动。消防车到达现场,不可直接进入天然气扩散地段,应停在扩散地段上风方向和高坡安全地带,做好准备,对付可能发生的着火爆炸事故。消防人员动作应谨慎,防止碰撞金属,以免产生火花。
⑦根据现场情况,发布动员令,动员天然气扩散区的职工,迅速熄灭一切火种。
⑧警戒区域、冷却部位及灭火、救人、疏散等方案的确定,均应按照应急预案部署进行。
⑨天然气扩散后可能遇到火源的部位,应作为灭火的主攻方向。部署水枪阵地,做好对付发生着火爆炸事故的准备工作。
⑩利用喷雾水或蒸汽吹散泄漏的天然气,防止形成混合爆炸气团。
⑪险情排除之后,需经过测试,当天然气浓度确已低于爆炸下限的30%时,方可解除警戒。

7.1.5 事故案例

2005年国内某气田天然气处理厂第6套脱油脱水装置低温分离器在投产过程中发生爆炸,其爆炸裂片引发干气聚结过滤器连锁爆炸后引发火灾。事故造成2人死亡,直接损失近千万元,停止向某重要输气管道供气长达126h,影响十分严重。

7.1.5.1 事故经过

该天然气处理厂于2004年12月建成投产,共有6套采用低温分离法的脱油脱水装置。事故发生前,前5套脱油脱水装置已陆续投产,第6套脱油脱水装置也在2004年底完成安装、试压,由所属地区质量技术监督管理部门确认后核发了压力容器使用证。

2005年6月3日上午9时30分,第6套脱油脱水装置开始按照投产方案进气建压,同时采用肥皂水检漏。之后,低温分离器升压至6.24MPa时,开启装置干气外输阀,此时节流阀前压力为9.4MPa,低温分离器压力为6.2MPa,系统压力正常。中午12时后停运第4套脱油脱水装置,第6套脱油脱水装置低温分离器温度逐渐降至-21℃(设计最低工作温度-41℃)。13时再次用肥皂水对各密封点检漏,没有发现漏点,装置运行正常。

15时许,处理厂中心控制室值班人员听到强烈爆炸声,随后看到第6套脱油脱水装置附近的火光,立即启动全厂紧急停车程序,实施火灾爆炸应急预案。正在生产的4口气井全部自动关闭,切断进站气源。与此同时,启动消防喷淋系统,对凝析油储罐喷水降温。但是由于自动控制电缆在爆炸时严重损害,外输气出站截断阀已不能自动关闭,抢救人员曾多次试图对该截断阀实行手动关闭,但因火势太大,热辐射温度过高而无法靠近,只好驱车至距处理厂约14km的输气干线1号阀室,于16时关闭了该阀室截断阀,将输气干线气源切断。约30min后装置区火势逐步减弱,17时抢险人员关闭了外输气出站截断阀,并打开现场消防干粉罐,对管廊架上的导热油管线等着火处进行灭火,17时50分左右该装置火焰完全扑灭。

7.1.5.2 事故原因

(1)低温分离器是在正常条件下发生的物理爆炸,其爆炸裂片击穿附近的干气聚结过滤器,导致干气聚结过滤器连锁爆炸后着火,裂片呈宏观脆断特征。

(2)焊接缺陷是引起低温分离器开裂的主要原因。

(3)制造厂家焊接工艺不完善,制造工艺不成熟,造成焊接中产生裂纹和其他焊接缺陷,导致筒节冷卷和热校圆过程中材料脆化程度加剧,复层脆化及耐腐蚀性能降低,复合板基材无塑性转变温度升高和低温冲击功降低,使容器爆炸前存在较高的残余应力和较多的质量问题。

(4)监造人员未按《压力容器产品质量监督检验规则》要求对新型材料的焊接工艺进行评定确认,就发放了压力容器产品安全性能监督检验证书;检验人员没有认真履行职责,没有及时发现制造缺陷。

7.1.5.3 事故教训

(1)天然气处理厂一旦发生火灾爆炸事故,最有效的扑救方法就是迅速切断全部气源。因此,在高压气井设置井下、井口紧急截断阀,进站集气管线和出站输气管线安装紧急截断阀和紧急放空阀都是非常必要的。

(2)在大型天然气处理厂设置独立的安全仪表系统十分必要。这次事故中能够迅速切断4口生产气井和全部进站气源,安全仪表系统起到了重要作用。

(3)由于天然气处理厂的主要危险有害因素为火灾爆炸,故必须制定科学、合理且针对性强的应急预案,并应在平时加强应急预案的演练,以有效应对突发事故的发生。

(4)在大型天然气处理厂设置电视安全监视系统十分必要。由于该厂电视安全监视系统的9个电视摄像头几乎把全厂各个角落都监视到,因而尽管发生爆炸后现场一片狼藉,无法判断哪个容器先发生爆炸,但将中心控制室电视监控录像查看后,哪个容器何时发生先爆炸、爆炸后何时着火、爆炸产生的冲击波何时摧毁了电缆桥架、抢救人员何时到达现场以及何时撤离都很清楚,对事故调查起到了关键作用。

(5)必须使用成熟可靠的工艺、技术、设备和材料。该厂低温分离器采用的耐低温、耐腐蚀复合材料,国内尚无成功使用先例,因而不应在此重要工程项目中采用。

7.2 H_2S、SO_2、工业硫磺等危险危害性与防护

来自地下储层的天然气往往含有硫化氢(H_2S)、二氧化碳(CO_2)、硫化羰(COS)、硫醇(RSH)及二硫化物($RSSR'$)等酸性组分。这些酸性组分会造成金属设备腐蚀,排放到大气中会污染环境,用作化工原料时,它们还会引起催化剂中毒,使产品质量受到影响。当天然气中的酸性组分含量超过管输气或商品气质量要求时,必须采用合适的方法脱除。从天然气中脱除的H_2S又是生产硫磺的重要原料。当前把天然气中脱除下来的H_2S转化成硫磺,不只是从经济上考虑,更重要的出于环境保护的需要。当回收硫磺后的尾气不符合向大气排放的标准时,还应对尾气进行处理。

天然气脱硫脱碳、硫磺回收及尾气处理过程的主要职业危害除上节所述的火灾、爆炸以外,主要为来自气体泄漏、排放时引起的H_2S、SO_2等有毒气体的中毒和窒息事故。由硫磺回收装置制得的硫磺称为工业硫磺。工业硫磺无毒、易燃,自燃温度为232℃,其粉尘易爆。因此,了解H_2S、SO_2和工业硫磺等的危险危害性及其防护等相关知识是十分必要的。

7.2.1 毒物进入人体的途径及影响毒物毒害作用的因素

7.2.1.1 毒物进入人体的途径

毒物对接触者健康产生的危害,主要取决于毒物的毒性大小、进入人体的途径和剂量多少。在天然气处理过程中,毒物主要经过呼吸道、皮肤进入人体,经消化道吸收的较少。

天然气处理过程中的天然气、凝液蒸气,以及其中所含的 H_2S、SO_2 等有毒物质可经呼吸道进入人体。这些毒物经肺部吸收后,不经肝脏转化、解毒即直接进入血液循环系统而分布全身。空气中的毒物浓度越高、颗粒越小,在液体中的溶解度越大,则经人体呼吸道吸收的数量就越多。因此,呼吸道是毒物进入人体最主要的途径。

对于天然气凝液、稳定轻烃等液体,则是经过皮肤的表皮、毛囊和汗腺进入人体。其中,通过毛囊、汗腺的速度要比表皮快得多。皮肤有破损或患有皮肤病时,有利于毒物经过皮肤进入人体。高温、潮湿的环境使皮肤血管扩张,汗腺分泌旺盛,可促进经皮肤吸收的速度。毒物经表皮吸收后,也不经过肝脏解毒而直接进入血液循环系统。

毒物经过消化道进入人体而导致职业中毒的事例甚少。经消化道吸收的毒物,大部分先经肝脏转化后再进入血液循环。

7.2.1.2 影响毒物毒害作用的因素

影响毒物毒害作用的因素主要有以下几项:

1. 化学结构

毒物的化学结构不仅决定了其理化性质,而且也决定了其毒性大小和毒害作用的性质。化学结构不同的毒物,其毒性、毒害作用性质和原理也不同。

2. 物理特性

毒物的溶解度、颗粒大小(或分散度)、挥发性等物理特性,也严重影响毒物对人体的毒害作用。

毒物的水溶性和脂溶性对其进入人体的途径、吸收速度、体内分布等都有密切关系。例如 SO_2 易溶于水,容易引起眼结膜和上呼吸道黏膜的损害。

毒物在空气中的浓度不同,其毒害作用也不同。在静止空气中,有毒气体的相对密度与空气差别较大时,就可能发生分层。例如,相对密度较大的 H_2S 等常在低洼处和通风不良的室内底部形成很高的浓度。

3. 毒物的剂量

毒物进入人体要达到一定剂量才会引起中毒,而毒物进入人体的剂量则与作业场所空气中的毒物浓度和人体接触时间密切有关。因此,在生产过程中降低空气中毒物浓度和减少接触时间,即可控制毒物进入人体的剂量。

浓度是剂量的一种粗糙表达形式。最常用的毒性参数有:(1)绝对致死浓度,即使全部实验动物死亡的最低浓度(剂量),用 LC_{100}(LD)来表示;(2)半数致死浓度,即使半数实验动物死亡的浓度(剂量),用 LC_{50}(LD_{50})来表示。通常根据 LC_{50}(LD_{50})来对毒物的急性毒性进行分级。

由于目前在作业场所还不能采用剂量进行接触评价,故只能按浓度来评价。当毒物的化学结构确定后,浓度和接触时间就成为影响职业中毒的主要因素。浓度越高,毒害作用的持续时间越长,发生职业中毒的可能性就越大。一般以毒物的最高容许浓度(MAC)作为评价依据。作业场所空气中毒物浓度超过 MAC 时,无疑会对人员造成危害,但低于 MAC 时并不意味绝对安全,MAC 只是生产管理上的标志。

4. 毒物的联合作用

作业环境中经常有数种毒物同时存在而作用于人体,它可表现为相对作用、增强作用或拮抗作用。毒物的联合作用大大增加了对毒物毒害作用评价的复杂性和难度。

5. 作业环境与劳动强度

物理因素与毒物的联合作用日益受到重视。一般在高温、潮湿环境下,毒物的毒害作用比常温条件下大。紫外线、噪声和振动等也可增强某些毒物的毒害作用。体力劳动强度大时,毒物吸收得多,耗氧量大,使肌体对导致缺氧的毒物更敏感。

6. 个体感受性

人体的健康情况、年龄、性别、遗传因素以及其他个体因素等,均对毒物的毒害作用有影响,从而使人体对毒物的反应有很大差别。

7.2.2 H_2S 的危险危害性与防护

7.2.2.1 H_2S 的危险危害性

H_2S 存在于天然气处理过程的工艺介质中,如脱硫脱碳的原料气、硫磺回收及尾气处理的过程气和尾气。H_2S 在常温常压下为无色、有臭鸡蛋气味且有神经毒性的可燃性气体,同时也具有刺激性和窒息危险性。其毒性作用的靶器是中枢神经系统和呼吸系统,也可伴有心脏等多器官的损害。H_2S 的理化性质及危险危害性见表 7.4。

表 7.4 H_2S 的理化性质及危险危害性

标识	中文名:硫化氢		英文名:hydrogen sulfide	
	分子式:H_2S		相对分子质量:34.08	
理化性质	性状:无色气体,具有臭鸡蛋气味		溶解性:易溶于水,也溶于醇类、石油溶剂和原油中	
	熔点: -82.9℃	沸点: -61.8℃	相对密度(水=1):1.5392(0℃)	
	临界温度:100.5℃	临界压力:0.9MPa	蒸气密度(空气=1):1.1895	
	最小点火能:0.077mJ		蒸气压:2.7kPa	
燃烧爆炸危险性	燃烧性:易燃气体		燃烧分解产物:SO_2、水蒸气	
	闪点: -188℃		聚合危害:不聚合	
	爆炸极限(体积分数):4%~44%		稳定性:稳定	
	自燃温度:260℃		禁忌物:硝酸、强氧化剂、腐蚀性液体或气体	
	危险特性:易燃,与空气混合形成爆炸性混合物;遇高热和明火能引起爆炸;与浓硝酸、发烟硫酸或其他强氧化剂剧烈反应,发生爆炸。气体比空气密度大,能在较低处扩散到相当远的地方,遇明火会引起回燃			
	消防措施:消防人员必须穿戴全身防护服。关闭容器或钢瓶阀门,切断气源,切杀火势。若不能立即切断气源,则不允许熄灭正在燃烧的气体。用雾状水保持火场中容器或钢瓶冷却,并用雾状水保护去关闭阀门的人员			

毒性	接触限值 MAC:10mg/m³ 毒理资料:大鼠吸入 $LC_{50}=618mg/m^3$
对人体危害	H_2S 是一种神经毒剂,亦为窒息性和刺激性气体。其毒害作用的主要靶器是中枢神经系统和呼吸系统,也可伴有心脏等多器官损害,对毒作用最敏感的组织是脑和黏膜接触部位。人吸入 70~150mg/m³ 1~2h,出现呼吸道及眼刺激症状;吸入 300mg/m³ 6~8min 出现眼急性刺激症状;稍长时间接触引起肺水肿;吸入 760mg/m³ 15~60min,发生肺水肿、支气管炎及肺炎、头痛、头昏、步态不稳、恶心、呕吐;吸入 1000mg/m³ 数秒钟,很快出现急性中毒,呼吸加快后呼吸麻痹而死亡
急救	应使吸入气体的患者脱离事故现场至空气新鲜处休息并保暖,严重者须就医诊治。如果呼吸停止,须立即进行人工呼吸,眼睛受刺激须用大量水冲洗并就医诊治
防护	工程防护:严加密闭,提供充分的局部排风和全面通风。提供安全淋浴和洗眼设备 个体防护:呼吸系统防护为空气中浓度超标时,必须佩戴防毒面具,紧急事态抢救或撤离时,应佩戴正压自给式呼吸器;眼睛防护为戴化学安全防护眼镜,穿相应的工作服 其他:工作场所禁止吸烟、进食或饮水,工作后淋浴更衣,保持良好的卫生习惯,进入罐区或其他高浓度区作业,须有人监护
泄漏处理	处理泄漏物必须穿戴包括氧气防毒面具的全身防护服,对残余废气或容器、钢瓶泄露出的气体用排风机送到水洗塔或与塔相连的通风橱内
储运	包装标志:有毒气体副标志 毒害品包装方法:钢瓶 储运条件:防止容器碰撞,储存于阴凉、通风良好的低温库房,远离热源、火源,与硝酸、强氧化剂、腐蚀性液体或气体高压容器或钢瓶隔离,严防产生静电,避免日光直射和受热

7.2.2.2 H_2S 的监测与防护

在含硫区域作业时,一旦 H_2S 气体浓度超标,将威胁现场作业人员的安全,引起人员中毒甚至死亡。因此,H_2S 监测仪器和防护器具的使用对作业者的生命安全至关重要。

1. 硫化氢监测仪

天然气处理厂中 H_2S 监测应采取固定式和携带式硫化氢监测仪结合使用的方式,在脱硫、再生、硫回收、放空排污等区域设置 H_2S 的监测点。作业人员巡检时,应佩戴携带式硫化氢监测仪,进入上述区域应注意是否有报警信号。

1) 便携式硫化氢检测仪

便携式硫化氢检测仪(图 7.1)是根据控制电位电解法原理设计的,具有声光报警、浓度显示和远距离探测的功能,如腰带式电子检测器,具有体积小、重量轻、反应快、灵敏度高等优点。它有两个预警值,当浓度达到第二预警值时,将连续声光报警。H_2S 浓度将由液晶数字屏显示出来。在夜间,可利用照明功能照明,强噪音条件下,可通过耳机监听声响报警。使用时应注意防碰击,超限时停用,注意调校并严格记录(一般每半年调校一次)。便携式硫化氢检测仪使用注意事项如下:

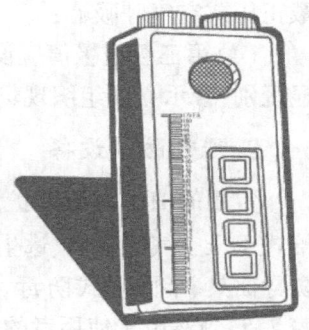

图 7.1 便携式硫化氢检测仪

(1)便携式硫化氢监测仪为精密仪器,不得随意拆动,以免破坏防爆结构;
(2)使用前应详细阅读使用说明书,严格遵守使用方法;
(3)特别潮湿环境中存放请加防潮袋;
(4)防止从高处跌落,或受到剧烈震动;
(5)仪器长时间不用也应定期对仪器进行充电处理(每月一次);
(6)仪器使用完后应关闭点源开关。

2)固定式硫化氢检测仪

固定式硫化氢检测仪(图7.2)一般多装于中心控制室(如总监或平台经理办公室等),有四个或更多探头与之连接,探头可放在 H_2S 易出现或聚集的地方。一旦探头接触 H_2S,将通过连接线传到中心控制室,显示 H_2S 浓度,并有声光报警。探头一般安装在离可能泄漏 H_2S 气体地点处1m范围内,这样探头的实际反应速度比较快。否则,有可能出现探头处 H_2S 气体浓度不超标,而泄漏点处局部气体已经超标,主机却不能报警的现象。主机一般安装到有人值守的值班室内,探头一般每三个月校正一次。

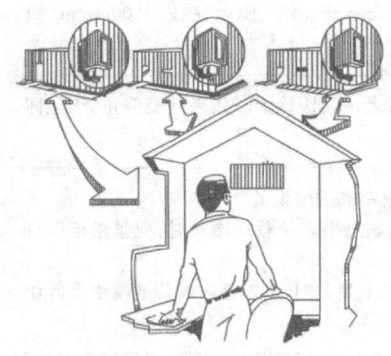

图7.2 固定式硫化氢监测仪

(1)固定式硫化氢监测仪为精密仪器,不得随意拆动,以免破坏防爆结构;
(2)每月校准一次零点;
(3)保护好防爆部件的隔爆面,不得损伤;
(4)为保证传感器探头的检测精度,用户应根据要求定期进行标定(具体时间按说明书要求);
(5)经常或定期清洗探头的防雨罩,用压缩空气吹扫防虫网,防止堵塞;
(6)在通电情况下严禁拆卸探头;
(7)在更换保险管时要关闭电源。

3)监测仪报警浓度的设置要求

(1)当空气中 H_2S 含量超过门限值时($15mg/m^3$),监测仪应能自动报警;
(2)第一级报警值应设置在门限值($15mg/m^3$),达到此浓度时启动报警,提示现场作业人员 H_2S 的浓度超过门限值;
(3)第二级报警值应设置在安全临界浓度($30mg/m^3$),达到此浓度时,现场作业人员应佩戴正压式空气呼吸器;
(4)第三级报警值应设置在危险临界浓度($150mg/m^3$),报警信号应与二级报警信号有明显区别,警示立即组织现场人员撤离。

2. 呼吸防护设备

常用的 H_2S 呼吸防护设备主要分为隔离式和过滤式两大类。隔离式呼吸防护设备有自给式正压空气呼吸器、逃生呼吸器、移动供气源、长管呼吸器;过滤式呼吸防护设备有全面罩式防毒面具、半面罩式防毒。H_2S 的呼吸防护设备的选择要依据使用环境中的毒物浓度,见表7.5,当然由于使用者的工作的特殊性,用户可以在相应标准下提升防护等级,选择更高级别的呼吸防护产品。

表 7.5　呼吸防护设备选择对照表

H_2S 浓度, mg/m^3	接触时间	毒性反应	呼吸防护设备
0.035		嗅觉阈、开始闻到臭味	过滤式半面罩
0.4		臭味明显	过滤式半面罩
4~7		感到中等强度难闻的臭味	过滤式半面罩
30~40		臭味强烈,是引起症状的阈浓度	过滤式全面罩
70~150	1~2h	呼吸道及眼刺激症状,吸入 2~15min 后嗅觉疲劳,不再闻到臭味	过滤式全面罩
300	1h	6~8min 出现眼急性刺激性,长期接触引发肺气肿	隔离式防护
760	60~75min	发生肺水肿,支气管炎及肺炎,接触时间长时引起头疼、头昏、步态不稳、恶心、呕吐、排尿困难症状	隔离式防护
1000	数秒	很快出现急性中毒,呼吸加快,麻痹死亡	隔离式防护
1400	立即	昏迷、呼吸麻痹死亡	隔离式防护

1)隔离式防护设备

(1)自给式正压空气呼吸器见图 7.3,使用方法见视频 7.2。

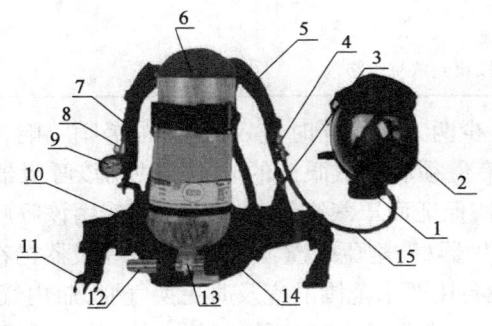

视频 7.2 自给式正压空气呼吸器的使用方法

图 7.3　自给式正压空气呼吸器

1—供气阀;2—全面罩;3—调节带;4—快速接头;5—肩带;6—气瓶固定带;7—高压管路;8—警报哨;9—压力表;10—腰带卡;11—腰带;12—减压器;13—气瓶和瓶阀;14—背板;15—中压管路

自给式正压空气呼吸器适用于 H_2S 浓度超过 $15mg/m^3$ 或 SO_2 浓度超过 $5.4mg/m^3$ 的工作区域。进入 H_2S 浓度超过安全临界浓度 $30mg/m^3$ 或怀疑存在 H_2S 或 SO_2 但浓度不详的区域进行作业之前,应戴好自给式正压式空气呼吸器。自给式正压空气呼吸器主要由正压式面罩、背板系统(含背板及系带、供气阀、减压阀、压力表等)、全缠绕碳纤维气瓶三部分组成。压缩空气由高压气瓶经高压快速接头进入减压器,减压器将输入压力转为中压后经中压快速接头输入供气阀。当人员佩戴面罩后,吸气时在负压作用下供气阀将洁净空气以一定的流量进入人员肺部;呼气时,供气阀停止供气,呼出气体经面罩上的呼气阀门排出,形成一个完整的呼吸过程。自给式正压式空气呼吸器在整个呼吸过程中面罩内始终处于正压状态,外界染毒气体不会向面罩内泄漏。而且供气量的多少由佩戴人员的呼吸需要来控制,按需供气,使人员呼吸更为舒畅。基于以上优点,自给式正压式空气呼吸器已在世界各国广泛使用,使用步骤见表 7.6。

表 7.6 自给式正压空气呼吸器操作流程

步骤	操作说明
预检	检查瓶阀、减压阀处于关闭状态,气瓶束带扣紧,瓶不松动
使用前快速检测	打开瓶阀,确认气瓶压力值在 30MPa(建议不低于 20MPa)
	打开瓶阀一圈,然后关闭,慢慢按下强制供气阀(黄色按钮),观测压力表压力变化,在压力降至 5MPa 时报警哨是否正常报警
	一只手托住面罩将面罩口鼻罩与脸部完全贴合,另一只手将头带后拉罩住头部,收紧头带
	检测面罩的气密性:用手掌封住供气口吸气,如果感到无法呼吸且面罩充分贴合则说明密封良好
佩戴	通过套头法或者甩背法,背上整套装置,双手扣住身体两侧的肩带 D 形环,身体前倾,向后下方拉紧 D 形环直到肩带及背架与身体充分贴合,扣上腰带,拉紧
	打开瓶阀至少两圈,将供气阀推进面罩供气口,听到"咔嗒"的声音,同时快速接口的两侧按钮同时复位则表示已正确连接,即可正常呼吸
使用完毕后的步骤	按下供气阀快速接口两侧的按钮,使面罩与供气阀脱离; 扳开头带扳口,卸下面罩; 打开腰带扣; 松开肩带,卸下呼吸器; 关闭瓶阀; 按下强制供气阀(黄色按钮),放空管路

使用过程中应注意以下方面:建议至少两人一组同时进入现场;报警哨鸣响,使用者必须马上离开工作现场,撤离到安全地带;蓄有鬓须和佩戴眼镜的人不能使用该呼吸器(或加装面罩镜架套装),因面部形状或疤痕以致无法保证面罩气密性的人也不能使用该呼吸器;保持气瓶内的空气压力至少在 0.5MPa 以上;爱护器材,避免碰撞,不要随意将呼吸器扔在地上,以免对呼吸器造成严重损害;使用后压力不在备用要求范围的应及时更换气瓶,瓶内气体储存超过一个月的,建议更换新鲜空气;整套呼吸器应每年由具备相应资质的单位进行一次检测;全缠绕碳纤维气瓶每三年进行一次检测,并在呼吸器的显要位置注明检测日期及下次检测日期;所有检查应有记录,而且在大型的抢险及严重摔碰后,应检测合格才能继续使用。

(2)逃生呼吸器(图 7.4)。逃生自给式空气呼吸器的工作原理和使用可参考自给式正压空气呼吸器的相关介绍。由于逃生呼吸器通常用于紧急事件下的逃生用,所以建议存放在可能发生泄漏危险的场所,并应有明显标示。逃生瓶只能作为逃生使用,其使用时间为 5～10min,要确保逃生瓶始终处于充满状态。

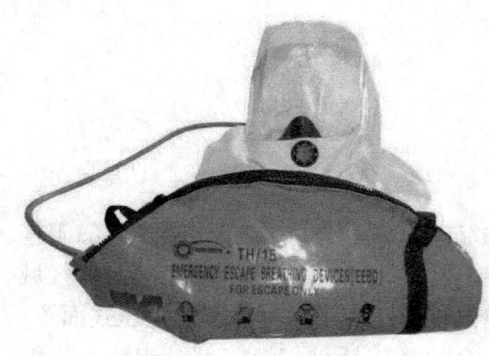

图 7.4 逃生呼吸器

(3)移动供气源——便携式充气泵。便携式充气泵可分为电动机及汽油机两大类,主要组件包括压缩机装置、驱动装置(电动机及汽油机)、过滤器组件、充气组件、底板和机座。以交流电源或者汽油发动机作动力,通过三级汽缸的空冷往复式活塞运动,将大气中的新鲜空气压缩成 300bar 的高压气体。使用步骤参考表 7.7。

表 7.7 便携式充气泵操作流程

步骤	操作说明
1	开启通风系统及照明系统
2	检查空压机操作记录,有特殊情况或不符合工作状态时停止操作,通知专业维修保养人员
3	检查操作记录有关滤芯的使用情况,超过时限,立即更换
4	检查润滑油的刻度,应将油加至油标刻度的最高和最低之间
5	开启机房电源总开关,将总开关拨至"ON"位置
6	电动泵:开启空压机的开关"Ⅰ",启动压缩机汽油泵 冷启动:先将油门和风门调至最小位置,适当开启油开关,打开电源,再行启动;运行平稳时,将油门逐渐调至最大位置,以提高急速和马力,同时将风门和油开关调至最大位置
7	启动后发出任何不正常的声音,或者异常情况,按"O"停止运转
8	正常运转,关上充气阀,压力表显示空气压力;打开充气阀,排出高压压缩空气
9	至少将冷凝水排放阀打开2min,以便清洗滤芯中剩余的CO_2
10	打开充气阀,开启气瓶阀,压力表上的压力会降至气瓶内的压力,充气开始
11	关上充气阀,将充气阀连接器连接上气瓶
12	当充气压力表回升到指定压力时,表示已经充气完成,关上气瓶阀
13	关上充气阀,并泄掉充气阀中的高压空气
14	解除充气连接器,然后取出气瓶;在充气过程中,必须每15min旋开排水旋钮,排放冷凝水
15	停机:按下"O"键,关闭开关,关室内电源,关通风及照明系统

使用时要注意以下事项:充装呼吸器气瓶之前要确认该气瓶是装空气的,因为充气泵生产压缩空气,避免污染的空气进入空气供应系统;当可能有毒性或易燃气体污染进气口时,应对压缩机的进口空气进行监测;使用时不要有覆盖物,保持散热良好,汽油压缩机不能在室内使用;空气压缩机水平放置,倾斜度不要超过5°;汽油机充气泵应按说明书要求,在汽油箱的进口处加上(93号)汽油;电动充气泵,需正确接线,接线应由专业的电工操作,电源的额定压力必须稳定,否则会影响设备的正常工作;按照制造商的维护说明,定期更新吸附层和过滤器,压缩机上应保留有资质人员签字的检查标签。

(4)正压式长管供气系统。正压式长管供气系统是一个可以同时供给多人使用的远距离空气供应装置,可根据用途及现场条件选用不同的组件,配装成不同的组合装置,由高压气瓶、气泵拖车供气系统或压缩空气集中管路供气,使用时间长。但是由于用长管传送气源,所以有一定的危险系数(长管破裂、气源耗尽等),需要配合紧急逃生呼吸器使用。一般配合使用的逃生呼吸器在腰部束带上有自动切换装置,如果长管气源出现低压,自动阀门自动切换到随身佩戴的逃生呼吸器上,并发出警报,确保使用量并能及时逃离现场。使用时要有专业人员在气源处监护,确保能够提供稳定安全的气源;检查逃生瓶是否充满,检查标签是否填写了新的充气日期;检查低压管线是否完好无扭结,检查空气供给管汇和管线是否完好,检查头带是否完好并已充分放松。

2)过滤式防护设备

过滤式防护设备分为全面罩式防毒面具(图7.5)和半面罩式防毒面具(图7.6)。空气过滤面具是有毒作业常用的个体呼吸防护设备,它所使用的化学滤毒盒能将空气中的有害气体、蒸气滤除或降低其浓度,以保护使用者的身体健康。符合欧盟标准的产品,可以通过产品标示判定其防护种类,见表7.8。过滤式防毒面具的使用见视频7.3。

视频7.3 过滤式防毒面具的使用

图7.5 全面罩式防毒面具

图7.6 半面罩式防毒面具

表7.8 欧标对照表

种类	颜色	防护气体
A	褐色	有机气体和蒸气(沸点>65℃)
B	灰色	无机气体及蒸气:氯气、硫化氢等
E	黄色	酸性气体及蒸气:二氧化硫等
K	绿色	氨气及其衍生物
AX	褐色	有机气体(沸点<65℃)
SX	紫罗兰色	特殊气体(由制造商决定)
NO-P3	蓝白色	磷、氧化氮
Hg-P3	红白色	水银

对于国家标准,其可防护硫化氢的标号见表7.9。

表7.9 国标对照表

毒罐编号	标色	防毒类型	防护对象(举例)	试验毒剂
4	灰	防氨、硫化氢	氨、硫化氢	氨(NH_3) 硫化氢(H_2S)
7	黄	防酸性	酸性气体和蒸气;二氧化碳、氯气、硫化氢、氮的氧化物、光气、磷和含氯有机农药	二氧化硫(SO_2)
8	蓝	防硫化氢	硫化氢	硫化氢(H_2S)

面罩(以全面罩为例)的佩戴步骤如下:
(1)观察面罩是否处于良好状态(清洁、无裂痕,无橡胶或塑料部件的变形)。
(2)根据污染物的特性选用相应的过滤罐。
(3)将下颚放进面罩底部,将头带拉过头顶;将头带的中心位置尽量往后拉;先拉下部头带,然后拉上部头带,不要过紧;用手堵住呼气阀,吸气并屏气一段时间看面罩是否漏气,不漏气可使用,否则调整头带至合适为止。
注意事项:选择适当用途的滤盒以适应所处的污染环境;确认所处环境的有毒物质浓度不超过标准规定的滤盒耐受浓度,具体内容参考表7.5及《呼吸防护 自吸过滤式防毒面具》(GB 2890—2009)标准中的相关要求;确认所处环境中的氧气含量不能低于18%,温度条件为

-45℃～-30℃;有新鲜空气的工作区域,或通风良好的室内、水塔、蓄水池等环境,才可使用过滤式呼吸防护设备;如果环境中出现粉尘或气溶胶,则必须使用防尘或防尘加防气体符合过滤盒;滤盒应储存在低温、干燥、无有毒物质的环境中,不应损害包装,储存期限为三年。

7.2.2.3　H_2S 中毒的救护

(1)进入毒气区抢救伤员,必须先戴上正压式空气呼吸器,遵循自我保护—报警—救护的原则;

(2)迅速将中毒者从毒气区抬到通风且空气新鲜的上风地区;

(3)如果中毒者已停止呼吸和心跳,应立即实施人工呼吸和胸外心脏按压(施救过程中要注意中毒者衣服及口腔中残留的 H_2S),直至呼吸和心跳恢复正常,也可使用呼吸器进行抢救;

(4)如中毒者没有停止呼吸,应绝对保持中毒者处于放松状态,并给予输氧,随时保持中毒者的体温;

(5)当呼吸和心跳恢复后,可给中毒者饮些兴奋性饮料和浓茶,专人护理;

(6)如眼睛轻度损伤,可用干净水清洗或冷敷,并给予抗生素眼膏或眼药水,或用醋酸可的松眼药水滴眼,每日数次,直至炎症好转;

(7)即便轻微中毒,也要休息两天,不得再度受 H_2S 的伤害,因为被 H_2S 伤害过的人,对其抵抗力会变得更低。

7.2.2.4　心肺复苏

心肺复苏是指救护者同时为伤害者施行胸外心脏按压及人工呼吸的技术,以维持人的血液循环及呼吸。如脑组织超过 4min 没有氧气供应,则有可能导致永久性的损伤,因为脑组织不断需要氧气来维持其功能,因此急救的时间性是非常重要的。心肺复苏操作见视频7.4。

视频7.4 心肺复苏操作

1. 人工呼吸

如伤病者呼吸停止,应立即施行人工呼吸,使不能自主呼吸、呼吸机能不正常或呼吸困难的伤病者,得到被动式的呼吸,以维持伤病者的肺部空气流通,具体步骤如下:

(1)捏住伤病员鼻孔,救护员的口唇紧贴伤病员口周并吹气入伤病员口腔,同时观察其胸廓起伏情况。

(2)移开嘴,让伤病员胸廓充分回落。

(3)每分钟给予 10 次人工呼吸(每次约 6s),每隔 2min 检查循环。

(4)如人工呼吸不能成功,例如胸廓不起伏,应检查:

①是否充分开放气道;②是否有异物堵塞气道;③是否口对口密封;④是否有捏鼻子;⑤是否伤病员的呼吸已经恢复。

(5)施行口对口人工呼吸时,应当尽可能使用个人防护用品。

2. 胸外心脏按压

(1)使伤病者仰卧在坚硬的平面上。

(2)救护者准备按压姿势,双膝跪地靠近伤病者的肩与腰之间。

(3)按压位置为胸骨下 1/2 段:

①救护者跪于伤病者一侧,用靠近伤病者下肢的手的中指沿伤病者的一侧肋骨下缘向上

滑行,直至中指到达肋骨与胸骨交汇点;

②将食指靠近中指,即在肋骨与胸骨交点处对胸骨做定位;

③另一只手的掌根平贴放在伤病者胸骨定位的食指旁;

④将先前用于定位的手的掌根紧贴放在另一只手的手背上,十指相扣。

(4)施行按压。救护员上身前倾,以髋关节为轴,双臂垂直,用上身的力量将伤病者的胸骨向脊柱方向按压,随即安全放松,重复此按压和放松动作。按压时应读出节拍,按压深度一般为胸骨下陷4~5cm,按压频率为100次/min(每18s按压30次)。

3. 胸外心脏按压的注意事项

(1)按压位置必须正确,掌根不能放在胸骨下端的剑突上;

(2)按压时,除紧贴伤病者胸骨上的掌根外,救护员的其他身体部位均不应接触其胸骨及肋骨;

(3)按压及松弛时,上身不应前后摆动;

(4)按压时两手肘部必须伸直;

(5)按压时掌根不可向下猛撞;

(6)松弛时,掌根不可离开按压位置或做跳动,但应使其胸骨上压力完全解除,使胸廓恢复正常位置;

(7)按压与松弛的时间基本一致;

(8)按压时,救护者须观察伤病者反应及脸色的变化。

4. 心肺复苏有效的特征

如救护员实施急救的方法正确,而伤病者有下列各种征兆时,则证明其所施行的方法有效:

(1)脸色转红;

(2)瞳孔收缩到正常大小;

(3)有知觉、反应及呻吟等。

5. 心肺复苏的终止条件

心肺复苏进行期间,不得随意中断停止,除非出现以下情形:

(1)伤病者恢复自主性呼吸及有血液循环表征;

(2)另一位救护者或医护人员到场接替;

(3)医生证实伤病者死亡。

7.2.2.5 H_2S 中毒案例

1. 事故经过

2008年8月5日,某气矿天然气处理厂 $50 \times 10^4 m^3/d$ 净化装置开始停产大修。吸收塔塔盘经过水洗并用压缩空气对塔内有害气体进行置换后,8月8日10:00从塔顶取样分析 H_2S 含量为 $14.51 mg/m^3$;8月9日8:30再次取样分析,H_2S 含量为 $3.66 mg/m^3$,符合工业气液设计卫生标准(最高容许浓度为 $10 mg/m^3$),再由杨某将活鸡、活兔放入塔内进行动物活性试验,一切正常后,于当日16:00清洗完毕。

8月10日8:10,引进车间副主任任某和班长王某上吸收塔检查验收塔内清洗质量,发现第八层未洗干净,塔底有淤泥,安排刘某进塔清除。由于王某检查3/4胶皮管从富液出口引入压缩空气的情况,确认了压缩空气阀门已开,由大班长魏某向刘某交代安全注意事项。9:00刘某进入塔底并清除淤泥6桶,由杨某在塔内上部监护,任某、胡某在塔外上部入孔平台处监护。9:30清渣结束。刘某出塔后,任某用水冲洗塔底,直到出水干净。10:10由杨某进入塔底去检查清洗情况,胡某负责监护,以喊话和拉绳子的方式传递信号。10:10喊话联络无应答,胡某便下去查看情况,这时由任某和刘某监护。10:15左右,胡某和监护人任某喊话联络中断,任某迅速通知地面人员组织抢救。

任某带防毒面罩到塔底,发现杨某侧倒,脸朝下,接触塔底积水,胡某靠塔壁,任某将杨某扶正,用手卡二人的人中穴急救,并用塔顶吊下的一具氧气呼吸器给胡某带上,因塔底蜷曲两人,空间十分狭小,无法再吊入氧气呼吸器给杨某,任某立即用塔上放下的绳子套住胡某,塔外人员立即向上拉,但中途滑脱。现场立即派谭某入塔参与抢救,11:20救出胡某,现场医生立即进行输液,并同时送急救中心。求出胡某后,陈某立即穿戴防毒面罩到塔底查看,发现杨某头部有血,肢体发凉,陈某随即出塔,12:30杨某被救出,此时已无心跳和呼吸,现场抢救25min,然后送市急救中心,经心肺脑等抢救约40min无效死亡。

2. 事故原因

1)直接原因

刘某清渣后,任某用水冲洗塔底,由于仪表风胶管口淹没入水里,水的飞溅和空气吹动,造成塔底剩余残渣夹带H_2S,并迅速释放而积聚塔底,引起塔底H_2S浓度迅速升高、导致两人死亡的事故。

2)间接原因

(1)现场存在违章作业:一是冲洗后塔内环境作业条件发生改变,未对塔内H_2S浓度重新检测,致杨某进入底层作业时中毒;二是杨某塔内作业未佩戴防毒用品,随后监护人胡某也未佩戴防毒用品,造成本人中毒,增加了施救难度,延误了施救时间。

(2)现场检修人员对引进设备资料消化不全,对吸收塔下部的分离器设置有内入孔的结构认识不清,作业中未及时打开内入孔,导致塔内通风不良,施救困难。

(3)管理上的原因。

①安全意识淡漠。净化厂建厂后多年无事故,致使领导思想麻痹,工作不扎实,放松了安全警惕,表现在对装置大修的组织不力,大修的项目组和领导小组成员多数不在现场组织指挥,没有严格按HSE管理体系要求进行项目作业;拟订的应急方案未经厂级讨论和修改,也未送矿主管部门审核批准,有的条款无操作性,施工作业方案存在错误的地方。

②大修的组织管理不善。本次大修,油气矿、净化厂及引进车间虽然均成立了项目组或领导小组,但涉及人员要么不能有效履行职责,要么同一人在不同文件中有不同的职责,形成职责交叉。

③安全职责不落实。在油气矿"关于成立净化厂$50 \times 10^4 m^3/d$装置大修的项目组"的文件中,对质量、成本、效益提出了要求,但未明确安全控制措施。净化厂在成立相应的大修领导小组时,仍然未落实安全责任人,致使$50 \times 10^4 m^3/d$装置大修的作业中安全责任不落实。

④职能部门监管不力。油气矿开发部对净化厂大修的过程控制不力,对大修方案和技术措施审查不细,存在错漏;安全技术环保部对项目大修监管不到位,未实行有效监督。

7.2.3 SO_2 的危险危害性与防护

7.2.3.1 SO_2 的危险危害性

SO_2 主要是天然气中 H_2S 的燃烧产物,存在于硫磺回收过程的过程气、尾气、尾气焚烧炉焚烧后的尾气、火炬排放的烟气中。SO_2 常温下是一种无色、有强烈辛辣味的刺激性气体。气态的 SO_2 分子极性很强,易溶于水,生成亚硫酸(H_2SO_3)和硫酸(H_2SO_4)。目前认为 SO_2 在黏膜表面生成的亚硫酸和硫酸的强烈刺激作用是导致其中毒症状的主要原因。SO_2 的理化性质及危险危害性见表 7.10。

表 7.10 SO_2 的理化性质及危险危害性

标识	中文名:二氧化硫;亚硫酸酐		英文名:sulfur dioxide;sulfurous anhydride;sulfurous acid anhydride	
	分子式:SO_2		相对分子质量:64.07	
理化性质	性状:无色气体或液体,有刺激性气味		溶解性:17.7% 水(0℃);25% 乙醇;中等程度溶于苯、丙酮、四氯化碳	
	熔点: -72.7℃	沸点: -10℃	相对密度(空气=1):2.264(0℃)	蒸气压:338.32kPa(21.11℃)
	燃烧性:不燃	聚合危害:不聚合	稳定性:稳定	禁忌物:硝酸、强氧化剂、腐蚀性液体或气体
	危险特性:与水或蒸汽反应生成有毒和腐蚀性气体			
	消防措施:消防人员必须穿戴全身防护服、佩戴正压供气式呼吸器,方可关闭钢瓶阀门,用水冷却火场中的钢瓶,并应迅速将钢瓶转移至安全地带			
毒性	接触限值:PC – TWA[①] = $5mg/m^3$;PC – STEL[②] = $10mg/m^3$ 毒理资料:大鼠吸入 LC_{50} = $6600mg/m^3$(1h)			
对人体危害	主要引起不同程度的呼吸道及眼黏膜刺激症状。轻度中毒者可有眼灼痛、畏光、流泪、流涕、咳嗽,常为阵发性干咳,鼻、咽喉部有烧灼样痛、声音嘶哑,甚至有呼吸短促、胸痛、胸闷。严重中毒可在数小时内发生肺水肿,出现呼吸困难和紫绀,咳粉红色泡沫样痰。有的病人可因合并细支气管痉挛而引起急性肺气肿。有的病人出现昏迷、血压下降、休克和呼吸中枢麻痹。个别患者因严重的喉头痉挛而窒息致死。较高浓度的 SO_2 可使肺泡上皮脱落、破裂,引起自发性气胸,导致纵隔气肿。液体 SO_2 可引起皮肤及眼灼伤、起泡、肿胀、坏死			
急救	迅速将患者离开中毒现场至通风处,松开衣领,注意保暖、安静,观察病情变化。对有紫绀缺氧现象的患者,应立即输氧,保持呼吸道通畅,如有分泌物应立即吸取。如发现喉头水肿痉挛和堵塞呼吸道时,应立即做气管切开。对呼吸道刺激,可用 2% ~5% 碳酸氢钠溶液雾化吸入,每日三次,每次 10min。防治肺气肿时,宜根据病情及早、适量、短期应用糖皮质激素;合理应用抗生素以防治继发感染。眼损伤时采用大量生理盐水或温水冲洗,滴入醋酸可的松溶液和抗生素,如有角膜损伤者,应由眼科及早处理			
防护	工程防护:作业过程密闭,提供充分的局部排风和全面通风 个体防护:呼吸系统防护为空气中浓度超标时,必须佩戴防毒面具,紧急事态抢救或撤离时,应佩戴自给式正压呼吸器;眼手防护为戴化学安全防护眼镜和防护手套,穿相应的工作服 其他:工作场所禁止吸烟、进食或饮水,工作后淋浴更衣,保持良好的卫生习惯			
泄漏处理	切断气源,抽排(室内)或强力通风(室外)。对泄漏物处理时必须穿戴氧气防毒面具。残余气体或钢瓶泄漏出的气体送至水洗塔或与塔相连的通风橱内			

储运	包装标志:有毒气体 包装方法:高压钢瓶 储运条件:储存于阴凉、通风良好的不燃材料结构的库房。避免容器受日光直晒或受热。平时检查钢瓶是否漏气。搬运时钢瓶须戴安全帽及防震橡皮圈,防止撞击和剧烈震动,避免容器受损。与有机物、可燃物、氧化剂和其他可燃物隔离储运

①PC-TWA 指时间加权平均容许浓度。
②PC-STEL 指短时间接触容许浓度。

7.2.3.2 SO_2 中毒的预防

1. 气体浓度监测

进入施工现场的人员要佩戴便携式气体检测仪。检测仪要调整好一、二级报警值,并设置好声光报警,以便能及时发现浓度异常情况。如有必要,可在容易产生 SO_2 气体的位置设置固定式气体监测仪,随时监测 SO_2 浓度。

2. 进入现场施工的防护

(1)可将数层纱布用饱和碳酸氢钠溶液及 1%甘油润湿后夹在纱布口罩中,工作前后用 2%碳酸氢钠溶液漱口。

(2)现场提供充分的局部排风和全面通风,应设置安全淋浴和洗眼设备。

(3)施工现场空气中 SO_2 质量浓度不应超过 $15mg/m^3$ 的最高容许浓度。如浓度超标,应佩戴自吸过滤式防毒面具(全面罩);浓度严重超标、紧急状态抢救或撤离时,建议佩戴自给式正压空气呼吸器。

(4)进入施工现场的人员要穿聚乙烯防护服,并戴橡胶手套。

(5)工作现场禁止吸烟、进食和饮水。

(6)工作完毕,离开 SO_2 环境后要淋浴更衣,保持良好的卫生习惯。

3. 其他安全要求

(1)有明显呼吸系统及心血管系统疾病者禁止从事与 SO_2 有关的作业。

(2)凡从事 SO_2 作业人员均应进行就业前体检,就业后每两年体检一次。体检应包括内科、五官科、胸部 X 线等项检查。

(3)有条件时可做肺功能检查。

(4)其他方面可按照有关 SO_2 中毒、诊断及处理方法的标准执行。

7.2.3.3 SO_2 中毒的救治

(1)立即将患者移离有毒场所,呼吸新鲜空气或氧气,雾化吸入 2%~5%碳酸氢钠+氨茶碱+地塞米松+抗生素;用生理盐水或清水彻底冲洗眼结膜囊及被液体 SO_2 污染的皮肤。

(2)对吸入高浓度 SO_2 有明显刺激症状但无体征者,应密切观察不少于 48h,并对症治疗。

7.2.4 工业硫磺的危险危害性与防护

7.2.4.1 工业硫磺的危险危害性

工业硫磺有固体和液体之分。现以固体工业硫磺为例介绍其危险危害性及防护等有关事项。工业硫磺为易燃固体。空气中含有一定浓度硫磺粉尘时不仅遇火会发生爆炸,而且硫磺粉尘也很易带静电产生火花导致爆炸,继而燃烧引发火灾。按固体火灾危险性分类硫磺属于乙类,硫磺回收和成型装置属于火灾危险性乙类装置。人体吸入硫磺粉尘后还会引起咳嗽、喉痛等。硫磺的理化性质及危险危害性见表7.11。

表7.11 硫磺的理化性质及危险危害性

标识	中文名:硫,硫磺		英文名:sulphur(sulfur)	
	分子式:S		相对分子质量:32.065	
理化性质	性状:黄色或淡黄色结晶或粉末,有特殊臭味		溶解性:不溶于水,微溶于乙醇、醚,易溶于二硫化碳	
	熔点:γ硫107℃;β硫115℃;无定形硫120℃	沸点:445℃		相对密度(水=1):块状2.07
	临界温度:1040℃	临界压力:11.75MPa	蒸气压:0.13kPa(183.8℃)	燃烧热:29.7kJ/mol
燃烧爆炸危险性	燃烧性:易燃固体	燃烧分解产物:SO_2		聚合危害:不聚合
	爆炸极限:2.3g/m³(下限)	稳定性:稳定	自燃温度:232℃	禁忌物:强氧化剂
	危险特性:正常情况下燃烧缓慢,与氧化剂混合时燃烧速度剧增;与氧化剂混合可形成爆炸性混合物;遇明火、高温易发生火灾;粉尘易带高达数千伏乃至上万伏静电;摩擦产生的高温和明火等均可导致硫磺粉尘爆炸和火灾。一般情况下硫磺粉尘比易燃气体更易发生爆炸,但燃烧速度和爆炸压力比易燃气体小			
	消防措施:雾状水、泡沫、二氧化碳			
毒性	接触限值:中国MAC、美国TWA和STEL均未制定标准 毒理资料:低毒性			
对人体危害	因其可在肠内部分转化为H_2S而被人体吸收,故大量吞入(10~20g)可导致H_2S中毒;可引起眼结膜炎、皮肤湿疹,对皮肤有弱刺激性;长期吸入硫磺粉尘一般无明显毒性			
急救	皮肤接触后应脱去污染衣物,立即用流动清水彻底冲洗;眼睛接触后应立即用流动清水冲洗;如果吸入硫磺粉尘应立即离开现场,必要时进行人工呼吸和医治			
防护	工程防护:密闭作业,局部通风 个体防护:佩戴防尘口罩、防护眼镜,穿防护服和戴防护手套 其他:作业场所严禁吸烟,工作后淋浴更衣,注意个人卫生			
泄漏处理	隔离泄漏污染区,周围设警告标志,切断火源。应急处理人员戴好面罩,穿一般消防护服。使用无火花工具收集泄漏物,并置于袋中转移至安全区。如果大量泄漏,收集后回收或无害处理后废弃			
储运	包装标志:易燃固体 包装方法:(Ⅲ)类 储运条件:储存于阴凉、干燥、通风的库房或货棚下。隔离火种,远离热源。包装必须严密,严防受潮。如果长期与铁接触,须防止生成硫化铁而自燃。忌与氧化剂、磷等物品混储、混运,平时须勤检查储存温度。搬运时轻装轻卸,防止包装和容器损坏			

7.2.4.2 工业硫磺安全防护

根据国家标准《工业硫磺 第1部分:固体产品》(GB 2449.1—2014)和《工业硫磺 第2部分:液体产品(GB 2449.2—2015)》规定,有关工业硫磺安全等防护事项如下。

1. 安全

从事工业硫磺生产、运输、储存及加工的工作人员,操作时应使用必要的防护用品,严格遵守国家有关消防、危险品的安全条例。工业硫磺堆放场所和仓库应设置专门灭火器材,严禁明火。允许以喷水等方法熄灭烧着的硫磺。为更好地控制其火灾爆炸风险,要对关键控制点进行远程监控,发现异常及时组织人员进行现场检查。工作现场保持通风,及时清理现场硫磺粉尘,使其低于爆炸浓度下限值;投用喷淋抑尘系统,通过增加硫磺物料的湿度来降低其爆炸危险性;消除点火源,防止摩擦、撞击、电火花和静电放电,还要根据生产需要定期组织职工开展应急预案培训和演练工作。

由于硫磺粉尘易爆,使用和运输工业硫磺时应防止生成或泄出硫磺粉尘。液体硫磺的生产、储运以及使用遵照相关安全规定执行。

2. 标志、包装、运输和储存

工业硫磺的包装容器上应有明显、牢固的标志,内容包括生产厂名、厂址、产品名称、商标、等级、净质量、批号、生产日期、工业硫磺标准编号和符合 GB 190—2009 规定的"易燃固体"标志。

固体产品可用塑料编织袋或内衬塑料薄膜袋包装,也可散装。其中,包装块状硫磺可不用内衬塑料薄膜袋,散装产品应遮盖,但粉状硫磺不可散装。液体硫磺应使用专门容器储装。

产品的运输按国家有关规定执行。

块状、粒状硫磺可储存于露天或仓库内。粉状、片状硫磺储存于有顶盖的场所或仓库内。袋装产品成垛堆放,堆垛间应留有不少于 0.75m 宽的通道,不许放置在上下水管道和取暖设备的近旁。

7.3 天然气凝液回收与安全

井口开采出的天然气(尤其是伴生气及凝析气)中除含有甲烷外,还含有一定量的乙烷、丙烷、丁烷、戊烷以及更重烃类。为了满足商品气或管输气对烃露点的质量要求,或为了获得宝贵的化工原料,需将天然气中除甲烷外的一些烃类予以分离与回收。由天然气中回收的液烃混合物称为天然气凝液,也称天然气液或天然气液体,简称凝液或液烃,我国习惯上称其为轻烃。从天然气中回收凝液的过程称为天然气凝液回收或天然气液回收(NGL 回收),我国习惯上称为轻烃回收。回收到的天然气液或是直接作为商品,或是根据有关商品质量要求进一步分离成乙烷、丙烷、丁烷(或丙烷、丁烷混合物)及天然汽油等产品。

天然气凝液回收过程的危险因素主要也是火灾、爆炸、毒性等。火灾、爆炸危险危害性与防护前面已叙述,本节主要介绍天然气凝液的危险危害性与防护等有关事项。

7.3.1 天然气凝液危险危害性

天然气凝液理化性质与组成有关,而其组成则随天然气凝液回收过程的原料气组成、回收目的和方法等而异。因此,不同天然气凝液回收过程得到的天然气凝液理化性质尚无法统一表示。现将天然汽油(稳定轻烃)和由原油加工得到的汽油理化性质及危险危害性一并列出,见表 7.12 和表 7.13,可供了解天然气凝液危险危害性时参考。

表7.12 天然汽油的理化性质及危险危害性

标识	中文名:天然汽油	英文名:natural gasoline	分子式:主要成分为 $C_4 \sim C_{12}$ 烷烃
理化性质	性状:无色至淡黄色易流动液体		溶解性:不溶于水,易溶于苯、二硫化碳、醇,可混溶于脂肪
	熔点: <-60℃	沸程:40~200℃	相对密度(水=1):0.64~0.71
	蒸气密度(空气=1):3.0~4.0	蒸气压:1号 74~200kPa;2号 夏<74kPa,冬<88kPa	
燃烧爆炸危险性	燃烧性:易燃液体		燃烧分解产物:CO、CO_2、水蒸气
	闪点:-43℃		聚合危害:不聚合
	爆炸极限(体积分数):0.76%~7.6%		稳定性:稳定
	自燃温度:415~530℃		禁忌物:可燃物、有机物、氧化剂
	危险特性:蒸气能与空气形成爆炸性混合物。遇明火、高热、强氧化剂可引起火灾爆炸。其蒸气密度比空气大,能在较低处扩散到相当远处,遇明火会引着并回燃。若受高热,容器内压增大,可开裂和爆炸		
	消防措施:用干粉、泡沫、二氧化碳、1211灭火剂、沙土灭火。用水灭火无效		
毒性	接触限值:溶剂汽油:PC-TWA① = 300mg/m³;PC-STEL② = 450mg/m³ 毒理资料:小鼠吸入 LC_{50}③ = 103000mg/m³(2h)(120号溶剂汽油)		
对人体危害	麻醉性毒物,主要引起中枢神经系统功能障碍,高浓度时引起呼吸中枢麻痹。轻度中毒症状有头痛、头晕、短暂意识障碍、四肢无力、恶心、呕吐、易激动、步态不稳、共济失调等。重度中毒症状有中毒性脑病,少数患者发生脑水肿,甚至引起突然意识丧失、发射性呼吸停止和化学性肺炎,部分患者出现中毒性精神病症状,严重时可出现类似急性中毒症状。直接吸入呼吸道时,可导致吸入性肺炎		
急救	皮肤接触:脱去污染衣着,用肥皂水及清水彻底冲洗 眼睛接触:立即翻开眼睑,用流动清水冲洗10min或用2%碳酸氢钠溶液冲洗并涂敷硼酸眼膏,就医 吸入:迅速脱离现场至空气新鲜处,保暖并休息。呼吸困难时应输氧,呼吸停止时立即进行人工呼吸,就医 食入:误服者立即漱口,饮牛奶或植物油,洗胃并灌肠,就医		
防护	工程防护:生产过程密闭,全面通风 个体防护:呼吸系统一般不需要特殊防护,高浓度时可佩戴自吸过滤式防毒面具 眼睛防护:一般不需要特殊防护,高浓度时可戴安全防护眼镜 身体防护:穿防静电工作服,戴防苯耐油手套 其他:工作场所禁止吸烟,避免人体长期接触		
泄漏处理	首先切断一切火源。应急人员戴自给式正压呼吸器,穿工作服。尽可能切断漏源,将溢漏液收集到有盖容器中,用沙子或惰性吸收剂(例如活性炭)吸收残液并转移到安全场所。对污染地面进行通风,蒸发残余液体并排除蒸气,要防止进入下水道、排洪沟等限制性空间或环境。如大量泄漏,利用围堤收容,然后收集、转移、回收或无害处理后废弃		
储运	包装标志:易燃液体 产品包装方法:(Ⅱ)类,铁桶或散装 储运条件:储存于阴凉、通风的仓库或储罐。远离热源、火种,与可燃物、有机物、氧化剂隔离储运。运输途中应防暴晒,防高温,中途停留时应远离火种、热源、高温区。装运车辆排气管须配备阻火设施,禁止使用易产生火花的机械设备和工具装卸。运输车、船必须彻底清洗,并不得装运其他物品。船运输时配装位置应远离卧室、厨房,并与船舱、电源、火源等部位隔离。公路运输时应按规定路线行驶。保持容器密封,配备相应品种和数量的消防器材。罐储时要有防火防爆技术措施,灌装要控制流速(不超过3m³/s),且有接地装置,防止静电积聚		

①PC-TWA指时间加权平均容许浓度。
②PC-STEL指短时间接触容许浓度。
③LC_{50}指由动物实验得出的呼吸道吸入半致死量。

表 7.13 汽油的理化性质及危险危害性

标识	中文名:汽油	英文名:gasoline	分子式:主要成分为 $C_4 \sim C_{12}$ 烷烃、烯烃、环烷烃和芳香烃,并有少量硫化物	
理化性质	性状:无色至淡黄色易流动液体,具有特殊味,易挥发		溶解性:不溶于水,易溶于苯、二硫化碳、醇,可混溶于脂肪	
	熔点:$<-60℃$	沸程:$40 \sim 200℃$		相对密度(水=1):$0.61 \sim 0.71$
	蒸气密度(空气=1):$3.0 \sim 4.0$	蒸气压:$25.3kPa(20℃)$		最小点火能:$0.25mJ$
燃烧爆炸危险性	燃烧性:易燃液体		燃烧分解产物:CO、CO_2、水蒸气	
	闪点:$-50 \sim 10℃$		聚合危害:不聚合	
	爆炸极限(体积分数):$0.76\% \sim 7.6\%$		稳定性:稳定	
	自燃温度:$280 \sim 456℃$		禁忌物:可燃物、有机物、氧化剂	
	危险特性:蒸气能与空气形成爆炸性混合物。遇明火、高热、强氧化剂有引起燃烧的危险			
	消防措施:用干粉、泡沫、二氧化碳、1211 灭火剂、沙土灭火。用水灭火无效			
毒性	接触限值:溶剂汽油:PC-TWA[①],$300mg/m^3$;PC-STEL[②],$450mg/m^3$ 毒理资料:小鼠吸入 LC_{50}[③],$103000mg/m^3(2h)$(120 号溶剂汽油)			
对人体危害	急性吸入:吸入较高浓度汽油蒸气后,可出现头晕、头痛、四肢无力、心悸、恶性、呕吐、视物模糊、复视、酩酊感、易激动、步态不稳、眼睑微震颤、舌微震颤、手指微震颤、共济失调;严重者有谵妄、昏迷、抽搐等;部分患者可有惊慌不安、欣慰感、幻觉、苦笑无常等精神症状;吸入高浓度蒸气可引起流泪、流涕、咳嗽、眼结膜充血等眼和上呼吸道刺激症状,少数可发生化学性肺炎;吸入极高浓度可迅速引起意识丧失、反射性呼吸停止			
急救	急性吸入中毒:迅速脱离现场,呼吸新鲜空气或氧气;呼吸、心搏停止者,立即施行心、肺、脑复苏术;给予对症治疗,注意防治脑水肿;忌用肾上腺素,以免诱发心室颤动 吸入性肺炎:早期、短程应用肾上腺糖皮质激素;给予吸氧及其他对症治疗;适量应用抗生素以防治肺部继发感染			
防护	工程防护:生产过程密闭,全面通风 个体防护:呼吸系统一般不需要特殊防护,高浓度时可佩戴自吸过滤式防毒面具 眼睛防护:一般不需要特殊防护,高浓度时可戴安全防护眼镜 身体防护:穿防静电工作服,戴防苯耐油手套 其他:工作场所禁止吸烟,避免人体长期接触			
泄漏处理	首先切断一切火源。应急人员戴自给式正压呼吸器,穿工作服。尽可能切断漏源,将溢漏液收集到有盖容器中,用沙子或惰性吸收剂(例如活性炭)吸收残液并转移到安全场所。对污染地面进行通风,蒸发残余液体并排除蒸气,要防止进入下水道、排洪沟等限制性空间或环境。如大量泄漏,利用围堤收容,然后收集、转移、回收或无害处理后废弃			
储运	包装标志:易燃液体 产品包装方法:(Ⅱ)类,铁桶或散装 储运条件:储存于阴凉、通风的仓库或储罐。远离热源、火种,与可燃物、有机物、氧化剂隔离储运。运输途中应防暴晒、防高温,中途停留时应远离火种、热源、高温区。装运车辆排气管须配备阻火设施,禁止使用易产生火花的机械设备和工具装卸。运输车、船必须彻底清洗,并不得装运其他物品。船运输时配装位置应远离卧室、厨房,并与船舱、电源、火源等部位隔离。公路运输时应按规定路线行驶。保持容器密封,配备相应品种和数量的消防器材。罐储时要有防火防爆技术措施,灌装要控制流速(不超过 $3m^3/s$),且有接地装置,防止静电积聚			

[①] PC-TWA 指时间加权平均容许浓度。
[②] PC-STEL 指短时间接触容许浓度。
[③] LC_{50} 指由动物实验得出的呼吸道吸入半致死量。

7.3.2 天然气凝液生产和检修安全要求

在《天然气凝液安全规范》(SY/T 5719—2017)中对天然气凝液生产厂(站)或装置的设计、生产、检修、储运、使用等都有明确的安全要求,现将生产和检修时有关安全要求介绍如下。

7.3.2.1 生产

(1)天然气凝液生产装置不应出现跑、冒、滴、漏现象。空气不应进入负压运行的塔、器和管线内。

(2)按照《石油天然气工程可燃气体检测报警系统安全规范》(SY/T 6503—2016)有关规定,定期检查可燃气体报警装置,定期调校,确保准确报警。

(3)生产过程中应严格按操作规程进行操作,不应超温超压。

(4)应定期对各类阀门进行检查和维修,保证阀门严密,不渗不漏,开关灵活。

(5)应定期对仪器仪表进行监控、维护,保证装置自控、显示系统准确可靠。

(6)应定期对用电设备进行检查。

(7)装置或外输管线内需要加入甲醇时,应按操作规程进行。操作人员需佩戴防毒面具、手套等防护用品。

(8)装置加热系统应严格执行点火程序,并严格控制燃气(油)压力、空气量及被加热介质的温度。

(9)天然气凝液不应排入污水系统中。

(10)生产过程中应对防水点进行检查。对天然气凝液管线易冻部位应加装伴热,装置内天然气凝液因含水冻堵管线时,不应用明火烘烤。冬季停工时,冷却水系统应采取防冻措施。

(11)应控制空冷器出口气体温度,避免产生天然气水合物和冰而堵塞管程。

(12)仪表风系统温度应控制在露点以上。

7.3.2.2 检修

(1)检修时应设专(兼)职人员负责检修的安全管理工作。

(2)制定切实可行的检修方案,经批准后方可组织实施。

(3)检修人员在进入压力容器内部进行工作前,使用单位应按《压力容器定期检验规则》(TSG R7001—2013)的要求,做好设备内部清理和置换,达到要求后方可进入。

(4)装置停车、置换后,应按检修方案所制定的盲板图加装盲板。盲板应由专人装卸,并做好记录。

(5)容器中的硫化物应清除干净,并及时移到装置区外的指定地点处理。

(6)装置中凝液不应就地排放。

其他有关天然气凝液储运和用户使用安全要求见《天然气凝液安全规范》。

7.3.3 冻伤的预防与救护

天然气凝液的回收方法基本上有吸附法、吸收法及冷凝分离法三种,其中冷凝分离法应用较为普遍。冷凝分离装置许多部位在正常运行时就处于 $-20 \sim -100℃$ 的低温状态,人体若意外接触,会引起局部组织损伤,人们通常称其为冻伤。如果人体意外进入(误入或跌入)大空间的低温环境(冷箱、低温容器等)中,会使人体温下降,导致全身严重损伤,关节肌肉僵硬,神志昏迷甚至死亡,这种意外低温称为冻僵。

7.3.3.1 发病机理

在低温作用下,人体(特别是四肢及面部)散热增加,体温降低。首先皮肤浅层小动脉与毛细血管痉挛、收缩,导致组织缺血、缺氧;接着血管发生麻痹性扩张,引起血流瘀滞,血管通透性增加。血管壁损害和血液浓缩可促使血栓形成,加重组织缺血和缺氧,最后发生组织坏死。严重时也可引起组织液冻结和细胞脱水,最后导致组织冻结以至生命死亡。

病理组织学显示,循环障碍所致的血流瘀滞、血栓形成以至组织坏死等一系列变化,有时可见炎症性变化,可能系受损组织释放组织胺所致。

7.3.3.2 临床表现

四肢远端即指、趾、前臂、小腿,以及面部的鼻尖、颊、耳郭的暴露部位易发生冻伤。环境温度、暴露部位和时间以及作用次数等因素会影响人体组织损害程度。冻伤程度一般可分为三度。

一度冻伤:指红斑性冻伤或皮肤浅层冻伤,受冻处皮肤先呈现苍白貌,随后演变为红色与蓝紫色,伴有轻度水肿,自觉灼热、刺痛及瘙痒,约一周后痊愈,不留疤痕。

二度冻伤:指水疱性冻伤或皮肤全层冻伤,局部明显充血、水肿,有大小水疱形成,疱液呈黄色或血色,摩擦后常引起表皮剥离,患处起初感觉迟钝,随水疱形成而又疼痛感,如有继发感染愈合较慢,如无则约2~3周后水疱渐趋干枯,成为黑色干痂,脱落后覆以新生上皮。

三度冻伤:指坏死性冻伤或皮肤和皮下组织冻伤,多系干性坏死,与健康组织分界明显,重者累及肌肉与骨骼,发生溃疡,甚至导致指、趾离断,患部感觉消失,形成溃疡,坏死后才有痛觉,组织修复缓慢,愈合后有疤痕,有色素沉着,感觉减退。

7.3.3.3 治疗

冻伤的治疗分局部治疗和全身治疗,小面积的冻伤以局部治疗为主。

1. 局部治疗

冻伤初期皮肤组织的疼痛可采用局部运动、摩擦与叩打等治疗法。冻伤后应立即采用温水浴复温,以求迅速改善血液循环,减轻组织坏死程度、减小波及范围。温水浴具体做法:将受冻部位完全浸泡在温水中,水温初期25℃,5~7min后可逐渐升高到42℃左右,浸泡时间一般不要超过20min,受冻皮肤颜色和感觉恢复正常即可停止。复温后应避免再暴露于低温环境,保持冻伤处清洁,避免外伤并及时送医院治疗。

一度和二度冻伤一般以0.1%硫柳汞或1:1000新洁儿灭消毒创面后,涂布维生素A、D、E或猪油30g与蜂蜜70g所配制的软膏,然后包扎保温。如有水疱则将疱液抽吸后按照上述方法处理。若水疱破溃,出现糜烂面或形成溃疡,可加用抗生素与肾上腺皮质类固醇激素软膏。将患肢抬高,利于淋巴液和静脉血回流,减轻水肿。

三度冻伤重点是防治感染。抬高冻伤部位,适当配用紫外线、红外线或超声波进行理疗,加速坏死组织的分离,以利于外科手术治疗。

2. 全身治疗

迅速将患者移入室温为25℃左右的环境中,脱去潮湿衣服,用干布摩擦全身,绝对卧床休息,纠正脱水,给予高蛋白、高维生素的食物以改善营养。为防止血栓的形成,应静脉滴注低分子右旋糖酐或丹参等活血化瘀的注射液,应用抗生素以预防感染。对二度以上的冻伤,皮内试验阴性后应常规肌肉注射精制破伤风抗生素1500~3000U,必要时酌量进行输血。

7.3.3.4 防冻措施

为了防止冻伤、冻僵事故发生,在天然气凝液的回收过程中必须采取一系列技术措施:

(1)采用必要的仪器仪表,使操作人员不必进入低温场所或接触低温设备;

(2)低温设备和设施需要有坚固耐用的保冷层和隔冷措施;

(3)装置的检修工作应认真,检修完后保质保量地恢复设备和设施的保温层、隔热设施,确保装置不跑冷、不结霜;

(4)检修作业必须在装置停产后,其中设备和设施恢复到常温以后才能进行检修,检修期最好安排在气温较高的季节;

(5)如有设备在不停产的情况下进行抢修,更应该采取必要的防冻措施,如人员配备棉手套,将局部低温设备用蒸汽加热升高温度等;

(6)年龄在50岁以上或是患有高血压、心血管、肝脏疾病、胃酸过多、胃肠机能障碍等疾病的工作人员不得参与低温状态设备的抢修。

知识拓展

安全色的含义及使用场所

安全色是表达安全信息含义的颜色,用以表示禁止、警告、指令、指示等。应用安全色使人们能够对威胁安全和健康的物体和环境作出尽快的反应,以减少事故的发生。安全色用途广泛,如用于安全标志牌、交通标志牌、防护栏杆及机器上不准乱动的部位等。但它不包括灯光、荧光颜色和航空、航海、内河航运以及为其他目的所使用的颜色。

表7.14 安全色代表意思与使用场所

颜色	表示事项	使用场所
红色	禁止、停止、危险、紧急、防火	用在表示禁止、停止、危险、紧急、防火等事项的场所,如危险区禁止入内;一般信号灯"停止";道路施工中红色标志灯;装载火药等危险车辆的夜间标志;表示消防栓、灭火器、火警警报设备及其他消防用具所在位置等
黄色	注意事项、警告注意	用在有必要促使注意事项的场所,如一般信号的"注意"色光;表示列车进口行驶方向标志等;厂内危险机器和坑边围的警戒线;行车道中线;机械齿轮箱内部;安全帽等
绿色	安全、通行、救护	表示有关安全、通行及救护的事项及场所,如矿坑内避险处悬挂的标志灯;一般表示"通行"的信号;表示急救箱、担架、救护所、急救车等位置;车间内安全通道;消防设备和其他安全保护设备的位置
蓝色	指令:必须遵守的规定 引导事项	指令标志,如必须佩戴个人防护用具;道路上指引车辆和行人行驶方向的指令;表示停车场的方向及所在位置
白色	辅助色,主要用于文字、箭头以达指引目的	用于指示方向以达到指引的目的

续表

颜色	表示事项	使用场所
红色与白色间隔条纹	禁止越过	交通、公路上用的防护栏杆
黄色与黑色间隔条纹	警告危险	工矿企业内部的防护栏杆;吊车吊钩的滑轮架;铁路和公路交叉道口上的防护栏杆

* 无论是红色、黄色、绿色还是蓝色，必须作为安全标志或表示以安全为目的时，才称为安全色，否则只能叫颜色。

本 章 小 结

天然气及其处理所得产品，多是易燃易爆和人体不能接受的物质，加之工艺过程所采用的高压、深冷技术，对人身安全均能构成威胁。生产中如不能了解物料的危险危害性、科学操作并采取相应的劳动保护措施，则会酿成严重事故。本章从天然气处理过程中较典型的火灾爆炸事故入手，分析了天然气的火灾爆炸危险性及其处理过程中发生火灾的原因，重点介绍了相应的防火防爆及灭火措施，并以事故的分析与教训加强学生对知识点的掌握；第二节分别从 H_2S、SO_2、工业硫磺危险危害性的分析入手，详细介绍相应的监测与防护措施，并教授学生中毒后的初期救护知识；第三节以天然汽油（稳定轻烃）和由原油加工得到的汽油理化性质作为参考帮助学生了解天然气凝液的危险危害性，并就天然气凝液回收过程中较易出现的冻伤问题的防护进行详细讲述。

习 题

1. 天然气处理过程中可能引发火灾的火源有哪些？防火防爆措施应从哪几个方面入手？
2. 天然气处理过程中发生火灾如何有效灭火？
3. 如有人员发生 H_2S 中毒，应如何进行救护？
4. 如何正确使用自给式正压空气呼吸器？
5. 进入存在二氧化硫的空间工作应如何做好防护工作？
6. 在天然气凝液的回收过程中应如何防止冻伤、冻僵事故发生？
7. 如发生局部冻伤应如何治疗？

参 考 文 献

[1] 诸林. 天然气加工工程. 2版. 北京:石油工业出版社,2008.
[2] 王遇冬. 天然气处理原理与工艺. 北京:中国石化出版社,2011.
[3] 孟宪杰,等. 天然气处理与加工手册. 北京:石油工业出版社,2016.
[4] 中国石油天然气集团公司. 石油. 北京:石油工业出版社,2012.
[5] 冯叔初,等. 油气集输与矿场加工. 东营:中国石油大学出版社,2014.
[6] 谢俊彪. 天然气加工技术. 北京:化学工业出版社,2012.
[7] 魏顺安. 天然气化工工艺学. 北京:化学工业出版社,2009.
[8] 王遇冬. 天然气开发与利用. 北京:中国石化出版社,2011.
[9] 卢世红. 天然气净化与处理. 东营:中国石油大学出版社,2016.
[10] 郭忠贵. 天然气知识与实用技术. 北京:石油工业出版社,2012.
[11] 廖久明. 石油化学. 北京:中国石化出版社,2009.
[12] 王遇冬,何宗平. 天然气处理与安全. 北京:中国石化出版社,2008.
[13] 易俊,等. 天然气采输作业硫化氢防护. 重庆:西南师范大学出版社,2010.
[14] 《石油天然气钻井井控》编写组. 石油天然气钻井井控. 北京:石油工业出版社,2010.
[15] 张鸿仁,张松. 油田气处理. 北京:石油工业出版社,1995.
[16] 罗远儒. 石油天然气工程境外作业人员 HSE 培训教程. 北京:石油工业出版社,2009.
[17] 梁平. 天然气操作技术与安全管理. 北京:化学工业出版社,2006.
[18] 沈西林. 郑小强. 中国天然气行业年度运行报告. 北京:石油工业出版社,2017.